『순수이성비판』
강의

『순수이성비판』 강의

발행일 초판 3쇄 2024년 5월 25일 | 초판 1쇄 2021년 6월 20일
지은이 이수영
펴낸곳 북튜브 | **펴낸이** 박순기 | **주소** 경기도 고양시 덕양구 소원로181번길 15, 504-901
전화 070-8691-2392 | **팩스** 031-8026-2584 | **이메일** booktube0901@gmail.com
ISBN 979-11-90351-85-0 03110

Booktube 북튜브 책으로 만나는 인문학강의 세상

원전디딤돌 01

『순수이성비판』 강의

이수영 지음

Kritik der reinen Vernunft

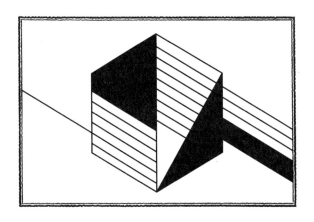

Booktube
튜브

서문

이 해설서의 대상은 '일반인'이고, 그것도 칸트의 『순수이성비판』을 몸소 읽고 싶어 하는 일반인입니다. 이 책을 구상하고 쓰게 된 문제의식은 다음과 같습니다. 원전을 직접 읽어 낼 방법이 없다면, 철학에 접근할 수 있는 통로는 전문가들끼리 돌려 보는 연구논문을 참고하거나 전문가들의 친절한 해설서를 읽는 것이겠습니다. 그런데 연구논문들은 어렵습니다. 전문가들만의 커뮤니티에서 회람되는 것이므로 그건 당연합니다. 그 논문들이 불친절하다고 일반인이 끼어들어 하소연할 이유가 없는 것이죠. 반면 해설서들은 친절하고 쉽습니다. 하지만 해설서를 읽고 나서도 원전을 독파할 능력이 생기지 않는다는 점이 문제입니다. 이렇게 되는 것은 해설서와 원전의 문체가 다르고 난이도가 현저히 차이 나기 때문입니다. 해설서들은 최대한 난이도를 떨어뜨려야 해설서로서 성공적일 수 있습니다. 그런 해설서들을 여러 권 섭렵하고는 어느 정도 이해했다고 생각하고 원전을 집어 들어 봅니다. 하지만 그 난해한 원전의 번역문 앞에서 낭패감을 느끼지 않을 도리가 없습니다.

따라서 원전을 읽을 수 있게 하는 해설서가 필요하다고 생각했습니다. 그리고 그 해설서는 당연히 원전의 문장과 문체에서 너무 멀어져서도 안 될 것입니다. 그래서 이 책에서는 원전에서 따온 문단 전체를 본문과 구별해서 인용하는 방식은 쓰지 않았습니다. 해설서에서 이렇게 인용된 원전 부분이 나오면 어렵다고 생각하고는 대개는 그냥 건너뛰고 맙니다. 가급적 칸트의 (번역된) 언어를 그대로 이용하면서 해설하려고 노력했습니다. 특별히 필요치 않다면 직접 인용도 최대한 자제했습니다. 칸트의 언어와 해설의 언어가 구별되지 않게끔 했습니다. 이런 방법이 원전을 읽어 내는 힘을 길러 줄 것이라고 생각합니다. 어차피 해설서는 원전으로 안내하는 그 역할에 충실해야 합니다.

'코페르니쿠스적 전회'라는 말을 칸트에게 붙이듯이 그의 철학은 현대 철학에 있어 커다란 전환점이자 최고의 종합입니다. 칸트를 읽지 않고 현대의 철학을 논하는 일은 거의 불가능한 것으로 보입니다. 그리고 그 시작은 물론 『순수이성비판』

입니다. 여기서 논의되는 시간론, 초월적 방법론, 개념의 연역론, 도식론, 변증론, 이율배반론 등은 칸트 이후의 철학에 지대한 영향을 미친 귀중한 논의들입니다. 따라서 이 책을 제대로 읽어 내는 일은 철학에 관심이 있는 누구에게나 필요한 절차입니다. 그리고 이 책은 칸트 자신이 쓴 3대 비판서의 시작이기도 합니다. 칸트의 윤리학이나 미학의 기초가 그의 '초월적 관념론'이기 때문에 또한 이 책을 읽지 않을 도리가 없습니다. 『순수이성비판』에 대한 좋은 해설서가 거듭 나와야 하는 이유입니다. 그런 일을 제대로 해내고 싶었지만 과연 이 책이 그러했는지는 스스로 판단할 일은 아니겠습니다.

이 책은 2020년에 남산강학원, 감이당, 문탁네트워크에서 진행된 강의를 바탕으로 한 것입니다. 어설프고 인기도 없는 강의이지만 그런 강의라도 할 수 있도록 자리를 마련해 주고 직접 강의까지 들어 주신 그곳의 여러 선생님들께 깊은 감사를 드립니다. 혼자 힘으로 나오는 결과물은 그 어디에도 없습니다. 강의 녹취를 푸느라 고생한 남산강학원의 청년 학인들도 고맙습니다. 끝으로 이 책을 기획하고 편집하고 모든 번거로운 일까지 맡아서 처리해 준 박순기 실장에게도 감사를 드립니다.

강의를 시작하기 전에

번역서에 대하여

이 해설서를 위해 최재희 선생의 번역본(이하 '박영사판')과 백종현 선생의 번역본(이하 '아카넷판') 두 가지를 동시에 참조했습니다. 박영사판은 처음 나온 게 1972년이고 기본적으로 한자어의 사용이 많고 번역투의 문장이라 현대의 국어 감각에는 맞지 않는 측면이 있긴 하지만 그래도 학술적인 문맥에서는 오히려 일목요연하게 들어오는 구석이 있습니다(박영사판은 2019년 새로운 장정으로 출간되었습니다). 반면에 아카넷판은 2006년에 나온 데다 한자어보다는 우리말을 적극적으로 사용하려는 노력이 돋보이긴 하지만 번역의 원칙으로 삼은 직역으로 인해 오히려 읽어 내는 게 수월하지 않은 측면도 있습니다. 그래도 용어 번역에 있어 최신의 성과들을 담아 내고 있다는 점에서 인용에 있어서는 아카넷판을 사용했음을 밝힙니다 (필요한 부분에서는 약간의 윤문도 있습니다). 칸트를 읽는 내내 번역문에 대해 불편을 느꼈지만 번역이란 게 결코 쉬운 일이 아니라는 사실은 번역 일을 이미 해보았던 만큼 절감하는 바입니다. 이 두 선생의 심혈을 기울인 번역이 없었다면 칸트에 대한 공부는 애초에 불가능했을 것입니다. 그리고 개념어의 의미를 비교하기 위해 사용한 영역본은 Paul Guyer와 Allen W. Wood가 번역하고 편집한 *Critique of Pure Reason*(Cambridge Univ. Press, 1998)임을 밝힙니다.

『순수이성비판』의 인용 방법에 대하여

본격적으로 들어가기에 앞서 먼저『순수이성비판』과 관련된 책을 읽거나 글을 쓸 때 국제적으로 통용되는 인용 원칙을 먼저 살펴보겠습니다.『순수이성비판』의 초판은 1781년에 나왔고, 1787년에 재판이 나옵니다. 그런데 한국어로 번역된 책도 그렇고, 일반적으로 칸트의『순수이성비판』이라고 하면 기본적으로 재판을 중심으로 구성이 돼 있어요. 혹시 번역서를 가지고 있다면 123쪽(박영사판, 2004)과 314쪽(아카넷판)을 한번 펼쳐 볼까요? 본문 옆에 넘버링이 되어 있죠? 박영사판은 넘버링이 A92, 125, A93, 126 이렇게 되어 있고, 아카넷판은

A93, B126, A94 이렇게 되어 있습니다. 여기서 A는 초판의 페이지 번호이고, B는 재판의 페이지 번호거든요. 그래서 A92는 초판의 92쪽이고 B126은 재판의 126쪽을 가리키죠. 그런데 박영사판에서는 A는 보이는데 B는 없죠? 그것은 앞에서도 말했듯이 『순수이성비판』의 경우 기본적으로 재판이 중심이 되기 때문에 굳이 B라고 표시할 이유가 없고 A하고만 구분해서 보면 된다는 것이죠. 그래서 인용을 하는 경우도 국역본의 쪽수가 아니라 번역서 본문 옆에 붙어 있는 A123/B232나 A123/232처럼 초판의 123쪽과 재판의 232쪽을 직접 가리키게 됩니다. 이것이 칸트를 인용할 때의 규칙이 되겠습니다. 마찬가지의 원칙이 머리말에 대해서도 적용되는데요, 단지 표기하는 방법이 조금씩 다를 뿐입니다. AVIII는 초판 머리말의 8쪽을, BXV는 재판 머리말의 15쪽을 나타냅니다.

원래 인용을 할 때는 A51/B75와 같이 해야 하지만 번거로움을 피하기 위해 여기서는 재판을 중심으로 하겠습니다. 따라서 A51/B75는 그냥 B75로 표시하겠습니다. 하지만 초판에만 있는 것을 인용할 때는 A118처럼 표시하도록 하겠습니다.

용어에 대하여

칸트의 개념에 대해서는 번역이 상당히 다양하고 아직 학술적으로 통일되어 있지 않습니다. 여기서는 아카넷판의 번역을 따르는 것으로 하고, 각 개념이 어떻게 다르게 번역되는지만 알려드리도록 하겠습니다.

a priori는 대개 '선험적'으로 번역하는데, 경우에 따라서는 '선천적'(박영사판)으로 번역되는 경우도 있습니다. 그리고 그에 대비되는 a posteriori('후험적')를 박영사판에서는 '후천적'이라고 번역하고 있습니다. 칸트 철학을 이해하는 데 중요한 개념인 transcendent/transcendental은 자주 혼동되는 경향이 있는데요. transcendental은 경험을 가능하게 하는 조건에 대한 탐구라는 칸트의 철학적 방법을 뜻하는 것으로서 '초월적', '선험적'(박영사판) 혹은 '초월론적'으로 번역되는데, 아카넷판에서는 '초월적'이라고 번역하고 있습니다. 이것과 구별하여 경험의 한계를 넘어선다는 의미를 갖는 transcendent는 '초험적', '초월적' 혹은 '초절적'이라고 번역하는데, 두 판본 모두 '초험적'이라고 번역하고 있습니다. 인간의 정신을 지성/이성으로 나눌 때도 지성(understanding)을 '오성'(박영사판)으로 번역하는 경우도 많지만 여기서는 '지성'으로 쓰도록 하겠습니다. 나중에 설명되겠지만, 지성과 직관을 연결해 주는 능력으로 imagination이 있는데, 여기서는 '구상력'(박영사판) 대신 '상상력'이라고 하겠습니다.

차례

| 일러두기 |

1 이 책에서 인용된 칸트의 『순수이성비판』 본문은 모두 아카넷 출판사에서 출간된 『순수이성비판』(백종현 옮김, 2006)에서 인용했으며, 같은 쪽수의 인용문이 한 문단 안에서 여러 번 인용되는 경우, 마지막 인용문 뒤에만 쪽수를 표기했습니다.

2 이 책에서 참고한 문헌의 출처는 해당 부분에 지은이와 문헌명과 쪽수만을 간단히 표기했으며, 자세한 서지정보는 권말의 참고문헌에 정리해 두었습니다.

3 단행본·정기간행물의 제목에는 겹낫표(『 』)를, 논문·회화작품의 제목에는 낫표(「 」)를 사용했습니다.

4 인명·지명 등 외국어 고유명사는 2002년 국립국어원에서 펴낸 외래어표기법을 따라 표기했습니다.

1부

『순수이성비판』의 구조와 과제

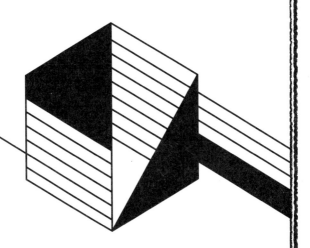

Kritik der reinen Vernunft

1강 _ 『순수이성비판』의 구조

먼저 목차를 보면서 책 전체의 구조를 머릿속에 잠깐 그려 보겠습니다. 전체 목차를 보면 가장 크게는 두 개의 부분으로 나뉩니다. '초월적 요소론'과 '초월적 방법론'. '초월적 요소론'의 비중이 크고, '초월적 방법론'은 분량이 얼마 안 됩니다. 그런데 '초월적 방법론' 부분은 '순수이성을 대학에서 어떻게 가르쳐야 하는가' 하는 실용적이고 응용적인 내용들로 구성되어 있어서 이론적 분석에서는 다루지 않습니다. '초월적 요소론'만 읽으면 되는데요, 이 부분이 다시 나뉩니다. 제1부가 '초월적 감성학', 제2부가 '초월적 논리학'입니다. 그리고 '초월적 감성학'이 다시 '공간론'과 '시간론'으로, '초월적 논리학'은 '초월적 분석학'과 '초월적 변증학'으로 다시 나뉩니다. 좀 복잡한데요.

『**순수이성비판**』의 구조

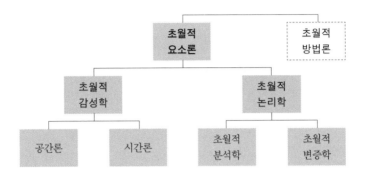

내용에 있어서는 '초월적 감성학' 부분, 즉 '공간론'과 '시간론'까지는 그렇게 어렵지 않은데, 이 다음부터가 상당히 어렵습니다. '초월적 논리학' 중에서 '초월적 분석학'은 다시 '연역론'과 '원칙론'으로 나뉘는데, 『순수이성비판』에서 새로운 사상의 체계를 구축하려는 칸트의 노력이 돋보이는 난해하고도 까다로운 부분이자 획기적인 부분이라 하겠습니다. 이곳을 잘 넘어서면 이 책은 거의 정복한 것이나 다름이 없겠습니다. 이 부분을 지나면 '초월적 변증학'이 시작되는데, 여기는 '영혼'이나 '신'과 같은 대상을 다루는 '순수이성의 개념'의 장과 '순수이성의 변증적 추리'의 장으로 구성되어 있고, 변증적 추리의 장은 다시 '오류추리', '이율배반', '이상'으로 나뉩니다.

칸트 하면 우리가 거의 자동적으로 떠올리게 되는 '이율배반'과 같은 용어들이 집중적으로 다뤄지는 부분이기도 하고, '지성'과 구별되는 '이성'이 활동하는 곳이기도 합니다.

『순수이성비판』의 전체적인 구조가 굉장히 체계적인데요. 이 논리적 순서는 다름이 아니라 외부 정보가 우리에게 들어오는 순서, 그리고 그것을 우리가 가공하고 인식하는 절차에 따라 구성되어 있습니다. 외부 정보가 처음에는 우리의 '감성'을 통해 들어오잖아요? 그래서 이걸 먼저 다루게 됩니다. 영어로는 'sensibility'인데, 감성을 통해 들어온 정보를 가지고 우리가 가공을 하죠. 이런 가공 작업의 장소이자 주인공이 '지성'(understanding)입니다. 이것을 초월적 논리학의 앞부분인 '초월적 분석학'에서 다루는 겁니다. 그다음이 '이성'인데요, 2부 '초월적 논리학'의 두번째 부분('초월적 변증학')에서 다루고 있습니다. 이성은 잘 아는 대로 'reason'의 번역입니다. 따라서 감성을 제외하면 우리의 이성은 다시 지성과 이성으로 구성되어 있다고 할 수 있겠습니다.

인식의 구조

우리가 귤을 보는 걸 예로 들어서 이 과정을 아주 간단히 설명해 볼 수 있습니다. 귤에 대한 다양한 정보는 먼저 감성을 통해서 들어옵니다. '노랗고' '매끄럽고' '시큼한' 것이라는 정보가 들어오죠? 그럼 이 정보를 수합해서 우리의 지성이 '이건 귤이야' 하고 개념 규정을 한다는 것이죠. 그렇다면 우리의 인식 과정은 감성과 지성의 합동 작전 비슷한 것이라고 할 수 있겠습니다. 그런데 이처럼 간략히 설명할 수 있는 것을 칸트는 이렇게 두꺼운 책으로 설명을 하고 있는 겁니다. 좀 놀랍죠. 그런데 그럴 만한 사정이 있습니다. 칸트에 따르면 이 인식 과정을 제대로 설명하지 않으면 철학과 형이상학의 존재 근거가 사라진다는 것입니다. 그만큼 절박한 것이었죠. 구체적인 사정은 차츰 설명하도록 하겠습니다.

그런데 우리는 '이건 귤이야' 하고 생각하는 것만으로 끝내지는 않습니다. 우리는 가끔 이런 생각도 합니다. 귤이나 가축, 들판의 곡식이나 바다의 어류들은 도대체 누구를 위해서 이 세상에 존재하는 것일까? 도대체 무엇 때문에 이런 '자원'들이 만들어진 것일까? 이런 질문을 하는 순간 우리는 이미 경험 불가능한 영역으로 넘어가고 있는 자신을 발견하게 됩니다. 귤은 분명 경험적인 대상이지만, 이 세계의 존재 목적이나 창조주에 대한 생각은 영혼과 마찬가지로 우리가 경험할 수 없는 그런 영역에 대한 생각입니다. 물론 누군가는 신들림 같은 현상을 들어 신에 대해 경험할 수 있다고 하겠지만, 그건 그저 개인적인 신체적 경험에 불과할 뿐이고, 그 개인적 경험이 신에 대한 인식을 확증하지 않는다는 사실은 충분히 알고 있습니다. 이렇게 비경험적이자 경험 초월적인 영역도 우리 사고 안에 있을 수 있는데, 이것이 바로 '변증학'에서 다루고 있는 것입니다. 비록 그 존재를 확인할 수는 없어도 우리가 사고할 수는 있다는 점, 그런 점에서 우리 이성의 한 부분으로서 분석하고 해명하지 않으면 안 되는 중요한 영역이 되겠습니다.

강의를 쫓아가다 보면 내용이 좀 반복된다는 생각이 드실 수 있습니다. 이는 칸트가 워낙 반복적으로 써 놓았기 때문이기도 한데요. 그렇다고 그런 반복이 꼭 나쁜 것은 아닙니다. 칸트가 초판에 그치지 않고 재판을 통해 상당한 부분을 반복적으로 고칠 수밖에 없었던 것은 그만큼 그 부분이 중요했다는 뜻이기도 하고, 그런 반복을 통해 우리가 칸트의 개념에 더 익숙해질 수 있다는 점에서 오히려 좋은 측면이 있습니다. 원래 철학은 개념을 통한 세계에 대한 사유인 만큼 반복되는 개념에 노출되면서 익숙해지면 칸트철학도 자연스럽게 이해되게 되어 있습니다. 그러니 반복되는 내용은 중요한 부분이겠거니 하고 받아들이시면 되겠습니다.

인간 이성의 운명과 비판

앞서 말했듯이 칸트는 1781년에 『순수이성비판』 초판을 발표하고, 6년 후인 1787년에 재판을 발표하는데요. 두 판본 모두에 머리말을 붙였습니다. 그러니 읽어야 할 머리말이 두 배가 되었고, 주지하다시피 모든 철학책은 머리말이 가장 어렵다는 점에서 우리의 어려움도 두 배가 된 셈입니다. 게다가 머리말에서 다루고 있는 내용들이 상당히 심각하고 묵직한 까닭에 우리는 머리말에서부터 심각한 난관에 봉착하게 됩니다.

칸트는 『순수이성비판』 초판 머리말을 다음처럼 시작합니다. "인간의 이성(reason)은 어떤 종류의 인식에서는 특수한 운명을 가지고 있다. 인간 이성은 이성의 자연본성 자체로부터 부과된 것이기 때문에 물리칠 수도 없고 그의 전 능력을 벗어나는 것이어서 대답할 수도 없는 문제들로 인해 괴롭힘을 당하고 있는 것이다"(AVII). 칸트 하면 떠올리게 되는 유명한 문장 중에 하나입니다. 일종의 시그니처 문장이라고나 할까요? 인간의 존재 목적은 무엇인가? 이 무한한 생명과 허무한 죽음은 도대체 무엇을 위한 것인가? 이런 질문들에 대해 우리는 확실한 대답을 하지 못합니다. 확실하다고 주장하는 그런 대답들만이 가득할 뿐이지요. 그렇다고 이런 '형이상학적' 물음들을 그만둘 수도 없습니다. 고대철학에서부터 현대의 철학까지 철학은 저런 질문들과의 씨름이었으니까요. 이것이 인간 이성의 운명이라고 칸트는 말합니다. 우리의 질문은 이성 자체의 본성에서 비롯된 것이라 절대 거부할 수 없다는 것이죠. 그런데 답도 할 수 없으니 난처한 형국입니다. 이 문장의 이면에서 우리는 칸트의 포부를 읽어 내게 됩니다. 인간 이성의 운명에 대해 하나의 대답을 제시해 보겠다는.

칸트에 따르면 이성 자체의 본성은 어떤 원칙에서 출발해서 그 기원적인 제약들로 소급해 가면서 무조건자를 찾는 것이라고 합니다. 여기서 무조건자란 신과 같이 그 어떤 조건에도 구속되지 않은 절대적인 존재를 뜻합니다. 모든 사물은 어떤 조건에 제약되어 있어 자유롭지 않습니다. 그리고 그 조건도 또한 그 이전의 조건에 의해 제약되어 있고요. 이렇게 계속되는 제약의 기원을 탐구해서 모든 제약으로부터 자유로운 존재, 모든 제약의 창출자로서의 무제약자를 찾는 것이 이성의 사변적 본성이라는 것입니다. 일종의 무한소급처럼 보이는 이러한 추적이 이성의 본성적 활동이고, 이에 따라 신과 같이 근원적이고 불변적이며 기원적인 존재를 우리는 '실체'(substance)라 불러 여러 제약 조건에 구속된 사물들(대개 양태mode 혹은 우유성偶有性, accident이라고 부릅니다)과 구분합니다.

이렇게 이성의 본성으로 인해 경험의 한계를 넘어 실증할 수 없는 영역에서 자신의 진리를 주장하는 논란이 한없이 벌어지는데, 이곳이 형이상학이라는 공간입니다. 답은 없지만 그래도 계속해서 질문하는 공간이 형이상학이라는 거죠. 따라서 필요한 일은 '비판'인데, 이는 지금까지 형이상학이 걸어왔던 그 길, 즉 경험을 초월한 이성의 사용으로 인해서 초래된 혼란(가령 영혼, 신, 세계의 시초 등등에 대한 이율배반적인 주장들)을 제거하기 위해 필요한 일입니다. 실증적 영역이 아닌 공간에서의 혼란이므로 비판은 경험을 바탕으로 해서는 안 됩니다. 이성이 경험에서 독립해 추구할 수 있는 모든 인식에 대해 비판 작업을 해야 합니다. 이를 통해 형이상학 일반이 가능한지, 가능하다면 그 범위나 한계는 어떻게 되는지 규명할 필요가 있습니다. 칸트는 이를 "이성의 능력 일반"에 대한 비판이라고 하는데, 바로 여기에 핵심이 있습니다. 칸트의 비판은 형이상학 자체에 대한 비판이 아닙니다. 형이상학을 둘러싸고 발생하는 오래된 논란들이 이성으로 하여금 형이상학이라는 건축물을 세울 수 있는 능력이 있는지 재검토하게 한다는 것입니다. 이성이 경험에서 독립해 필연적이고 보편적인 진리를 확보할 수 있는 능력이 있는 것인지 검토할 차례가 되었다는 것입니다.

여기서 '경험에서 독립하다'와 '경험을 초월하다'를 구별할 필요가 있겠습니다. 경험을 초월해 신이 존재한다거나 존재하지 않는다고 주장할 수 있겠죠? 존재함과 존재하지 않음은 경험적 사실이라 경험에 의해 증명되어야 하지만 우리는 경험적 한계를 초월하는 신에 대해 가타부타 말을 하는 경우가 많지요. 하지만 이는 경험이 아예 섞이지 않은 상태, 즉 경험에서 독립한 상태와는 다릅니다. 그렇다면 경험에서 독립한 것은 무엇일까요? 다시 귤의 예를 들어봅시다.

귤은 매끄런 동글함으로 우리 눈에 다가옵니다. 이런 성격을 경험적 질료라고 합니다. 우리는 이런 경험적 질료를 두고 '이것은 귤' 하고 말할 수 있습니다. 하지만 태어난 지 얼마 안 되는 아이는 경험적 질료는 볼 수 있어도 그게 '귤'인지는 모릅니다. 분명 경험은 했지만 아직 인식이 획득되지는 않았습니다. 그렇다면 경험한다고 해서 바로 인식이 되지는 않는다는 사실을 알 수 있게 됩니다. 아이에겐 바로 귤이라는 '개념'이 없었던 것입니다. 이처럼 개념과 같은 것은 우리의 경험과 구별되는 것으로서 경험에 대해 독립적으로 존재한다 할 수 있습니다. 이런 개념을 지칭할 때 철학적으로는 선험적(a priori)이라고 합니다(물론 귤이라는 개념은 완전히 선험적이지는 않습니다. 선험적 개념에 대해서는 차츰 설명하도록 하겠습니다). 이처럼 경험에서 독립한 (선험적) 인식의 조건과 이성의 능력에 대한 탐구가 칸트가 말하는 '비판'의 의미가 되겠습니다.

코페르니쿠스적 전회

칸트는 재판의 머리말에서 수학이나 자연과학과 달리 형이상학에서 지금까지 '학문의 안전한 길'이 발견되지 못한 까닭을 묻는데요. 학문의 안전한 길이 발견되지 못했다는 것은 지금까지의 형이상학이 혼란스러웠다는 말입니다. 수많은 철학자들 사이에 합의는 없고 다툼만이 있었다는 것이죠. 칸트는 그 원인으로 "사고방식의 전환"의 부재를 들고 있는데, 이것이 바로 그 유명한 인식 방법에서의 '코페르니쿠스적 전회'입니다. 기존에는 인식이 대상에 준거한다고 생각했습니다. 다시 말해 인식한다는 행위는 대상을 우리의 의식이 거울처럼 비추는 것, 즉 우리 눈앞에 나타난(present) 대상을 우리 의식에 다시-나타나게(re-present) 하는 행위가 됩니다. 그리고 인식의 진위는 정확한 재현 여부에 있게 되겠죠. 여기서 우리 이성의 역할은 그야말로 부차적입니다. 그런데 칸트는 그런 사고방식을 전환해 보자고 말합니다. 인식이 대상에 준거하는 것이 아니라 대상이 인식에 준거하는 것이라고.

사실 우리 인식 안에는 경험이나 대상에 기초하지 않은 관념들이 많이 있습니다. 쉬운 예를 들자면 기하학의 대상으로 삼각형이나 점과 같은 것이 있습니다. 점은 기하학적으로는 공간을 차지하지 않습니다. 그렇기 때문에 우리가 종이 위에 찍은 것은 기하학적 정의에 맞지 않는 점입니다. 점은 그저 관념적 구성물이죠. 경험 대상이 없어도 관념은 존재합니다. 유령 같은 경우도 마찬가지입니다. 유령과 일치하는 경험적 대상은 없습니다. 만약 인식이 대상에 준거하는 것이라면 이런 현상을 설명하기 곤란하죠.

칸트식으로 표현하자면 선험적인 것, 다시 말해 경험에 의해 영향을 받지 않은, 경험이 아예 섞이지 않은 그런 인식의 영역이 있다는 것입니다. 대상이 우리 정신(mind)의 인식을 지배한다면 대상과 상관없이 활동하는 인식의 영역을 확인하기는 어려워집니다. 우리의 정신 안에는 경험적 대상을 재현하는 것만이 아니라 경험적 대상과 상관없이 애초부터 존재하는 그런 것들이 많이 있습니다. 그리고 그런 선험적인 관념들은 수학적 점이나 유령과 같은 명사처럼 아무런 활동도 하지 않는 그런 것도 아닙니다. 예를 들어 보겠습니다. 이 강의실 안에 47명이 있다고 해보겠습니다. 제가 여러분들을 보자마자 즉시 "47명이 오셨군요" 하고 말할 수는 없는데요. 그 까닭은 당연히 몇 분이나 오셨는지 일일이 세어 봐야 하기 때문입니다. 제 눈앞에 있는 47명은 스스로 '47명' 하고 말하지 않습니다.

만약 47명이 우리 인식의 활동 없이 제 의식에 비치는 경험적 대상이면 저는 수를 일일이 셀 필요도 없이 보자마자 47명이라고 해야 합니다.

칸트에 따르면 수를 센다는 것, 혹은 수라는 것은 경험적인 게 아니라 우리 의식 안에 있는 어떤 선험적 능력 때문에 가능한 것이라고 합니다. 자동차 한 대가 지나갔습니다. 잠시 후에 또 한 대가 지나갔습니다. 그러면 총 두 대가 지나갔죠. 그런데 이 '두 대'라는 사실을 우리는 어떻게 알까요? 두번째 지나가는 자동차가 스스로 두번째 자동차라고 하면서 지나간 것일까요? 그건 아니죠. 이처럼 대상 자체는 스스로 자신이 몇번째이고 몇 명째인지 알리지 않습니다. 이 강의실 안에 수강생들은 그저 앉아 있을 뿐입니다. 제가 세지 않는 한 '47명'이나 '두 대'는 알려지지 않습니다. 이처럼 인식하는 행위는 경험적인 대상에만 구속된 것이 아닙니다. 선험적인 영역이 있다는 것이고 칸트는 기존의 인식 방법과 달리 그런 선험적인 영역을 중심으로 대상을 고찰하자고 말하고 있는 것입니다.

만약 우리의 인식이 대상에 달려 있다고 하면 우리 인식을 확장하려는 모든 시도(형이상학)는 불가능해집니다. 경험할 수 없는 대상(신, 영혼, 세계의 시작과 끝)의 경우, 이런 개념들을 설명할 방법이 없게 되는 겁니다. 인식은 대상에만 종속될 수는 없습니다. 인식은 대상 그 이상입니다. 우리는 경험하지 못하는 대상들에 대한 형이상학적 인식의 본성을 지닙니다. 그러므로 이렇게 표현할 수 있습니다. 우리는 경험하는 것보다 더 많은 것을 사고합니다. 따라서 대상이 인식에 준거한다고 생각하면 경험과 관계없이 어떤 대상에 대해서 선험적으로 사고할 길이 열립니다. 이제 "경험의 한계를 넘어서 실증할 수 없는 영역"인 형이상학의 진위에 대한 판별이 가능해집니다. 저 경험 바깥의 세계가 있는가 없는가 하는 점을 따지는 게 아니라, 그런 세계를 논하는 우리의 인식 자체를 따져 보겠다는 것입니다. 그 세계의 유무는 우리 경험의 한계를 벗어나 있는 것이므로 아무리 주장한들 정답이 나올 수 없는 것 아니겠습니까? 하지만 우리의 인식 자체, 즉 선험적인 인식 자체가 어떤 일을 하고 있는지 알게 된다면 이것 자체에 대해서는 진위를 논할 수 있겠지요.

이처럼 칸트는 형이상학의 가능성을 타진하기 위해, 아니 형이상학의 토대를 굳건히 하기 위해 대상에 종속된 인식이 아니라 대상에 대한 '선험적' 인식으로 전환하자고 말하고 있습니다. 칸트의 이런 가정은 대상이 우리에게 주어지기 전에 우리의 인식 내부에서 대상에 대해서 어떤 확정이 이루어지고 있다는 뜻을 내포하고 있습니다. 대상의 본성을 파악하기 위해 대상으로 달려가는 게 아니라 대상 이전에 대상의 구성을 위해 활동하는 우리의 선험적 인식에 대한 고찰. 바로 이것을 '코페르니쿠스적 전회'라고 합니다. 코페르니쿠스는 천동설에서 지동설로 관점을 바꾼 사람이죠. 지금까지는 다른 천체들이 지구를 중심으로 회전하고 있다고 생각했는데 오히려 관찰자가 있는 지구를 회전시켜 봤더니 너무 설명이 잘 되더라는 거죠.

코페르니쿠스의 이런 관점 전환이 칸트에게도 일어난 건데요. 그러니까 지금부터는 대상이 우리에게 오는 게 아니라, 관찰자인 우리가 대상에게 가는 식으로 생각해 보자는 것입니다. 이를 대상에 대한 선험적 인식이라고 부릅니다. 칸트의 생각은 경험(태양) 대신 우리의 선험적 인식(지구)을 적극적으로 활동하는 것으로 간주하자는 것입니다. 대상을 경험하기 위해서 우리는 그저 대상을 재현하기만 하는 게 아니라 관찰자로서 선험적으로 대단한 일을 하고 있다는 것이죠. 바로 그 선험적 인식의 작동 방식을 칸트가 설명하고자 하는 겁니다.

그래서 이 코페르니쿠스적 전회라고 하는 것은 칸트의 자부심입니다. 대상을 인식하는 기존의 방식을 바꾸고 있잖아요. 대상이 있는데 그게 유물론적으로 우리에게 반영된다? 이게 단순한 문제 같지만 철학적으로는 사실 상당히 해결하기 어려운 문제입니다. 저기 바깥에 어떤 대상이 있고 여기 우리의 인식이 있다고 할 때 우리와 상관이 없는 대상, 저 대상이 우리에게 어떤 인식을 준 셈인데요. 그런데 우리의 인식이 저 대상을 제대로 반영했는지 우리는 어떻게 증명할 수 있을까요? 우리의 표상과 그 표상 바깥의 대상의 일치를 확증하기 위해서는 우리가 우리의 인식 바깥으로 나갈 수 있어야 할 텐데 그게 가능한 일일까요? 그래서 데카르트는 기만하지 않는 진실한 신이라는 테마를 들고 오게 됩니다. 그런데 신이라는 존재가 우리 경험을 벗어난 것이라면 어떻게 하죠? 신 없이 우리 인식의 진실성을 어떻게 증명할 수 있을까요? 코페르니쿠스적 전회라는 칸트의 인식론은 바로 이것을 가능케 합니다. 신 없이 철학적 진리의 보편성을 확립했다는 점에서 칸트는 근대 철학의 한계를 넘어선 것으로 평가할 수 있겠습니다.

대상과 인식의 일치

합리론은 주체와 대상의 대응에 대해, 관념의 질서와 사물의 질서의 일치에 대해 상당히 독단적인 주장을 합니다. 즉 증명 불가능한 신학적 원리를 바탕으로 인식의 진리성을 전개하는 것입니다. 데카르트가 '코기토'를 발견해 낸 것은 철학적으로 굉장히 대단한 일입니다. '코기토 에르고 숨'(cogito ergo sum),

줄여서 '코기토'라고 하는데요, '나는 생각한다, 고로 존재한다'라는 말이죠. 악령이든 뭐든 그 어떤 존재라도 나를 속일 수 있지만 속인다는 사실 자체가 속일 수 있는 대상을 전제하는 것이므로, 내가 무엇인가를 의심하고 속고 있다고 생각할 때 그런 생각하는 존재의 실재성은 의심의 여지 없이 확실한 진리라고 말할 수 있다는 뜻입니다. 데카르트가 자신의 체계 내에서 가장 처음 확립하는 진리가 신이 아니라 코기토의 확실성이라는 것은 철학적으로 새로운 시대의 표현이 되겠습니다. 그런데 내가 인식한 것과 그 인식의 대상이 되는 것의 일치는 코기토에 의해 확보되지 못합니다. 그래서 신을 필요로 하는 것이죠. 이는 스피노자도 마찬가지입니다. 우리 관념과 그 관념의 대상인 사물과의 일치 문제를 스피노자도 신을 경유해서 해결하고자 합니다. 데카르트가 기만하지 않는 신, 진실한 신이라는 도덕적 논법에 의존했다면 스피노자는 절대적 능력의 신이라는 능력의 논법에 의존했다는 차이 정도가 있다고 하겠습니다.

스피노자에 따르면 신은 절대적으로 무한한 능력의 존재(실체)로서 세상에 존재하는 모든 속성을 소유하고 있습니다. 대표적인 속성으로 연장(extension, 우리의 신체와 같이 길이와 모양을 갖는 모든 사물)과 사유(thought, 우리의 생각이나 감정과 같이 크기도 모양도 없는 모든 사물)가 있는데, 우리는 이 두 가지 속성만을 알고 있습니다. 만약 신이 자신의 활동(연장 속성으로 표현됨)을 알지 못한다면(사유 속성으로 표현됨) 신은 무능하겠죠? 따라서 스피노자의 체계에서는 신의 활동=신의 앎이라는 형태를 갖게 됩니다. 신은 아는 대로 창조하고 생산하는 대로 이해합니다. 전지전능이란 바로 이런 뜻입니다. 신의 앎과 신의 활동은 '평행'한 셈입니다. 그런데 스피노자에 따르면 우리 인간은 신의 변형태(양태)이므로 마찬가지의 특징을 소유해야 합니다. 우리 신체의 변화는 우리 관념의 형태로 나타나야 하는데, 이는 이런 변화들조차 이미 신의 변화이기 때문에 가능한일입니다. 우리가 갖는 관념이 저 바깥의 대상과 일치한다는보장이 절대적 능력의 신이라는 가설에 의해서 확보되는 셈입니다.

만약 신의 존재를 받아들이지 않는다면 대상과 표상의 일치 문제는 해결이 난망한 과제가 됩니다. 이는 경험론 쪽에서도 마찬가지인데요. 사실 이러한 진리 대응설의 문제는 로크의 중심 주제이기도 합니다. 신이나 실체와 같이 기존에 본유관념이라고 했던 어떤 선험적인 관념은 존재하지 않으며 모든 관념을 경험과 지각에서 비롯된 단순관념으로 보는 그에게서도 사물의 본질적 성질과 우리의 관념이 일치하는지 여부는 불확실하고 일종의 불가지론에 빠지고 마는 측면이 있습니다. 관념 이외에 우리가 직접 사물을 만날 방법이 없는 이상 신의 입장이 되지 않고서 일치와 불일치를 따질 도리는 없는 것입니다. 대륙의 합리론이든 영국의 경험론이든 이 '인식의 객관성'에 대한 문제에 있어 시원한 해결책을 찾지 못했습니다(진은영, 『순수이성비판, 이성을 법정에 세우다』, 44~47쪽).

따라서 이런 구도에서 빠져나올 필요가 있습니다. 바로 그것을 칸트가 해낸 것이죠. 칸트는 이제 더 이상 일치 문제를 해결하고자 하지 않습니다. 사고의 전환이 필요하다는 것이죠. 내 관념이 대상과 일치하는지 일치하지 않는지 하는 문제는 사고가 대상에 종속되어 있을 때 제기되는 것입니다. 하지만 대상이 우리 인식에 그냥 주어지는 게 아니라 우리 인식의 활동이 일차적으로 필요한 것이라면 이제 일치 문제는 중요한 것이 아닙니다. 비유적으로 표현하면 마음을 거울로 보지 않고 어떤 정보처리장치로 생각하게 되면 표상의 객관성 문제는 주변부로 밀려나게 된다는 것이죠(김상환, 『왜 칸트인가』, 78쪽).

칸트는 대상이 주어질 때 인식이 엄청난 일을 하는데 그 과정을 보겠다고 합니다. 그 과정을 보면 예정조화나 평행론과 같은 허구적인 이야기들을 가져오지 않아도 설명이 된다는 것이죠. 이제 이성은 대상을 거울처럼 비추는 것이 아니고 나름의 규칙과 개념들을 통해서 대상(현상)을 종합하고 구성하는 능동적이고 자율적인 능력이 됩니다. 이 부분은 중요합니다. 여기서 '구성'과 '종합'이라는 단어가 『순수이성비판』의 핵심을 잘 드러냅니다. 구성하고 종합하는 능력, 이것이 대상에 앞서 우리 이성이 선험적으로 갖고 있는 능력입니다. 대상 표상을 받아들이는 것이 아니라 그 표상들을 구성하고 종합하는 적극적인 역할이 바로 앞에서 말했던 '회전하는 지구'의 활동에 해당합니다. 여담이지만, 헤겔은 종합하는 힘보다 분해하는 힘이 더 대단하고 원초적인 것이지 않을까 하는 의문을 제기합니다. 그런데 칸트는 이 분해조차도 종합이 있기 때문에 가능하다고 책에 분명하게 적어 둡니다. 후배의 비판을 미리 알고 있었던 것일까요? 물론 그렇진 않습니다. 여하튼 칸트가 서술한 이 '종합'이라는 개념은 나중에 들뢰즈의 철학에서 굉장히 중요한 역할을 하게 됩니다. 『차이와 반복』은 바로 이 종합, 더 정확히는 시간의 종합에 대한 사유에 다름 아니죠.

하지만 칸트와 같은 합리론 측면에서의 변화만 있었던 것은 아닙니다. 경험론 쪽에서도 비슷한 변화는 이뤄지고 있었습니다. 대표적으로 흄이 그렇습니다. 흄은 인과적 필연성을 부정한 것으로 유명합니다. 그런데 사실 그가 부정한 것은 사물 내에 존재하는 필연성입니다. 다시 말해 사물과 사물 사이에 필연성이 있어 우리의 관념이 그걸 반영하는 게 아니라는 겁니다. 그런 필연적 관계는 바로 관념들을 연합하는 상상력의 차원 안에 있다는 것이 그의 주장의 핵심입니다. 더 정확히 하자면 주체가 행동을 하거나 사물을 주시하지 않을 때는 인과적 필연성은 주체 안에도 존재하지 않습니다. 주체가 두 사물을 응시하고 있을 때, 주체가 두 사물을 응시하면서 두 사물을 인과성의 원리에 의해 연합하는 상상력을 작동시킬 때 사물 안에 내재하지 않은 '필연성'이라는 '믿음'이 확고한 사실처럼 부상한다는 것입니다(들뢰즈, 『경험주의와 주체성』, 23~30쪽). 따라서 흄과 칸트는 인과성이 사물의 차원 속에 있지 않다고 주장했다는 점에서는 공통적이지만, 그 인과성의 장소가 상상력(지각)인지 아니면 지성인지에 따라 구별된다고 하겠습니다.

반복하자면 주관은 객관의 반영이 아닙니다. 주관은 객관에 의해서 지배되는 것이 아니라 객관에 '입법하는'(legislate) 적극적인 구성 활동입니다. 주관은 인식이 활동하는 법칙을 스스로 만들고 그 법칙들을 통해 인식의 내용과 한계를 구성하고 확정합니다. 주관은 입법자입니다. 특히 인식에 있어서는 감성도 이성도 아닌, 바로 지성이 입법합니다. 지성이 인식의 모든 활동을 주재한다는 뜻입니다. 인식의 두 원천은 감성과 지성입니다. 그리고 지성은 하나의 법처럼 인식에 있어 형식적 장치로 사용됩니다. 주지하다시피 법칙은 형식입니다. 만유인력의 법칙은 형식이기 때문에 그 어떤 행성이든 그 내용을 가리지 않고 적용됩니다. 마찬가지로 지성도 인식을 규제하는 법이고 형식입니다. 지성의 법칙에 감성이 그 내용으로서 종속되는 구조를 갖고 있다는 뜻입니다.

인식의 두 가지 원천

우리 인식의 두 가지 원천이 뭐였죠? '감성'하고 '지성'이죠. 감성에는 다시 두 가지 형식이 있는데, '시간'과 '공간'이 그것입니다. 이 시간과 공간을 '직관(intuition)의 형식'이라고 합니다. 이런 용어에 익숙해져야 합니다. 당장 직관이 뭔지 이해가 되지 않더라도 우선 익숙해지는 과정이 필요합니다. 그다음으로 지성의 경우, 지성 내에서 작동하는 개념이자 형식을 '범주'(category)라고 합니다. 자세한 것은 나중에 설명하기로 하고 일단 이 구조를 다시 정리해 보면, 감성과 지성이라는 인간 인식의 두 원천은 각각 '시간'과 '공간', 그리고 '범주'라는 형식을 갖습니다.

그다음으로 시공간이라는 직관의 형식에 의해 포착된 것을 '표상'이라고 부릅니다. 표상이란 우리 감각에 의해 우리에게 포착된 외부 사물의 이미지 같은 것으로 'representation'의 번역어입니다. 아직 우리의 선험적 능력에 의해 정리되거나 종합되지 않은 경험적 자료들입니다. 이런 자료들이 우리 감성에 주어지려면 먼저 시공간이라는 직관의 형식을 통해 받아들여져야 한다는 것이 칸트의 생각입니다. 그러므로 우리에게 감성적으로 주어지는 대상은 시공간이라는 형식에 의해 윤색되는 것이라고 할 수 있겠습니다. 이렇게 우리의 시공간적 직관 형식과 관련된 대상의 측면을 '현상'(phenomenon)이라고 합니다. '현상'이 대상의 측면에서의 명칭이라면 감성의 측면에서는 '표상'이라고 할 수 있겠습니다. 대상은 대상 자체로 우리에게 나타나는 게 아니라 시공간적 형식을 거쳐 포착됩니다. 그리고 우리는 시공간적 형식 없이는 대상을 자체적으로 파악할 수도 없습니다. 따라서 대상은 우리와 관계된 측면만 있는 것은 아니라는 뜻이 되겠고, 이를 칸트는 '물자체'(things in itself)라고 불러 현상과 구별합니다. 우리에게 물자체는 파악할 수도 없고 접근할 수도 없는 영역이 됩니다.

이런 인간의 조건을 칸트는 '인간의 유한성'이라고 불렀습니다. 우리는 유한한 존재입니다. 우리는 공간과 시간의 형식을 통해서만 사물을 받아들일 뿐이고, 우리가 경험하는 현상계 너머엔 우리의 인식이 미칠 수 없는 물자체의 세계가 있습니다. 만약에 저 우주에 시공간이 아닌 다른 직관 형식을 가진 존재가 있다면 그들은 사물을 우리와 전혀 다르게 받아들이겠죠. 예를 들어 신의 경우는 어떨까요? 그가 시공간의 한계 속에 있다는 말은 어울리지 않죠? 따라서 그는 시공간적 직관을 갖지 않을 것이고, 따라서 물자체와 직접 만날 수도 있겠습니다.

3대 비판서의 주제

현상과 물자체. 이런 '균열'은 칸트의 코페르니쿠스적 전회가 만들어 낸 새로운 세계이자 개념입니다. 대상을 반영하는 것이 아니라 인식 주관이 직접 대상에 입법하는 상황 속에서 인식 주관은 시공간적 직관 형식 없이는 대상에 다가갈 수 없게 됩니다. 이에 따라 자연스럽게 시공간에 의해 포착된 현상과 그 직관 형식 바깥의 물자체가 구분되게 된 것이죠. 대상 주위를 적극적으로 회전하는 인식 주관의 '구성적' 성격이 만들어 낸 새로운 분할입니다. 데카르트와 스피노자 그리고 라이프니츠가 연장실체와 사유실체의 분할 속에서 철학을 했던 것에 비하면 분명 새로운 분할입니다. 그리고 저 인식 불가능한 물자체의 세계는 실천이성의 영역으로 이관됩니다. 우리가 『순수이성비판』에서 다루는 것은 실천이성이 아닌 사변이성입니다. 대상에 대해 표상하고 대상의 성격을 규정하는 이성. 대상의 보편적인 법칙을 사유하는 이성. 이 생각하는 이성의 한계가 물자체입니다.

사변이성의 한계에서 실천이성이 시작됩니다. 현상이 사변이성의 대상이라면 물자체는 실천이성의 대상입니다. 실천이성, 즉 윤리는 바로 사변이성의 한계, 다시 말해 앎이 중지되는 지점에서 시작된다는 것이 칸트의 혁명적인 테제입니다. 만약 사변이성이 자신의 한계를 넘어 물자체의 세계에까지 나아가게 되면 형이상학의 혼란이 시작된다는 것이 칸트의 생각입니다. 사변이성은 시공간적 직관에 의해 포착된 표상들(현상들) 외에는 자신의 입법적 주재의 권리를 갖지 않습니다. 사변이성이 물자체에 대해 월권을 행사하면, 다시 말해 경험할 수 없는 영역에 대해 이론적으로 규정하려고 하면 신이든 영혼의 불멸이든 그 어떤 초험적인(transcendent) 것도 제대로 규정되지 못하고 거짓된 신앙과 광신 속에 파묻히고 맙니다. 이렇게 사변이성으로 하여금 현상의 영역 이상으로 넘어가지 말도록 규정한 이성 비판의 효용성을 칸트는 소극적인 것이라 규정합니다.

하지만 사변이성에 대한 한계 규정이라는 비판의 소극적 효용은 오히려 더욱더 적극적인 효용의 시작이 된다고 합니다. 거짓된 신앙과 광신은 신에 대해 사변적으로 규정하려고 하는 이성의 잘못된 사용 때문에 벌어지는 일입니다. 이런 신이 진정한 신이라는 이론적 규정은 경험의 한계 바깥의 것이므로 그 어디서도 엄격한 진리성을 확보하지 못합니다. 그저 한편의 주장일 뿐이지요. 그런데도 그런 신을 진리의 기준으로 삼게 되면 그 신의 면모에 동의하지 못하는 다른 쪽은 그런 신을 이단으로 규정하고 서로 다투게 되어 있습니다. 거짓된 신앙, 그리고 광신은 모두 이성이 시공간적 직관 이상으로 확장될 때 야기되는 현상입니다.

따라서 사변이성의 한계를 정해 줄 필요가 있습니다. 그럴 때 사변이성은 자신의 한계 속에서 더 이상 신이나 영혼에 대해 적극적으로 언급할 수 없다는 사실을 알게 되고, 그것이 오로지 실천적인 문제로서만 실질적으로 파악된다는 사실을 알 수 있게 됩니다. 다시 말해 실천이성의 영역이 따로 존재한다는 사실을 받아들이게 되는 것이죠. 그래서 칸트는 이렇게 말합니다. "나는 신앙을 위한 자리를 얻기 위해서 지식을 폐기해야만 했다"(BXXX). 지식의 폐기는 곧 사변이성이 물자체의 영역 내에서 그 어떤 진리도 주장할 수 없다는 사실을 뜻합니다. 그리고 그럴 때 실천과 윤리, 그리고 신앙의 영역이 분명하게 생겨납니다. 다시 말해 신앙은 지식이나 인식의 문제가 아니라 철저히 실천과 윤리의 문제라는 것이죠.

현상과 물자체를 구분하듯이 칸트는 인간의 능력도 구분합니다. 『순수이성비판』이 우리의 인식능력을 다룬다면, 『실천이성비판』은 욕망하는 능력을 다루고, 『판단력비판』은 쾌/불쾌의 능력을 다룹니다. 우리가 자주 쓰는 지(知)·정(情)·의(意)로 바꿔 보면, 지(인식/사변이성)·정(감정/판단력)·의(의지/실천이성)가 되겠습니다. 인식능력이 지성을 원천으로 한다면, 욕구능력은 이성을, 그리고 판단력은 상상력을 원천으로 합니다. 『순수이성비판』이 '우리는 무엇을 알 수 있는가?' 하는 질문에 답을 하는 것이라면, 『실천이성비판』은 '우리는 무엇을 해야 하는가?' 하는 질문에 대해, 그리고 『판단력비판』은 '우리는 무엇을 희망해도 좋은가?' 하는 질문에 답을 하는 책이라고 생각해도 좋습니다. 각각 능력이 다르고 각 능력을 주재하는 이성의 영역도, 그리고 그 대상도 다릅니다. 이런 엄격한 분할은 반영하는 주관 대신 대상을 구성하는 주관이라는 칸트의 새로운 시도에 따른 것이기도 합니다.

이처럼 칸트는 능력들의 구분과 영역들의 구분을 철저히 행합니다. 이성이 정당하게 활동할 수 있는 영역이 있다면 그곳이 어디인지, 그리고 그 한계는 어디인지 그리고 한계를 넘는 불법적 사용은 무엇인지 정확히 규정하려 합니다. 한마디로 이성에 대한 법정을 연 것이죠. 이 법정이 바로 순수이성에 대한 비판입니다. 그렇다면 '순수이성비판'이 무슨 뜻인지 알아봐야겠습니다. '순수한'(pure) 이성은 경험적 사실이 섞이지 않은, 순전한 선험적 이성을 뜻합니다. 앞에서도 말했듯이 사변이성의 영역에서 대상을 판단하고 법칙을 주재하는 것은 지성입니다. 시공간적 직관을 거친 대상들의 표상에 대해 구성하고 종합하는 활동을 지성이 하는 것입니다. 그러면 이성은 무엇을 할까요? 이성은 저 경험적 대상들과는 상관없이 언제나 무조건자나 무제약자, 즉 세계 전체나 신과 같은 존재를 사유하려는 경향을 갖습니다. 그런 무조건자가 있어야만 세계에 대한 전체적이고 통일된 인식이 가능하기 때문입니다.

문제는 그렇게 이성에 의해 사유된 것이 경험적으로 확증될 수 없는 존재들이라는 것이죠. 그런데도 그것이 경험될 수 있기나 한 것처럼 생각하는 이성의 자연스러운 착각이 형이상학 내에서 생겨나는 문제들입니다. 이성이 자신의 한계도 모르고 저 초경험적인(초감성적인) 대상을 진리로 인식하려는 착각이 있는 것이죠. 그렇기 때문에 비판이 필요한 것입니다. 사변에 있어 한계는 어디까지나 현상들이지 물자체가 아니라는 사실을 알아야 한다는 것이죠. 표현을 바꾸면, 사변적 관심에 있어 입법은 지성의 몫이지만 이성이 이 입법에 간섭하는 경우가 있기 때문에 비판을 통해 그 한계를 정해 줄 필요가 있다는 것입니다. 만약 이 비판이 성공한다면 기존의 모든 형이상학적 혼란도 진정될 수 있겠습니다. 왜냐하면 경험의 한계를 넘어서는 것에 대한 객관적 실재성에 대한 주장이 이성에 의해 야기된 혼란이기 때문입니다. 원래 "철학의 의무는 오해에서 생긴 환영(semblance)을 제거하는 일입니다"(AXⅢ). 그래서 칸트는 초판의 머리말에서 여기에서 해결되지 않은, 또는 적어도 해결을 위한 열쇠가 제시되지 않은 형이상학의 과제는 하나도 없다고 감히 말합니다. 순수이성에 대한 '비판'을 통해 형이상학의 기초를 확실히 다졌다는 칸트의 자부심이 강하게 느껴집니다.

2강 _ 초월론 철학의 과제

합리론과 경험론을 넘어

이제부터는 '초월론 철학의 과제'에 대해서 살펴보겠습니다. 지금 '초월론 철학'이란 단어가 등장했죠. 칸트 시기에 독일 관념론 철학의 핵심적인 문제는 인식의 보편성과 필연성의 성립 여부였습니다. 흄의 경험론과 회의주의 이후 경험이 보편적 인식의 수단이 될 수 없다는 사실은 명백해졌습니다. 『순수이성비판』은 이 회의주의를 극복하고 인식의 보편성을 확보할 수단을 경험 이외의 영역에서 찾고자 하는 시도입니다.

경험은 분명 감성적 지각이라는 원재료를 우리의 지성이 가공해서 산출해 낸 최초의 산물인 것은 틀림이 없습니다. 그러나 "경험은 우리에게 무엇이 현존하며 그렇지 않은가를 가르쳐 주기는 하지만, 그것이 반드시 그러해야만 하며 다르게 있어서는 안 된다는 것을 가르쳐 주지는"(A1) 않습니다. 경험을 통해서는 "반드시 그러해야만" 하는 보편성과 필연성을 확보할 수 없다는 말입니다. 흄의 말처럼 우리는 '반드시'나 '필연적으로'를 경험할 수는 없는 노릇입니다. 모든 백조가 하얀지는 경험해 봐야 알겠지만, 그런 귀납적 절차가 예외를 내포할 가능성은 언제라도 존재할 수 있습니다. 그러므로 내적 필연성을 갖는 보편적 인식들은 경험으로부터 독립해 자체적으로 자명하고 확실해야 합니다.

그런데 칸트가 경험으로부터 독립한 보편적 인식을 확보하고자 한다고 해서 경험에서 완전히 벗어났다고 생각해서는 안 됩니다. 앞 문단에서도 말했듯이 경험은 감성적 지각이라는 원재료를 지성이 가공한 산물이라고 칸트는 말합니다. '인식'은 '감성'에서 비롯된 것이지만, 즉 감성적 감각이라는 재료에서 비롯된 것이지만 감성으로 귀결되지는 않고 반드시 '지성'이 개입해야 합니다. 그래서『순수이성비판』은 경험을 떠나지 않고 경험에서 출발하지만, 동시에 경험에서 독립한 선험적 인식의 가능성을 탐구하는 것입니다. 정리하자면『순수이성비판』은 경험에 기초하기 때문에, 그리고 경험을 인식의 준거로 삼고 있기 때문에 합리론과는 다른 길을 갑니다. 하지만 경험으로 해소되지 않는 지성의 적극적인 능력, 다시 말해 보편적 필연성의 몫을 찾아낸다는 점에서 경험론도 넘어섭니다.

경험의 영역을 무시한 합리론의 대표 주자로 칸트의 비판 대상이 되고 있는 철학자가 바로 라이프니츠입니다. 칸트가 라이프니츠를 비판하면서 합리론과는 다른 길을 가는 이유를 간략히 말씀드리겠습니다. 칸트는 '원칙의 분석학' 부분 중 '반성개념들의 모호성'이라는 주제로 라이프니츠 형이상학의 불충분성에 대해 비판합니다. 여기서는 그 중에서 하나만 소개하는 것으로 하겠습니다(박진, 「칸트의 라이프니츠 비판 : 칸트의 반성원리들에 관하여(II)」 참고).

라이프니츠의 유명한 원리 중에서 '구별 불가능자의 동일성 원칙'이라는 게 있습니다. "(질 또는 양에서) 이미 개념상으로 서로 구별되지 않는 모든 사물은 온전히 일양(수적으로 동일)하다"(B337). 즉 두 개의 물방울이 개념적으로 전혀 구별되지 않는다면 라이프니츠는 그것이 서로 동일한 사물이라고 말합니다. 그러나 새벽녘에 잎사귀에 맺힌 물방울과 해질녘 소나기에 의해 유리창에 맺힌 물방울은 공간적 위치와 시간적 시점에서 차이를 지닙니다. 개념적으로 같더라도 실존 방식에서는 차이가 있을 수 있습니다. 이처럼 사물을 구분하게 하는 시공간은 사고의 형식이 아니라 직관의 형식이고 따라서 현상에 고유한 형식인데도 불구하고 라이프니츠는 시공간을 감성 대신 지성에 포함된 것으로 생각합니다. 즉 감성적 영역이란 불명료한 사고의 영역이고, 사고의 영역이란 명료화된 감각이 므로 둘 사이에는 질적인 이종성이 있는 게 아니라 그저 의식 의 명료성에 따른 논리적 차이밖에 없다고 보는 것이죠. 칸트 가 보기에 라이프니츠의 원리는 지성과 감성의 차이를 무시한 채 단지 사고의 영역에 있는 것(개념상으로 구별되지 않는 물방 울)을 현실적으로 존재하는 것(두 물방울은 실제로도 구별되지 않 는다는 주장)으로 간주한다는 점에서 심각한 철학적 위험을 갖 는다고 하겠습니다.

우리의 모든 인식은 감성과 함께 출발합니다. 대상이 우 리의 감성을 자극하면 주관의 내부엔 대상에 대한 표상들이 생겨납니다. 이와 함께 지성이 표상들을 비교하고 결합하고 분리하는 일을 합니다. 이를 통해 경험적 인식이 형성됩니다. 우리 앞으로 어떤 사물이 휙 하고 지나갔다고 할 때 칸트는 이 런 감각적 경험만으로 인식이 성립했다고 말하지 않습니다. 그건 경험적 인식이 아니라 그저 경험입니다. 휙 하고 지나간 사물, 즉 나의 감성에 주어진 표상들에 대해 지성이 어떤 규정 을 내려야만 경험적 인식이 되는 것이죠. 이렇게 모든 인식은 경험을 필요로 하지만 그렇다고 경험이 인식의 근원은 아닙니다. 자세히 보면 경험적 인식은 감성을 통해 받아들인 것과 우리 인식 능력(지성)이 만들어 낸 것의 종합이라고 할 수 있습니다. 다시 말해 수용성의 측면과 자발성의 측면이 서로 결합되어 있습니다.

우리에겐 경험에서 독립해서 자발적으로 활동하는 영역이 있는데, 이를 칸트는 '선험적인'(a priori) 것이라고 부릅니다. 어떤 경험에서도 유래하지 않은, 순수하게 우리 인간 주관에만 있는 그것을 선험적이라 하고, 그 반대를 '경험적' 혹은 '후험적'(a posteriori)이라고 합니다('선천적-후천적'의 쌍으로도 번역되는데, 생물학적이고 의학적인 느낌이 강해지는 경향이 있습니다). 그리고 선험적인 인식 중에서 경험적인 것이 하나도 섞이지 않은 것을 칸트는 '순수하다'고 합니다. 원래 개념은 선험적인 것이지만 가령 '인간'과 같은 개념은 우리가 경험하는 여러 인간들을 그 대상으로 하고 있기 때문에 순수하게 선험적이지는 않습니다. 반면에 삼각형이나 정십이면체와 같은 수학적 개념은 경험에서 완전히 독립한 순수 선험적 개념의 좋은 예가 되겠습니다.

이를 명제의 차원에서도 설명할 수 있습니다. '물체는 무겁다.' 이는 경험적 명제인데요. '무거움'은 물체의 선험적 개념 안에 포함되어 있지 않은 속성이기 때문에 무거운 물체를 직접 경험할 때만 이런 명제의 진리가 확인되겠습니다. 물체 중에는 무겁지 않은 것도 있고, 심지어 아예 무게가 없는 것도 있습니다. 그런 점에서 '물체는 무겁다'는 명제는 경험적 명제라고 하겠습니다. 반면 '물체는 길이를 갖는다'는 명제는 선험적입니다. 왜냐하면 '물체'라는 개념을 분석하면 그 개념 안에서 굳이 우리 경험이 필요하지 않은 '길이를 갖는 것(연장)'이라는 속성(술어)이 자연히 도출되기 때문입니다.

여기서 칸트가 말하는 '순수'는 도덕적인 성격을 전혀 갖지 않습니다. 경험의 개입 유무를 따질 뿐입니다. 순수지성, 순수이성 개념과 같이 '순수'가 붙는 용어들은 모두 경험적 사실이나 자료가 하나도 섞이지 않았다는 뜻만을 내포합니다. 그리고 '순수'를 강조하는 이유도 경험적 질료와 순수 선험적 개념들이 그 질적인 성격에서 완전히 다르다는 사실, 따라서 그 둘은 서로에게 결코 환원될 수 없다는 사실을 강조하기 위해서입니다. 반면 라이프니츠는 이 둘의 이종성을 개념들로 환원하고 감성의 차원을 무시하고 있습니다.

'모든 변화는 그 원인을 가진다.' 이런 명제는 어떨까요? 일단 변화는 우리가 겪어 봐야 하는 것이므로 경험적인 것이겠습니다. 그러면 변화라는 개념에서 원인이라는 개념이 바로 도출되는지 알아보죠. 변화라는 개념은 사물의 상태가 바뀌었다는 사실을 가리키지 그 변화의 원인까지 지시하지는 않습니다. 따라서 변화라는 개념 안에는 원인이라는 의미가 내포되어 있지 않습니다. 그렇다면 원인이라는 개념은 어디에서 온 것일까요? 우리 앞에 울고 있는 아이가 있다고 해봅시다. 우리는 우는 아이를 경험하지 아이를 울린 원인은 경험하지 못합니다. 그렇다면 이런 반론이 가능할 수도 있습니다. 누군가 아이를 때리는 것을 보았고 그래서 아이가 울었다면 우리는 아이가 우는 원인을 경험한 것이 아닌가 하는. 그러나 우리가 본 것은 누군가 아이를 때렸다는 것이고, 그다음에 아이가 울었다는 것입니다. 아이를 때리는 장면, 즉 그 표상이 스스로 우리에게 자신이 우는 아이의 '원인'이라고 표시하거나 나타내지 않는다는 말입니다. 심지어 아이의 울음이 폭력에 의한 것이 아닐 수도 있습니다. 하지만 우리는 누가 때렸고, '그래서' 울었다는 인과관계를 만들어 냅니다. 표상(때림이라는 행위의 표상) 자체는 자신이 원인이라는 사실을 전혀 지시하지 않고 있는데도 말이죠. 까마귀가 나는 표상과 배가 떨어지는 표상 사이에는 아무런 인과관계도 없지만, 우리는 거기에까지 인과라는 개념을 부여합니다. 이처럼 칸트는 '원인'이라는 개념이 경험에서는 도출될 수 없는 선험적인 것이라고 말합니다. 따라서 '모든 변화는 그 원인을 가진다'는 명제는 선험적인 명제이긴 하지만 변화 자체는 경험에서 파악되는 것이므로 순수하다고는 할 수 없습니다.

경험적 인식과 선험적 인식, 순수한 개념과 경험적 개념의 구분을 해봤는데요. 칸트는 지금 보편성과 필연성을 만들어내는 것이 경험이 아니라 선험적인 영역이고, 이 선험적 영역에는 순수한 것과 그렇지 않은 것이 있다고 말하고 있는 것입니다. 그리고 인식이란 경험적인 것에 대해 선험적인 것이 작동해서 만들어지는 것이라고 말합니다. 이런 논법을 따라 약간 과장해 본다면 우리는 그 무엇보다 앞서는 선험적인 것의 활약 없이는 그 어떤 것도 제대로 경험한다고 말할 수 없게 됩니다. 다시 말해 선험적인 영역 없이 '순수하게' 경험적인 것만으로 조합된 대상과의 만남은 있을 수 없습니다. 지금 다루고 있는 인식의 영역만이 아니라 욕망의 차원에서도 우리는 주관의 선험성과도 같은 것을 확인할 수 있습니다.

르네 지라르라는 프랑스 문학이론가가 있습니다. 그는 '중개된 욕망'이라는 개념을 소개했는데요. 내용은 간단합니다. 평소엔 싫증나서 갖고 놀지 않는 장난감을 다른 친구가 만지면 돌연 그건 자기 것이라며 빼앗는 아이들을 자주 봅니다. 이 아이의 갑작스런 흥미는 장난감이라는 경험적 대상이 촉발한 것이 아니라 다른 아이의 욕망, 즉 타자의 욕망이 촉발한 것입니다. 우리의 욕망은 그런 점에서 타자의 욕망인 셈입니다. 이는 성인들에게서도 자주 볼 수 있는 현상들을 설명해 줍니다. 서점에서 우리가 책을 고를 때 정말 순수하게 우리의 주관적 욕망에 따라 고른다고 할 수 있을까요? 다시 말해 서가에 놓인 저 경험적 책이 우리 욕망을 자극한 것일까요? 우리는 그렇게 경험에 대해 '순수하게' 반응할까요? 우리의 욕망을 자극한 누군가의 추천이나 광고 같은 것이 있지 않았을까요? 우리의 경험을 조합하고 구성하고 각색하는 타자의 욕망과 타자의 시선, 이런 것을 칸트가 말하는 선험적인 것의 영역에 넣을 수는 없을까요? 물론 칸트는 그런 것에 대해 언급하지는 않습니다. 하지만 칸트가 말하는 선험성이라는 것이 응용 범위를 넓게 갖는다고 생각할 수 있겠습니다.

이와 관련하여 지젝이라는 철학자가 자주 들고 있는 사례를 참고해 볼 수도 있겠습니다(지젝, 『이데올로기라는 숭고한 대상』 3장 참조). 나치즘의 반유대주의. 우리는 분명 이웃의 유대인하고 친하게 지내고 있습니다. 그는 예의도 바르며 건전한 사고방식을 소유하고 있으며 국가에 충실한 사람이기도 합니다. 그런데 우리는 그럴수록 그 유대인을 더 의심합니다. 유대인들은 도덕적으로 타락했고, 국가를 전복하려는 음모를 갖고 있으며, 독일이라는 공동체를 분열시키려 하는 악마적 존재라는 것이죠. 이때 경험적으로 만나는 유대인에 대한 판단을 부정하고 악마화하는 이런 인식은 분명 반유대주의라는 이데올로기의 산물입니다. 독일인들은 유대인을 자신들이 경험하는 유대인으로 만나지 못했습니다. 반유대주의에 의해 악마화된 유대인을 만났던 것입니다. 이처럼 경험 자체를 가공하는 선험적 인식의 차원이 있습니다. 우리는 그 어떤 대상도 날것으로는 절대 만날 수 없는 것 같습니다.

분석판단과 종합판단

칸트의 목표에서 선험적인 영역은 중요합니다. 학적 진리의 요건인 보편성과 필연성이 확보되는 영역이기 때문이죠. 그러나 그저 선험적이기만 해서도 안 됩니다. 경험적인 영역을 만나지 못한 선험적 인식은 자연(우리가 경험하는 세계)에 대한 인식의 확장에 아무런 기여도 하지 못하기 때문이죠. 따라서 선험적이면서도 선험적인 것을 넘어서는 영역을 확보할 필요가 있습니다. 이를 분석판단과 종합판단의 구별 속에서 살펴보도록 하겠습니다.

'모든 물체는 길이를 갖는다'는 명제는 분석판단입니다. 술어(길이)가 주어(물체)에 포함되어 있어 주어 개념을 분석하면 자동적으로 도출되는 명제들에 해당하죠. 그래서 이런 명제들은 기본적으로 '선험적'입니다. 그리고 주어 개념 안에 있는 특성을 술어 개념으로 풀어낸 것이므로 무조건 '필연적'입니다. 이 명제의 진리를 확인하려면 명제를 부정해 보면 됩니다. '어떤 물체는 길이를 갖지 않는다.' 무조건 거짓인 명제입니다. 물체의 정의가 길이를 갖는 것이므로(주어 안에 술어가 포함되어 있으므로) 길이를 갖지 않는 것은 물체가 될 수 없습니다(주어가 될 수 없음).

분석판단은 선험적 명제이자 필연적 명제입니다. 그래서 분석판단을 부정하는 일은 불가능합니다. 경험적 명제와 비교해 보면 더 분명해집니다. '모든 백조는 하얗다.' 이 문장을 부정하면 '어떤 백조는 검다'가 되는데, 이런 명제는 가능하죠? 그리고 백조(주어)라는 새를 분석한다고 해서 '흰색'이라는 개념이 필연적으로 포함되어 있는 것도 아니고요. 이런 문장은 어떤가요? '인간은 행복하다.' 인간이라는 개념 안에 행복이라는 개념이 반드시 속하는 것은 아니겠죠? '모든 물체는 무겁다'는 명제도 '어떤 물체는 무겁지 않다'처럼 부정될 수가 있습니다. 따라서 경험적 명제이고 필연성을 갖고 있지 않은 명제입니다.

분석판단은 주어 개념 안에 술어가 포함되어 있기 때문에 주어만 분석하면 술어는 자동적으로 도출되는 필연적인 명제입니다. '총각은 결혼하지 않은 사람이다'는 동어반복이라고 할 정도로 당연한 문장이지요. 반면 '아버지는 사장이다'는 명제는 아버지를 분석한다고 해서 사장이라는 개념이 도출되지는 않습니다. 따라서 경험적인 명제의 경우 그 진리치를 확인하기 위해서는 주어 개념의 분석에 그쳐서는 안 되고 그 개념 바깥으로 빠져나와 현실적 경험 속에서 사실을 확인할 필요가 있습니다. 이런 것을 칸트는 종합판단이라고 부릅니다. 주어 개념과 그 개념 바깥의 경험적 현실을 종합해야 사실 확인이 가능하다는 뜻이죠.

분석판단을 설명판단이라고도 하고 종합판단은 확장판단이라고도 합니다. 분석판단은 "술어를 통해 주어 개념에 아무것도 덧붙이는 바가 없이 주어 개념을 단지 분해를 통해 그 안에서 (모호하게일망정) 이미 생각되었던 그것의 부분개념들로 쪼개는 것인 데 반해", 종합판단은 "주어 개념에다 주어 안에서는 전혀 생각할 수 없었던, 그러니까 주어 개념의 분해에 의해서는 끄집어 낼 수 없었을 술어를 덧붙이"(A7)는 것입니다. 참고로 분석판단과 종합판단에 대한 규정은 라이프니츠도 공유하는 내용입니다. 그는 이성적 진리와 사실적 진리로 구분합니다. 물론 그 실제적 사용법에 있어서는 조금 다르긴 합니다.

보편성과 필연성을 확보할 수 있는 분석판단은 동어반복적인 내용이기 때문에 세계에 대한 인식에 기여하는 바가 아무것도 없습니다. '원인은 인과관계를 갖는다', '물체는 연장적 성격을 갖는다', '생각은 연장적이지 않다'와 같은 판단들은 당연한 선험적 판단이지만 동어반복에 불과합니다. 우리가 인식했다거나 진리에 이른다는 것은 개념 수준의 분석에 그치는 것이 아니라 경험의 차원에서 그 개념의 내용에 해당하는 것을 확인해야 합니다. 다시 말해 개념 바깥의 확장성을 확보한 종합명제에 기반한 인식인지 아니면 그저 개념의 분할에 그치는 분석명제에 기반한 인식인지 구별할 필요가 있습니다. 칸트가 보기에 기존의 형이상학은 분석명제에 기반한 인식을 가지고 그것이 경험적으로도 확인 가능하다고 주장했다는 점에서 그저 형식논리에 불과한 형이상학이었습니다. 가령 '완전한 신은 존재한다'(데카르트)는 주장은 '완전성'이라는 개념 안에 '존재'라는 개념이 포함되어 있으므로 이 명제는 진리이고 신은 존재한다고 말합니다. 하지만 칸트의 관점에서 이 명제는 분석명제에 불과한 것이고, 따라서 경험적 현실을 확보하지 못한 공허한 명제입니다(나중에 설명하겠지만 이런 공허한 명제의 효용성이 형이상학 내에서 따로 확보됩니다). 이런 명제를 통해서 형이상학의 기초를 확보할 수는 없다는 것이 칸트의 생각입니다.

그렇다고 경험적 명제에 기대서도 안 됩니다. 경험적 명제는 보편성과 필연성을 보장하지 않으니까요. 따라서 칸트는 (보편성을 위해서는) 선험적이고 (확장성을 위해서는) 종합적인 그런 명제가 필요하다고 말합니다. 선험적이기만 한 명제(완전한 신은 존재한다)는 형식적으로는 진리이지만 경험적으로 그 진리치가 확인되지 않았습니다. 따라서 우리는 완전한 신이 실제로 실존하는지 알 수 없습니다. 경험적이기만 한 명제(백조는 하얗다)는 형식적인 진리는 아니지만 귀납적 경험에 의존한다는 점에서 보편성을 갖지 못합니다. 선험적인 명제가 동어반복적인 분석 수준에 그치는 게 아니라 종합적 성격까지 확보할 수만 있다면 우리는 경험론적인 한계(보편성과 필연성의 결핍)와 합리론의 한계(종합적인 확장의 결핍)를 모두 넘어설 수 있게 되겠습니다.

그렇다면 이제 칸트가 들고 있는 '선험적 종합판단'의 사례를 검토해 보도록 하겠습니다. 먼저 수학적 명제는 무조건 선험적 종합판단이라는 게 칸트의 주장입니다. 그런데 칸트가 들고 있는 예를 보면 고개를 갸우뚱할 수밖에 없습니다. '7+5=12'와 같은 명제는 선험적 종합판단이라고 합니다. 그런데 7+5를 분석하면 당연히 12가 나오므로 이 명제는 분석판단이겠다, 이렇게 생각할 텐데요. 칸트의 설명으로는 '7+5'는 7에다 5를 더하라는 것일 뿐이지 12를 가리키는 것은 아니라고 합니다. 그렇다면 257×349는 어떤가요? 곧바로 답이 나오지 않죠? 여기서 우리는 두 수를 곱하라는 내용만 확인할 수 있을 뿐입니다. 257과 ×와 349를 아무리 분해해도 거기에는 곱셈의 답이 포함되어 있지 않습니다. 이 답을 구하려면 개념의 분해에서 빠져나와 종이 위에서 구구단을 사용하여 직접 계산하지 않으면 안 됩니다. 따라서 수는 선험적이어도 그 계산은 종합적인 것이죠.

두번째로 기하학적 원칙도 종합적입니다. '직선은 두 점 사이의 최단 거리다.' 이 판단은 절대로 경험적이지 않죠? 직선은 기하학적 정의이고, 정의는 경험하는 게 아니고 "정신의 눈"(스피노자)에 의해서만 보는 것이니까요. 경험적이지 않은 판단인 것은 확실한데, 아무래도 분석판단으로 보이죠? 직선은 원래 두 점 사이를 잇는 가장 짧은 선이라고 생각하니까요. 그러나 칸트는 직선이라는 주어 안에는 '곧음'이라는 질적 특성은 포함되어 있지만 '최단'이라는 양적 특성은 포함되어 있지 않다고 말합니다. 따라서 주어 개념 안에 포함되어 있지 않은 개념을 획득하려면 그 개념 바깥으로 나가는 확장의 작업이 필요하기 때문에 이 명제도 선험적 종합판단임을 알 수 있습니다. 그리고 당연히 필연적으로 타당한 판단이죠.

세번째는 '물체 세계의 모든 변화에서 물질의 양은 불변이다'라는 명제나 '운동의 모든 전달에서 작용과 반작용은 항상 서로 같아야 한다'처럼 자연과학의 영역입니다. 질량 보존의 법칙이나 작용과 반작용의 법칙을 말하고 있는 이런 명제들도 칸트는 선험적이자 종합적인 판단이라고 합니다. 왜냐하면 물질이라는 개념 속에서 우리는 고정불변성은 생각하지 않고 공간을 채우고 있으면서 변화하는 것들의 현재만을 느낄 뿐이고, 물질이라는 "개념 속에서 생각하지 않았던 어떤 것을 선험적으로 거기에 덧붙여 생각하기 위해서 실제로 그 개념 너머로 나가는 것"(B18)이기 때문이죠.

수학과 자연과학에서는 선험적이고 종합적인 명제가 확실히 확립되어 있다는 것이 칸트의 주장입니다. 따라서 그런 사례를 바탕으로 형이상학에서도 선험적 종합명제가 가능해야 학적인 보편성을 마련할 수 있는 것입니다. 왜냐하면 "형이상학에서 문제가 되는 것은 우리 자신이 사물에 관하여 만든 개념들을 순전히 분해하고 그로써 분석적으로 해명하는 일이 전혀 아니고, 오히려 우리가 우리의 선험적인 인식을 확장하려 한다는 것"(B18)이기 때문입니다. 그런데 이런 확장의 노력은 수학이나 자연과학보다 형이상학이 훨씬 더 멀리까지 미친다는 것이 칸트의 생각입니다.

예를 들어 '세계는 하나의 제일의 시초를 가져야 한다'는 명제의 경우, 세계라는 개념 안에는 제일의 시초라는 개념은 포함되어 있지 않습니다. 그래서 세계와 제일의 시초를 결합해 형이상학적 진리를 담은 명제로 만들기 위해서는 세계라는 개념 바깥으로 나아가 "경험 자체가 우리를 거기까지 뒤쫓아 올 수 없을 만큼 멀리까지 넘어가야만"(B18) 합니다. '세계의 시초'라는 말에 형이상학의 특성이 잘 표현되어 있습니다. 형이상학은 개념의 분해(분석명제)에 그치는 것이 아니라 개념 바깥의 차원, 특히 '세계의 시초'처럼 경험의 한계 바깥의 차원까지 종합하려고 하기 때문입니다(이런 명제의 위상에 대해서는 변증학 부분에서 따로 다룹니다). 형이상학의 가능성 자체는 선험성과 종합성에 달려 있습니다. 왜냐하면 "형이상학은 적어도 그것의 목적상 순전한 선험적 종합명제들로 이루어져 있"(B18)기 때문입니다.

순수이성의 원천과 한계

『순수이성비판』에서 칸트가 하고자 하는 바는, "선험적 종합 판단의 가능성의 근거를 밝혀 내"고, "이런 판단의 모든 종류를 가능하게 하는 조건들"(A10)을 충분하게 규정하는 일입니다. 이는 "형이상학의 성패"가 달린 중대한 일입니다. 형이상학이 이제까지 "불확실성과 모순들의 상태에 머물러 있는 이유"는 "분석판단과 종합판단의 구별조차" 생각하지 못했던 데 있기 때문입니다. 따라서 "선험적 종합판단은 어떻게 가능한가?"라는 물음이야말로 "순수이성의 본래적 과제"(B19)이고, 형이상학의 기반을 확보하는 일이 됩니다.

그렇다면 왜 이 문제가 형이상학의 존망이 걸린 문제일까요? 합리론적인 독단론의 잠에 빠져 있던 칸트를 일깨운 건 흄이었습니다. 누구나 당연히 존재한다고 믿었던 인과의 보편성이 실은 우리의 망상에 불과하다는 사실을 흄이 입증한 것이죠. 선험적 인식의 보편성을 확보할 수 없다면 선험적인 영역을 다루는 형이상학이 존립할 근거는 완전히 사라지는 셈입니다. 따라서 선험적이면서도 종합적인 판단, 따라서 보편적인 필연성을 가지면서도 세계에 대한 인식에 확장성을 줄 수 있는 그런 판단이 가능하다는 사실을 형이상학 내에서 증명해야 하게 된 것입니다.

특히 인과율은 중요합니다. 자연에 대해 법칙적으로 인식하고 규정할 수 있는 근거가 되니까요. 그런데 흄은 이런 인과라는 보편성은 사실 "순전히 경험에서 빌려온 것으로 습관에 의해 필연성의 겉모습을 손에 넣은 것에 대한 잘못된 이성 통찰의 순전한 망상"(B20)이라고 비판합니다. 앞에서도 얘기했지만, A 이후에 B가 현재할 때, B는 자신의 현재가 A라는 원인에 의해서 그런 것이라고 스스로 표상하면서 나타나지 않습니다. 우리는 A라는 표상 그리고 잠시 후에 B라는 표상만을 경험하고, 이런 경험이 반복되면 습관적으로 B의 원인이 A라고 '종합'하게 됩니다. 하지만 이런 종합은 습관이 만든 것이지 이성적 보편성을 갖지 않는다는 것이 흄의 생각입니다. 그렇다면 보편성은 어디에 있는 것일까요? 칸트는 이 보편성을 바로 선험적 종합판단을 통해 증명하려 하는 것이고, 그것이 『순수이성비판』입니다.

초월론 철학

칸트의 철학은 초월론 철학입니다. 여기서 초월론은 '세계 초월적'이라는 표현처럼 이 세계 경험이 아닌 그런 철학이 아닙니다. 앞에서도 지적했듯이 칸트는 코페르니쿠스적 전회를 통해 대상 중심 대신 활동 주관 중심으로 바꿔 보자고 말했습니다. 대상과의 일치를 기다리는 주관이나 대상을 감성적 통로로 받아들이는 수동적인 주관이 아니라, 대상을 받아들이는 순간부터 활동하고 구성하고 종합하는 적극적 능력으로 생각해 보자는 것입니다. 이제 우리는 대상이 무엇이냐고 묻지 않습니다. 대신 경험적 질료에 대해 우리의 주관이 어떤 식으로 활동하고 있는가 하고 묻게 됩니다. 칸트의 전회와 더불어 질문 방식이 바뀌는 것이죠. 저 대상과 나의 표상이 일치했느냐를 묻는 대신, 질료를 대상으로 구성하는 주관의 선험적 능력은 어떤 것이냐를 묻게 되는 것이죠. 바로 이것이 칸트의 '초월적(transcendental) 방법'입니다. 대상들이 아니라 대상들을 인식하는 우리의 선험적 조건, 혹은 대상들을 인식 가능하게 하는 주관의 선험적 능력에 대한 탐구.

칸트는 이렇게 말하고 있습니다. "대상들이 아니라 대상들에 대한 우리의 인식방식을 이것이 선험적으로(a priori) 가능하다고 하는 한에서 일반적으로 다루는 모든 인식을 초월적(transcendental)이라고 부른다." 여기서 '선험적'과 '초월적'은 분명히 구분이 되죠? 초월적인 것은 선험적인 영역을 대상으로 하는 철학입니다. 그래서 그런 "개념들의 체계는 초월론-철학이라 일컬어질 것"(B25)이라고 칸트는 말합니다. 참고로 칸트의 '초월적 관념론'과 대비하여 들뢰즈의 철학은 '초월적 경험론'이라 하는데요. 여기서 말하는 '초월적'도 칸트와 동일한 의미를 갖습니다. 우리의 경험과 인식을 가능하게 하는 선험적 조건에 대한 탐구. 그러나 칸트가 그 조건으로 이성의 선험성을 탐구했다면, 들뢰즈는 감각의 선험성을 탐구합니다.

그래서 경험론인 것이죠.

초월론 철학은 선험적인 영역을 다루는 것입니다. 그런데 "인간 인식의 두 줄기"는 "감성과 지성"입니다. "전자를 통해 우리에게 대상들이 주어지고, 반면에 후자를 통해 사고"됩니다. 인식을 위한 중요한 장소가 감성과 지성인데, 여기에 선험적인 요소가 있다면 그것이 무엇이든 초월론 철학의 대상이 되겠습니다. 따라서 "이제 감성은, 그 아래에서 우리에게 대상들이 주어지는 조건을 이루는 선험적 표상들을 함유하는 한에서 초월론 철학에 속"(B30)합니다. 대상들이 주어지는 처음의 통로, 이곳이 감성이고, 이 감성 안에 선험적 표상들(시공간)이 있으니, 초월론 철학의 첫 부분은 감성학, 즉 초월적 감성학이 되겠습니다.

2부

초월적 감성학

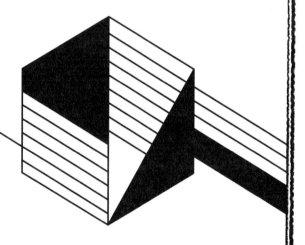

Kritik der reinen Vernunft

3강 _ 경험적 직관과 시공간

경험적 직관

이번 시간에는 '초월적 감성학', 곧 시간론과 공간론을 본격적으로 살펴보겠습니다. 전쟁 상황이라고 해보죠. 포성이 여러 차례 들리고 건물이 흔들리더니 매캐한 화약 냄새도 납니다. 여러 감각들이 지금 촉발되고 있습니다. 매캐한 냄새(후각), 흔들림(시각), 포성(청각). 여러 대상에 의해 마음이 촉발되면 다양한 감각적인 인상들이 생겨나는데, 이를 표상(representation)이라고 하고, 대상들에 의해 촉발되는 방식으로 표상들을 얻는 능력을 감성(sensibility)이라고 합니다. 그러므로 감성은 기본적으로 수동적인 성격, 즉 수용성을 갖는 것이겠습니다. 이렇게 지각에 의해 대상들이 감성적으로 주어지는 것들을 칸트는 직관(intuition)이라고 부릅니다. 직관은 아직 개념들이 작용하기 전의 표상이라고 할 수 있습니다. 뜨거운 물체를 만졌을 때 개념적으로 파악하기도 전에 반응하듯이 아직 지성이 활동하기 전에 우리 감성에 주어지는 질료들이 직관입니다.

이제 이렇게 말할 수 있습니다. "감성을 매개로 대상들은 우리에게 주어지는 것이고, 감성만이 우리에게 직관들을 제공한다. 그러나 그것들은 지성에 의해 사고되며 지성으로부터 개념들이 생겨난다"(B33).『순수이성비판』에서도 아주 핵심적인 문장입니다. 대상이 주어지기 위해서는 감성이 필요하고, 감성을 매개로 주어진 직관이 있어야 지성에 의해 사고할 수 있다는 뜻입니다. 모든 사유는 감성적 직관들과 관계를 맺어야 하는데, 왜냐하면 우리에게 다른 방식으로는 어떤 대상도 주어질 수 없기 때문입니다. 다시 말해 대상이 우리의 감성을 건너뛰고 직접 지성에 주어질 수 없다는 말입니다. 참고로 만약 대상이 주어질 수 있는 다른 방법이 있다면 어떻게 될까요? 그런 방법을 갖고 있는 그는 최소한 인간은 아닙니다.

대상이 주어지는 과정을 살펴보겠습니다. 포성이 들리고 건물이 무너지면서 화약 냄새가 나면 즉각 '전쟁이다' 하고 판단을 합니다. 하지만 아직 전쟁을 경험한 적이 없는 어린아이는 분명 매캐함과 진동을 느끼긴 하지만, 다시 말해 경험적 직관은 얻었으나 그것들을 '전쟁'이라는 개념으로 포착하지는 못합니다. 포성이 거듭되고 건물이 파괴되는 장면이 반복되면서(시간의 흐름) 아이에게는 하나의 표상이 아니라 다양한 표상들이 생겨납니다. 포성들(청각적 표상'들')과 냄새들. 땅을 뒤흔드는 소리들은 공간적으로 경험됩니다. 아이는 이런 아수라장 같은 상황을 겪으면서 시공간을 직접 느끼진 않았어도 시공간의 흐름 속에 있는 전쟁의 양상을 다양한 표상들의 결합을 통해 감성적으로 지각을 하게 됩니다.

감각에 의해 여러 대상과 관계 맺는 그런 직관은 분명 아이가 경험한 것이므로 '경험적 직관'이라고 합니다. 그리고 아이의 경험적 직관은 분명 여러 대상들과 관계하고 있긴 하지만 아직 그것이 정확히 어떤 것인지 규정할 수 없는 상태에 놓여 있는데, 이를 칸트는 '현상'이라고 부릅니다. 즉 현상이 아직 개념적으로 규정되지 않은 대상 쪽에서 포착한 용어라면, 그 대상이 우리 감각 쪽에서 파악되는 측면은 '질료'(matter)라 부릅니다. 현상은 현상인데 감각에 대응하는 것을 질료라고 부르는 것이죠.

아이에게 포성1과 포성2라는 질료가 각각 형성되었다고 해봅시다. 포성2는 스스로 자신을 두번째 포성이라고 표시하지 못하겠죠? 그저 동일한 포성이 반복된 것뿐인데, 아이는 이를 포성1과 2로 구분해서 듣습니다. 그리고 "두번째 포성이 끝나고 건물이 무너졌어요"라고 말을 할 수도 있습니다. 이처럼 포성과 같은 현상은 자체적으로 1, 2 하고 질서를 만들 수 없습니다. 현상은 서로에게 무관심한 채 그저 반복되고 있을 뿐이고, 현상 자신은 반복되는지조차 모릅니다. 그렇다면 일정한 간격을 두고 두 차례 반복되었다는 것은 현상 자체에서 유래하는 것이 아니라 우리가 가지고 있는 어떤 '형식'이 있기 때문이라고 하지 않을 수 없겠습니다. 우리에겐 반복되는 포성에 대해 질서와 순서를 매기는 형식이 있습니다. 이처럼 "현상의 잡다(manifold)가 일정한 관계에서 질서 지어질 수 있도록 만드는 것"을 "현상의 형식"이라고 합니다. 감각들이 질서 지어진다면(포성1과 2) 그 질서는 감각 자신에 의할 수는 없겠죠? 따라서 감각 말고 그런 감각적 질료들(현상들)을 틀 짓는 형식이 따로 존재해야 합니다. 그것이 바로 시공간이라는 직관 형식입니다.

순수직관으로서의 시공간

포성과 같은 현상들의 질료는 후험적으로(경험적으로) 주어지겠죠? 하지만 그 질료들을 틀 짓는 형식(포성1, 포성2)은 "모두 마음에 선험적으로 준비되어 있어야 하고, 따라서 모든 감각과 분리해서 고찰될 수 있어야"(B34) 합니다. 그렇다면 우리가 뭔가를 지각할 때 이미 두 가지가 필요하겠습니다. 감각적 질료와 선험적 형식. 그런데 시간과 공간은 우리가 경험하는 것이 아니고 경험 질료들을 질서 짓는 선험적 형식이라고 했으므로 칸트는 시공간을 일컬어 '순수직관'이라고 합니다. 순수하다는 것은 "감각에 속하는 것을 아무것도 마주치지 않는 그런 모든 표상"(B34)을 뜻합니다.

그렇다면 시공간 말고 순수한 직관에는 어떤 것이 있을까요? 파괴된 건물을 보고 있습니다. 이 건물에 대한 표상 중에서 우리 감각에 속하는 것(경험적인 것)을 제외하면 순수한 것만 포착되겠죠? 그렇다면 잿빛과 시멘트의 단단함과 같은 성질들을 제거합시다. 이렇게 경험적 직관에서 "불가투입성, 단단함, 색깔 따위를 분리해 내면" "연장성, 형태"가 남습니다. 이것들은 "감각의 실재 대상이 없이도 감성의 순전한 형식으로 마음에서 생기는 순수직관에 속하는 것"(B35)입니다. 쉽게 말해 삼각형이나 사각형과 같은 기하학적 형태나 모든 사물이 길이를 갖는다는 연장의 특징은 순수직관에 해당합니다. 그리고 이런 것들은 기본적으로 공간이라는 직관 형식 안에 있는 것이기도 합니다.

감성은 기본적으로 감각적이고 경험적인 것이므로 선험

적일 수 없습니다. 하지만 감각적 질료들을 정리하는 선험적 형식은 갖고 있습니다. 시공간적 직관 형식이 바로 그것입니다. 시공간은 분명 현상적 차원, 다시 말해 대상들의 차원에 있는 것이 아닙니다. 앞에서 "대상들이 아니라 대상들에 대한 우리의 인식 방식을 이것이 선험적으로 가능하다고 하는 한에서 일반적으로 다루는 모든 인식을 초월적"이라고 불렀습니다. 따라서 시공간이라는 직관 형식이 감각적 질료들의 질서를 가능케 하는 선험적 원리로 작용하고 있으므로, 감성에 대한 학문은 경험적인 것만 있는 게 아니고 "선험적 감성 원리들"을 갖고 있다고 하겠습니다. 따라서 우리가 여기서 다룰 분야는 '초월적 감성학(aesthetic)'이라고 부를 수 있습니다. 'aesthetic'이 바움가르텐에 의해 '미학'의 의미로 쓰이고 있으나, 원래 그리스어로는 '무언가를 지각하다'는 뜻을 가지고 있으므로 '감성학'이 충실한 번역이라고 하겠습니다. 감성학 부분 중에서도 선험적인 영역(시공간)을 대상으로 하는 논의, 그래서 '초월적 감성학'입니다.

건물1(멀쩡한 건물)과 건물2(파괴된 건물)의 표상이 우리에게 있습니다. 이 두 표상을 결합시켜 우리가 '전쟁에 의한 건물의 붕괴'라는 인식을 갖게 되었다고 해봅시다. 그러면 건물1에서 2로의 변화를 가능케 한 폭탄도 중요하지만 시간이라는 형식이 더 중요한 것이겠죠? 초월론 철학에서는요. 시공간의 흐름 속에서 건물의 표상은 1에서 2로 변화해 갑니다. 이제 초월적 감성학의 대상을 확인해 봅시다. 우리의 인식 속에서 '전쟁에 의한'이라는 규정은 경험 자체에서는 불가능하고 우리가 개념적으로 의미를 부여한 것이므로 "우리 지성이 그의 개념들을 가지고 사고하는 모든 것을 떼어" 내야 하겠습니다. 즉 "감성을 격리할" 필요가 있습니다. 건물1과 건물2의 표상도 분명 경험적이므로 "감각에 속하는 모든 것을 분리시" 켜야 합니다. 이렇게 하면 "감성이 선험적으로 제공할 수 있는 유일한 것인 순수직관과 현상들의 순전한 형식 이외에는 아무것도 남"지 않습니다. 건물이라는 기하학적 형태도 순수직관이긴 하지만 그것은 수학적 대상이므로 여기서 초월적 감성의 대상은 "현상들의 순전한 형식"(B36)인 시간과 공간이 되겠습니다.

　우리가 대상을 감각하는 방식을 다시 분리해서 살펴보겠습니다. 대상을 우리 바깥에 있는 것으로, 다시 말해 공간적으로 표상하는 것을 '외감'(outer sense)이라고 부릅니다. 여기서 대상들의 크기나 형태, 그리고 대상들의 상호 관계가 규정됩니다. 이런 외감을 매개로 우리 마음의 내적 상태를 직관할 수 있는데요, 이렇게 '내감'(inner sense)은 대상을 시간 관계 속에서 표상합니다. 시간은 외적으로는 직관될 수 없고, 공간은 내적으로 직관될 수 없습니다. 그러나 외부 사물에 대한 감각, 즉 외감은 우리 내부에 들어오면 시간의 변화를 입습니다. 포성들은 서로 아무런 관계없이 반복되지만 내감 속에서는 포성 1, 포성2, 포성3과 같은 방식으로 시간적 구별 속에서 기록되게 됩니다. 그런 점에서 칸트는 근본적인 것은 내감, 즉 시간의 형식이라고 말합니다. 따라서 칸트의 『순수이성비판』은 결국 시간론이라 할 수 있고, 그 내용도 상당히 혁신적이라고 할 수 있습니다. 그래서 들뢰즈도 '탈구된 시간'이라는 개념을 통해 칸트의 시간에 관한 혁명을 중요하게 다루고 있습니다(들뢰즈, 「칸트 철학을 요약해 줄 수 있을 네 가지 시적인 경구에 대하여」, 161~163쪽).

시공간에 대한 기존의 입장들

칸트 이전에도 시간과 공간은 매우 중요한 주제였는데요. 여기서 잠깐 칸트 당대의 시공간에 대한 논의를 살펴보고 넘어가도록 하겠습니다. 뉴턴 같은 경우는 시공간의 독립적 실재성을 인정했습니다. 뉴턴의 절대공간은 외부의 어떤 것과도 관계없이 자신의 본성에 따라서 있는 그런 공간이자, 일종의 신의 속성이라고 했습니다. 그래서 시공간은 영원하고 무한하며 어떤 대상이나 인간 의식에도 의존하지 않는 것이 됩니다. 반면 칸트 당대 철학계에 강력한 영향력을 행사하고 있던 라이프니츠는 시공간은 사물들을 포괄한 독립성이 아니라 경험적 대상의 공존(공간)과 연속(시간)의 관계를 의미할 뿐이라고 했습니다. 인접한 사물들 사이의 공존이 공간이라면, 선후를 달리하는 사물들의 연속을 시간이라고 파악한 것이죠. 그런 점에서 시공간은 자체적으로는 실체 없는 존재에 불과한 것이며 경험에서 추상한 공존과 연속의 관계일 뿐입니다. 사유 안에서는 아주 명확한 것이라고 해도 경험적으로 아주 모호한 것에 불과하다고 말합니다.

라이프니츠는 사물에 대한 '경험'을 통해 '지성' 안에 시공간이라고 하는 개념이 생긴다고 말하고 있는데요. 여기에 전제되어 있는 것은 감성이 언제나 불투명한 반면 지성은 굉장히 투명한 관념이라는 생각입니다. 사실 이런 구도는 우리에게도 지극히 일상적이지요. 다시 말해 감각은 불투명하고 오류투성이인데 이성만은 굉장히 명석하고 판명할 거라는 생각이 그렇습니다. 그런데 칸트는 이런 도식을 완전히 거부합니다. 불투명한 감각과 투명한 지성. 베르그송의 관점에서 보면 둘 사이에는 아무런 본성의 차이도 없고 오직 투명성의 정도에서만 차이가 날 뿐입니다. 하지만 칸트는 감성과 지성 사이에 아무런 공통성도 존재하지 않는다고 말합니다. 활동의 능력에 있어서도 둘은 본성상의 차이를 갖는데, 감성이 수동적이라면 지성은 능동적입니다. 감성이 대상을 수용하는 장소라면 지성은 대상을 형성하는 장소입니다. 그렇기 때문에 시공간 개념이 라이프니츠처럼 불투명한 경험(감성적)의 명확화(지성적)처럼 이해되지 않습니다.

하지만 칸트에게도 시공간은 모든 사물들을 감싸는 포괄적인 실체(뉴턴)는 아닙니다. 그러나 시공간 없이는 경험이 존재할 수 없다는 점에서 분명 보편적 현상이긴 합니다. 칸트는 라이프니츠에게서는 시공간이 주관으로부터 독립적인 실체가 아니라는 점은 받아들입니다. 하지만 실체가 아니라고 해서 사물의 관계로 축소될 수는 없다고 생각합니다. 사물들의 관계나 질서에 종속된 시공간이 아닌 이상 시공간은 우리의 경험을 위해서 보편성을 갖는 형식으로 존재해야 합니다. 하지만 그것은 우주 전체를 감싸는 그런 신적 속성은 아닙니다.

예를 들어 라이프니츠는 두 대상의 닮음과 합동의 판별기준은 변의 길이나 각도 등 내적 부분들 사이의 관계로 환원될 수 있다고 생각합니다(신승원, 「칸트 공간론의 전개」, 9~12쪽). 그런데 이런 내적인 양적 척도만으로는 사실 동일성을 판별할 수 없는데, 그것이 바로 왼손과 오른손이라는 '불일치 짝'입니다. 여기서 왼쪽 오른쪽의 '방향'은 대상의 내적 관계 이전에 주어진 공간의 근본 성격이기 때문에 라이프니츠의 내적 관계론에 의해 규명될 수 없다는 것이 칸트의 주장입니다. 공간 규정들은 물질을 이루는 부분들 서로간의 위치의 결과가 아닙니다. 그리고 방향 구분의 절대적 근거는 절대공간에서도 나올 수 없습니다. 칸트는 이런 방향 구분이 우리 신체를 직각으로 절단하는 두 평면의 관계에서 도출되는 것이므로 주관과 분리되지 않는다고 생각합니다. 사물 관계로 환원되지도 않고 신적 속성도 아닌 시공간은 이제 인간이 대상들을 경험할 수 있게 하는, 다시 말해 경험적 직관들을 수용할 수 있게 하는 인간의 주관적인 직관 형식이 됩니다. 칸트에게 시공간은 우리 마음의 주관적 성질에 부착해 있는 그런 것이 되는 것이죠. 감성학은 시공간이 우리의 직관 형식이라는 것에 대한 증명으로 이루어져 있습니다.

4강 _ 시공간 개념에 대한 증명

공간이 순수직관인 이유

칸트는 공간에 대한 증명 이후에 시간에 대한 증명을 시도하고 있습니다. 공간에 대해 파악하면 시간도 그에 비추어 이해할 수 있기 때문에 여기서는 공간에 대해 더 집중하겠습니다.

　① "공간은 외적 경험들로부터 추출된 경험적 개념이 아니다"(B38). 이 문장은 단적으로 라이프니츠를 겨누고 있습니다. 외적 경험이란 우리 바깥의 사물과의 관계를 의미합니다. 그런데 외적 경험이 가능하려면 어떤 사물이 우리 바깥에 있는 것으로 경험되어야 하고, 이는 어떤 사물이 "한낱 다른 것이 아니라, 다른 장소에 있는 것으로 표상"되어야 하겠습니다. 우리 바깥이나 우리 옆에 있는 것으로 경험되기 위해서는 그것이 우리와는 다른 장소에 있는 것으로 표상이 되어야 합니

다. 즉 서로 다른 공간에 있다는 표상이 전제되어야 합니다. 따라서 외적 사물에 대한 경험으로부터 공간이라는 개념이 나오는 것이 아니라 공간이라는 표상을 통해 외적 사물에 대한 경험 자체가 가능한 것이죠. 라이프니츠처럼 이해하면 나와 사물과의 '외적' 경험이 있으므로 거기서 공간(외적인 관계) 개념이 나온다고 해야겠으나, 칸트는 그런 외적인 관계가 가능하려면 이미 공간이 전제되어야 하기 때문에 공간은 경험적 개념일 수 없다고 생각합니다. 정리하자면 공간은 경험이 가능하기 위해 전제된 '표상'이지 경험에서 비롯된 '개념'이 아닙니다.

② "공간상에서 아무런 대상들과도 마주치지 않는 것은 충분히 생각할 수 있어도, 공간이 없다는 것은 결코 표상할 수 없다"(B39). 이 문장은 이해하기 쉽습니다. 아무런 사물도 없는 텅 빈 공간은 있을 수 있어도 공간이 없는 사물이나 공간 자체의 부재는 상상할 수 없습니다. 그러므로 공간은 현상들을 가능하게 하는 조건이지 현상들에 종속된 규정은 아닙니다. 더 단적으로 표현하면 공간은 외적으로 경험하는 현상들의 기초에 반드시 놓여 있어야 하는 필연적인 표상이자 선험적인 표상입니다. 선험적인 이유는 현상들과 경험들과 사물들이 가능하기 위해서 이미 주어져 있어야 하는 것이지만 공간 자체

를 경험할 수는 없기 때문입니다.

①과 ②는 공간이 경험의 대상이나 경험에 의해 추출된 특성이 아니라 경험이 가능하기 위해서 선험적으로 존재해야 하는 표상이라는 주장을 하고 있습니다. 공간은 선험적 표상입니다. 그것은 사물을 담는 그릇이 아니라 표상입니다. 공간은 물자체처럼 모든 사물을 포괄하는 절대적인 신의 속성도 아니고, 단순히 경험에 의해 파악되는 그런 개념도 아닙니다. 공간은 사물에 대한 외적 경험을 가능케 하는 우리 심성의 필연적이고 선험적인 표상입니다. 다시 강조하자면 칸트는 공간이 대상에 대한 표상이 가능하기 위한(대상에 대한 경험은 표상의 형성으로 나타납니다) '선험적 표상'이라는 사실을 강조하고 있습니다. 그렇다면 혹시 공간은 인간이 만들어 낸 일종의 '개념'과 같은 '표상'은 아닐까요? 날개 달린 새, 빨리 달리는 말, 이성적 인간 등 다양한 대상들 모두를 '동물'이라는 '개념'을 통해 그 공통성을 표상하듯이 말이죠. 다음의 두 증명은 공간이 '개념'도 아니라는 사실에 대한 지적입니다.

③ '개념'은 개별적인 개체들의 종합화와 추상화를 통해 가능합니다. 탁구공, 테니스공, 축구공은 그 형태나 크기가 조금씩 다르지만 '공'이라는 일반적 개념으로 추상화할 수 있습니다. 공이라는 개념 안에는 '둥긂', '탄성'과 같은 여러 속성

들(내포)이 포함되어 있고, 탁구공, 배구공, 골프공과 같은 여러 종류(외연)로 나뉩니다. 이처럼 개념은 그 내포와 외연을 통해 일반화의 과정과 개별화의 과정을 동시에 진행할 수 있습니다. 동물은 조류와 포유류, 양서류 등으로 구성되어 있고, 포유류는 고양이과, 개과, 족제비과 등으로 구성되어 있습니다. 어쨌든 모든 개념은 일반화와 추상화의 결과라는 것, 그리고 그 개념에 속하는 여러 사례들로 구성되어 있다는 것을 특징으로 합니다.

그렇다면 공간이 여러 부분들(내포나 외연)로 구성되어 있느냐 하는 점이 관건이 될 텐데요. 과연 우리가 여러 공간들을 결합해 하나의 공간이라는 표상을 형성하는 것인지 살펴보자는 얘기입니다. 칸트는 우리가 단 하나의 공간만을 표상할 수 있을 뿐이고, 여러 공간들에 대한 우리들의 이야기는 하나의 공간의 부분들을 가리키고 있을 뿐이라고 합니다. 하지만 여기서 '부분들'은 결코 구성부분은 아닙니다. 여러 공간을 구성부분으로 갖는 하나의 공간과 같은 것은 없습니다. 우리는 단적으로 하나의 공간만을 생각할 수 있습니다. "공간은 본질적으로 하나입니다." 따라서 공간은 개념이 아니고 "순수한 직관"(B39)입니다.

직관이란 개념적으로 파악되지 않는 어떤 것을 뜻합니다.

공간은 절대 추론되지 않습니다. 공간은 그냥 직관적으로 우리에게 다가오는 그런 것입니다. 칸트는『형이상학 서설』에서 좌우 양손에 대해 이야기합니다. 좌우 양손은 그 속성상에서는, 다시 말해 개념적으로는 동일합니다. '총각'과 '결혼하지 않은 남성'이 그 속성과 개념에 있어 동일하듯이 말이죠. 그래서 좌우 양손은 개념적으로는 구별되지 않습니다. 그런데 우리는 개념적으로 구별하지 않아도 왼손과 오른손이 서로 다르다는 사실을 '직관적으로' 파악하고 있습니다. 직관은 그런 것입니다. 개념 이전에 파악될 수 있는 어떤 표상과 같은 것이죠. 오른쪽으로 회전하는 나사와 왼쪽으로 회전하는 나사도 마찬가지입니다. 두 나사는 개념적으로는 구분되지 않습니다. 하지만 우리는 직관적으로 그 차이를 알아차립니다. 왼손과 오른손은 개념적으로는 아무런 차이가 없지만 대신 오른쪽과 왼쪽이라는 차이는 갖습니다. 이것이 바로 공간적 차이입니다. 물론 우리는 (개념적) 추론을 통해 이런 사실을 깨닫는 것이 아닙니다.

정리하자면, 공간이 개념이 아니고 직관에 속한다는 사실은, 추상화 과정을 거치지 않는다는 것과 추론하지 않는다는 것에서 확인됩니다. ①과 ②에서 공간은 외적 경험에서 유래한 개념이 아니라 선험적인 표상이었음이 밝혀졌습니다. 그리고 ③에서 공간은 개념이 아니라 직관임이 밝혀졌습니다. 따라서 공간은 선험적이고 직관적인 그런 것입니다. 억지로 그 위상을 규정해 보자면 공간은 개념에도 속하지 않고 경험에도 속하지 않는 영역, 즉 둘 사이에 있는 직관의 영역에 있는 선험적 표상이자 경험을 가능케 하는 표상이라고 하겠습니다.

④ 공간은 무한한 양을 가진 표상입니다. 공간이라는 표상 안에는 무한한 크기와 무한한 부분 공간 표상들이 있습니다. 반면 개념은 무한한 표상들을 포괄하지 못합니다. 의자라는 개념은 자신의 속성으로 유한한 수의 속성밖에는 포괄할 수 없습니다. 의자라는 개념의 속성에 '인간적', '천체적', '생명적' 같은 것이 함유되어 있다고 할 수는 없으니까요. 하지만 공간은 다릅니다. 공간 안에는 나무, 집, 사람, 감, 우주 등 모든 것들의 표상이 속합니다. 그러므로 우리는 공간에 대해 사물들의 공통성을 뽑아내듯이 그렇게 만날 수 없습니다. 우리는 공간이라는 대상과 무매개적이고도 직접적으로 관계를 맺어야 합니다(백종현, 『『순수이성비판』 해제』, 36~37쪽). 그런 점에서 칸트는 공간이 개념이 아니라 선험적 직관이라고 말합니다.

시간이 순수직관인 이유
시간론도 공간론과 그 구조는 비슷합니다. 그러니 간략하게 살펴보도록 하겠습니다. ① 시간은 "어떤 경험으로부터 추출된 경험적 개념"(B46)이 아닙니다. 어떤 사물이 '동시적으로' 움직였다거나 '차례로' 움직였다고 지각하기 위해서는 '동시성'과 '순차성'과 같은 시간 표상이 전제되어야 하겠죠? 그런데 이런 의문이 드는 것은 사실입니다. 두 명이 '연달아' 들어왔기 때문에 시간의 차이가 느껴진 것이지 시간이 먼저 있는 것은 아닌 것 같다는 느낌 말이죠. 그렇다면 이런 예는 어떨까요? A가 들어오고 나서 3일 후에 (A는 현재 없음) B가 들어왔다고 하면, A 후에 B가 들어왔다는 이런 시간 차이가 B라는 존재 자체 안에 새겨져 있을까요? 아니겠죠? 이처럼 연속적인 직접 경험 없이도 우리는 두 사람의 출석 순서를 시간 차이에 따라 매기게 됩니다. 따라서 오직 시간을 전제해야만 사물들이 동일한 시간에 있는지, 아니면 서로 다른 시간에 있는지 표상할 수 있게 됩니다.

② 시간은 "모든 직관의 기초에 놓여 있는 필연적인 표상"(B46)입니다. 시간 속에서 우리가 경험하는 현상들을 완전히 제거할 수는 있어도 시간 자체를 제거할 수는 없습니다. 다시 말해 어떤 현상이 있었다면 거기엔 이미 시간 안에 놓인 현상이라는 의미가 포함됩니다. 그러므로 시간은 선험적으로 주어진 것입니다. 현상이 주어지기 위해서는 시간이 선험적으로

그리고 보편적으로 주어져야 합니다. 그래서 우리가 경험하는 모든 현상에는 그 고유의 시간성이 담겨 있습니다.

③ 공간과 마찬가지로 시간도 "보편적인 개념이 아니라 감성적 직관의 순수 형식"(B47)입니다. 만약 서로 다른 시간이 하나의 시간에 속하는 게 아니라면, 그래서 서로 다른 시간을 일반화해야 시간이라는 개념이 만들어질 수 있는 것이라면 시간은 직관이 아닐 것입니다. 그러나 우리는 다양한 시간을 경험하지만 그것이 하나의 시간이라는 것을 알고 있습니다. 즉 서로 다른 시간들은 동일한 시간의 부분들일 따름입니다. 이처럼 오직 하나의 대상에 의해서 주어지는 표상은 개념이 아니라 직관입니다.

④ 시간의 일정한 크기(1시간)는 무제한적으로 주어진 시간을 제한해야 얻어 낼 수 있습니다. 그러나 인간이라는 개념은 동물이라는 개념의 제한을 통해서 얻는 게 아니죠. 동물 중에서 '이성적임'이라는 부분을 공유하는 그룹을 형성할 때만 그 개념을 얻을 수 있지요. 앞에서도 말했듯이 공통성의 형성이 아니라 크기의 제한을 통해 만날 수 있는 대상, 그래서 그 대상과 무매개적으로(개념적 매개 과정 없이) 직접 관계를 맺어야 하는 것은 개념이 아니라 직관입니다.

시공간 개념에 대한 초월적 해설

이렇게 시간과 공간이 직관이자 선험적인 표상이라는 사실을 밝혔습니다. 이는 공간에 있어서는 기하학의 가능성을, 시간에 있어서는 변화와 운동의 가능성을 설명해 줄 수 있습니다. 칸트는 이를 "초월적 해설"이라고 부릅니다. 앞에서 경험을 가능케 하는 선험성에 대한 분석을 초월적이라고 했습니다. 여기서도 마찬가지입니다. 기하학과 변화라는 것을 가능하게 하는 선험적인 표상(시공간은 선험적 형식입니다)에 대한 분석이 초월적 해설입니다.

기하학의 특징은 두 가지입니다. 먼저 '직선은 두 점 사이의 가장 짧은 선이다'라는 명제에서 나타나듯이 종합적입니다. 직선이라는 질적인(곧음) 개념에 '짧음'이라는 양적인 속성을 종합한 것이기 때문입니다. 직선이라는 개념 안에서는 이 개념을 넘어서는 '짧음'이라는 속성은 도출되지 않습니다. 개념은 개념 안에 내포된 속성만을 도출할 뿐입니다. 그리고 '공간은 3차원을 갖는다'는 명제에서 볼 수 있듯이 모든 공간에 대해 명증적 필연성을 갖습니다. 이는 경험의 차원에서는 확보될 수 없는 선험성의 영역입니다. 따라서 기하학이라는 학문이 성립하기 위해서는 그에 맞는 공간 개념이 확보되어야 합니다. 바로 이것이 앞에서 증명한, 직관이자 선험적인 것으로서의 공간 표상입니다. 만약 공간이 주관과 실체적으로 독립한 것이거나 사물들의 관계 속에서 나타나는 개념이라면 기하학을 위한 선험성의 조건이 확보되지 않습니다. 선험적 종합인식으로서의 기하학의 가능성을 설명해 주는 것이 바로 칸트의 공간론입니다. 이런 초월적 해명을 통해 칸트는 기하학의 가능성을 철학적으로 정초하게 되는 것입니다.

시간도 마찬가지입니다. 변화와 운동이란 무엇입니까? "한 장소에 있으면서 그 사물이 동일한 장소에 있지 않음"이라는 표현은 한눈에 봐도 말이 되지 않습니다. 같은 장소에 있으면서도 있지 않다? 성립 불가능한 명제입니다. 그러나 이 터무니없어 보이는 명제가 성립하는 조건이 있습니다. 그것이 바로 변화와 운동입니다. 칸트의 표현으로 보자면, "오직 시간상에서만 두 모순 대립적인 규정들이 한 사물 안에서, 곧 잇따라 마주칠 수 있는 것"(B49)입니다. 동일한 장소에 존재하는 사물에 변화가 일어나려면 시간이 개입해야 합니다. 시간이 개입하면 동일한 장소에 있는 사물도 동일한 사물이 아니게 되는 것이죠. 따라서 칸트의 시간 개념은 일반 운동이론(물리학)이 서술하는 많은 선험적 종합인식의 가능성을 설명해 주는 철학적 기초가 됩니다.

철학적인 것에 대하여

시공간이 직관의 형식이라는 칸트의 논의는 상당히 까다롭습니다. 개념과 직관의 차이를 파악하기도 쉽지 않고요. 그리고 앞으로 계속되는 논리학 부분도 쉽지 않습니다. 칸트는 아주 꼼꼼하게 논리적으로 체계를 세우고 증명해 갑니다. 사실 이런 부분을 볼 때마다 답답합니다. '시공간에 대한 이런 논증이 도대체 무슨 의미가 있나?' 하는 회의도 드는 게 사실입니다. 빨리 그 결론을 알고 싶은 마음도 아주 크죠. 누군가는 망치를 들고 철학을 해야 한다는데, 또 누군가는 해석은 그만하고 이제 변혁이 중요하다는데 이렇게 꼬치꼬치 따지는 철학이 귀중한 시간을 낼 정도로 중요한 것인가 하는 의문이 드는 것도 당연합니다. 어떻게 보면 칸트 철학에서 파괴나 해체와 같은 내용을 찾는 것은 어렵습니다. 그래서 재미도 별로 없고 인기도 없는 것 같습니다. 그러나 이렇게 정교한 건축술과도 같은 이론적 체계는 중요합니다. 철학적 일화를 하나 들려드리고 싶습니다(지젝,『부정적인 것과 함께 머물기』, 14쪽).

'제논의 역설'을 아시죠? 준족의 아킬레스도 거북이를 따라잡을 수 없고, 날아가고 있는 화살은 정지해 있다는 역설로 유명합니다. 이는 이분법의 역설로 쉽게 설명될 수 있는데요. 일단 목표지점에 도달하려면 그 반을 가야 하고, 반을 가려면 또다시 그 반을 먼저 가야 하고, 이렇게 하다 보면 무한히 퇴행하게 되어 있습니다. 그래서 운동하는 것은 운동할 수 없으니, 이 세계에 운동은 존재하지 않으며 따라서 세계도 부분으로 나뉘지 않은 하나의 실체(일자)라는 엘레아 학파의 결론에 도달합니다.

　이런 제논의 주장에 대해 견유학파인 디오게네스가 그 앞에서 그냥 쓱 하고 지나쳐 걸었다고 합니다. 자네가 그렇게 말하는 사이에 내(디오게네스)가 이미 이렇게 지나치고 있지 않은가, 하는 힐난인 것이죠. 베르그송도 제논의 공간적 운동에 대해 직접 걷는 시간적 운동으로 대치하면서 비슷한 이야기(운동은 실제로 존재한다)를 합니다. 이렇게 디오게네스가 제논에게 면박을 주자 디오게네스의 제자들이 박수를 치면서 환호를 합니다. 견유학파의 승리에 기뻤던 것이죠. 여기까지가 우리에게 잘 알려진 이야기입니다. 하지만 더 중요한 것은 헤겔이 전해 주는 다음과 같은 후일담입니다. 디오게네스가 환호하던 제자들을 불러 모아 혼쭐을 내줬다는 그런 후일담이요. 디오게네스는 자신이 몸으로 직접 제논의 역설이 가진 허점을 지적했지만, 사실 '철학'이란 이처럼 증명되지 않은 이론 이전의 날것(몸소 걸은 디오게네스의 실천)으로 이뤄져서는 안 된다는 점을 말하고 싶었던 것입니다. 경험으로 증명할 수 있을 것 같아도 그것을 정확히 이론적으로 구성할 수 있을 때 철학이 된다는 것이죠. 그런 점에서 볼 때 칸트의 이 어려운 책은 정확히 그렇게 '철학적'입니다.

5강 _ 초월적 감성학의 의미

초월적 관념성과 경험적 실재성

칸트에게 시공간은 "대상들 자체에 부착해 있어서 사람들이 직관의 모든 주관적인 규정들을 추상해 버려도 남는, 그런 사물들 자체의 규정"(B42)이 아닙니다. 즉 시공간은 사물들에 부착되어 있는 게 아니라 바로 인간의 감각에 붙어 있는 그런 형식입니다. 시공간은 "감성의 주관적 조건"으로서 우리가 대상을 경험할 수 있는 주관의 형식입니다. 그래서 공간은 "외감의 모든 현상들의 형식"이라고 하고, 시간은 "우리의 내적 상태를 직관하는 형식"이라고 합니다. 시공간이라는 이 주관적 조건에서 이탈하게 되면 시공간이라는 표상은 아무런 의미도 없어집니다. 시공간이라는 술어는 사물들이 우리에게 현상하는 한에서, 다시 말해 감성의 대상인 한에서만 사물에 부가됩니다.

　우리가 감성이라고 부르는 이 "수용성의 항구적인 형식"은 대상들이 우리 바깥의 것(공간, 외감)이나 안의 것(시간, 내감)으로 직관될 수 있게 하는 필연적이고 선험적인 조건이 되겠습니다. 외감과 달리 시간(내감의 형식)은 우리의 내적 상태를 직관하는 형식이기 때문에, 당연히 사물의 '형태'나 '위치'를 분별하지 않습니다. 그리고 공간이 순전히 외적인 현상들에만 제한되어 관계한다면, 그런 외적 현상도 내적으로 경험되어야 하기 때문에 "시간은 모든 현상들 일반의 선험적 조건"(B50)이라고 할 수 있습니다. 즉 칸트에게 시간은 공간보다 훨씬 더 중요한 개념이 되겠습니다.

　시공간이라는 감성의 특수한 조건들은 '사물 자체'를 가능케 하는 조건이 아니라 '현상들'을 가능케 하는 조건들입니다. 다시 말해 우리의 주관과 아무런 상관없이 존재하는 사물들을 우리가 그 자체로 파악할 수는 없다는 말입니다. 만약 사물이 경험되었다면 그것은 이미 시공간이라는 선험적 형식을 거쳤다는 뜻입니다. 그리고 우리의 주관적 직관 형식을 거친 대상을 칸트는 '현상'이라고 따로 구분해서 부르고 있죠. 가령 '모든 사물은 서로 곁하여 있다'는 명제는 타당하지 않습니다. 우리의 경험과 상관없이 모든 사물이 곁하여 있는지 없는지 우리는 알 수 없습니다. 이것이 바로 칸트가 말하는 물자체입니다. 따라서 위의 명제는 이렇게 바뀌어야 합니다. '사물들이 우리의 감각적 직관의 대상으로 취해진다면 그런 사물은 서로 곁하여 있다.' 다시 말해 '외적 현상으로서 모든 사물들은 공간에서 서로 곁하여 있다'고 말하면 이 규칙은 보편적이고 제한 없이 타당합니다.

이처럼 시공간은 "우리의 감관에 주어짐직한 모든 대상들과 관련해 객관적 타당성"을 가르쳐 주고 있기 때문에, 칸트는 시공간은 "경험적 실재성"을 갖는다고 말합니다. 다시 말해 시공간의 조건에 종속되지 않은 그 어떤 대상도 경험을 통해 우리에게 주어질 수 없기 때문에 시공간은 경험적 실재성을 갖는 것이죠. 그러므로 당연히 시공간의 "절대적 실재성"은 거부될 수밖에 없습니다. 다시 말해 시공간이 "우리의 감성적 직관의 형식이라는 점을 고려할 필요 없이 사물들의 조건 내지는 속성으로서 사물들에 단적으로 부속한다는 모든 주장"은 거부되어야 합니다. 사물들 자체에 속하는 속성들은 우리의 감관에 주어질 수 없습니다. 시공간이 우리 감성의 직관 형식과 관계가 없는 것이고 사물들 자체에 속하는 것이라면 그런 시공간은 우리에게 주어질 수 없습니다. 따라서 "감성적 직관의 주관적 조건들을 도외시한다면" 시공간은 아무것도 아닐 것이라는 "초월적 관념성"(B52)을 주장할 수 있습니다. 우리의 직관과 관계없는 그런 시공간은 객관적 실재성이 전혀 없다는 뜻입니다.

　약간 도식화해 보면 이렇게 되겠습니다. 우리와 아무런 상관이 없는 대상이 있다면, 그런 대상과 우리 주관의 만남을 주선하는 것이 바로 시공간이라는 표상입니다. 그런데 이 시공간은 주관과 상관없이 대상 측에 있는 것이 아니라(초월적 실재성) 바로 우리 주관에 속한 그런 것입니다(초월적 관념성). 그런데 그러면서도 그것은 우리의 경험을 가능케 하는 객관적인 표상이고 선험적인 표상입니다. 이 시공간 없이는 그 어떤 대상도 주관에게 경험되지 않습니다(경험적 실재성). 시공간은 '현상'들이 경험될 수 있게 하는 주관적이고도 선험적인 표상이 되겠습니다. 이제 외적인 대상들과 만나는 주관의 유일한 통로가 시공간이라는 직관 형식이 되겠습니다.

논리적 구별과 초월적 구별

우리가 직관하는 사물들은 우리의 직관 그대로 존재하는 그런 사물 자체가 아닙니다. 그리고 사물 자체의 관계도 우리에게 현상하는 방식대로 존재한다고 말할 수 없습니다. 만약 우리의 감각하는 주관적 성질을 제거한다면 시공간적으로 주어지는 대상들의 관계들(동시적 발생, 잇따른 변화 등등), 그리고 시공간 자체도 사라져 버리게 됩니다. 그러므로 모든 것은 오로지 현상으로서, 다시 말해 사물 그 자체로서가 아닌 현상으로서 우리 안에 실존할 수 있습니다. "그 자체로 그리고 우리 감성의 일체의 이 수용성과는 별도로 대상들이 어떤 사정에 놓여 있는가는 우리에게 전혀 알려져 있지 않"(B59)습니다.

시공간이라는 선험적 직관 형식에 의해 대상들을 지각하는 이런 방식 말고 우리가 대상과 관계할 방법도 없고 이 방식 이외의 것에 대해 알지도 못합니다. 시공간이라는 '순수직관'에 '경험적 직관'이라고 할 수 있는 감각적 질료들이 주어집니다. 그런데 우리가 이 경험적 직관들을 아무리 세밀히 검토한다고 해도 우리가 대상들 그 자체의 성질에 더 가까이 접근하는 것은 아닙니다. 우리는 그저 대상 자체를 알 수 없을 뿐입니다. 그렇다고 우리가 우리의 감성을 불명료하게 인식하는 것은 절대 아닙니다. 우리는 우리의 감성만을 완벽하게 인식합니다. 하지만 그것은 오직 시공간적인 조건 아래서여야 합니다. 우리에게 주어지는 현상들에 대한 가장 명료한 인식을 통해서도 대상들 그 자체는 결코 알려질 수 없는 것입니다.

칸트의 초월적 감성학에서 현상과 사물 그 자체의 관계는 알 수 있는 것과 알 수 없는 것의 관계에 있습니다. 그것은 결코 불투명한 인식과 투명한 인식의 관계에 있지 않습니다. 현상은 사물 그 자체에 대한 불투명한 인식이나 모호한 표상이 아닙니다. 불투명한 현상적 인식을 투명하고 명확한 사물에 대한 인식으로 바꿀 수 있는 것처럼 생각하면 안 됩니다. 칸트에게 사물 그 자체는 결코 주어질 수 없고 알려질 수도 없는 것입니다. 대신 우리가 경험하는 현상과 그 현상을 인식으로 전환시켜 주는 지성의 차이만이 있을 뿐입니다. 라이프니츠-볼프 철학은 감성과 지성의 차이를 불투명한 인식과 분명한 인식의 논리적 구별로 대체하려 합니다. 즉 감성적 불명확성에서 지성의 명확한 인식으로 그 정도상의 차이가 메꿔질 수 있을 것처럼 간주하는 것이죠.

그러나 칸트에게 감성과 지성의 차이는 초월적인 것입니다. 다시 말해 "분명성과 불분명성의 형식이 아니라 그것의 원천과 내용에 관련된 것"(B62)입니다. 감성은 시공간적 직관 형식을 통해 대상에 대한 표상을 수동적으로 받아들입니다. 그러나 여기서 아직 '인식'이 형성된 것은 아닙니다. 인식은 감성이 아니라 지성이 하는 일입니다. 다시 말해 지성이 사물 그 자체에 대한 불분명한 감성적 인식을 분명한 인식으로 전환하는 것이 아니라, 인식 자체를 못하는 감성과 달리 오직 인식만을 담당한다는 것입니다. 논리적 명확성에서 차이가 나는 것이 아니라 그 원천에서 감성과 지성이 이렇게 차이가 나고 그 활동 내용도 완전히 다르다는 것이죠.

가령 로크의 주장처럼 우리 감관에 주어지는 것들 중에서 길이나 형태와 같이 감관 일반에 타당한 것(지성에 의해 추출된 것)을 대상 자체의 성질이라고 하고 맛이나 색깔과 같이 특수하고 우연적인 것을 대상 자체의 현상이라고 구분한다면 여기서는 논리적 구별만 행해지고 있을 뿐입니다. 맛이나 색깔은 '현상'이 맞긴 하지만 그렇다고 길이나 형태와 같은 성질이 결코 사물 그 자체는 아닙니다. 길이나 형태도 우리의 직관 형식에 의해 주어지는 현상들에 불과한 것입니다. 칸트에게 있어 사물 자체는 그 어떤 직관의 형식으로도 주어질 수 없는 것입니다. 따라서 사물 자체가 감성이 아니라 지성에 의해 주어질 수 있는 것처럼 생각하는 것은 초월적 구별의 중요성을 무시하는 것입니다. 이 구별을 무시하게 되면 감성세계에서는 현상들 이외에는 그 어떤 것도 다룰 수 없음에도 현상들의 추상화와 일반화를 통해 사물들 자체를 인식할 수 있다는 헛된 믿음 속에 빠지게 되는 것입니다. 지성은 사물 자체와 관련되는 것이 아니라 감성이 현상으로 받아들인 것들을 종합하고 구성하는 것에 관련됩니다.

이제 '선험적 종합명제는 어떻게 가능한가?' 하는 초월철학의 과제의 해결에 요구되는 하나의 요소를 획득한 셈입니다. 선험적으로 주어지는 개념을 넘어서서 인식의 확장을 이루기 위해서는, 다시 말해 종합명제를 획득하기 위해서는 "개념 내에서는 발견할 수 없지만 그것에 대응하는 직관 중에서는 발견할 수 있고 저 개념과 종합적으로 결합할 수 있는 것"(B73)이 필요합니다. 공간과 시간이라는 선험적인 순수직관을 통해 선험적 종합판단은 사물 자체가 아니라 우리에게 경험 가능한 대상들 내에서 타당한 인식이 될 조건을 갖추게 되었습니다.

3부

초월적 논리학 1

:

분석학

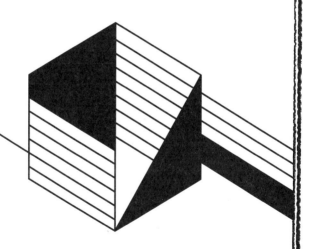

Kritik der reinen Vernunft

6강 _ 감성과 지성

인식의 두 원천

'초월적 논리학' 부분에서는 인식의 기원을 다룹니다. 우리의 인식(cognition)은 마음의 두 원천에서 발생합니다. 표상을 받아들이는 능력(인상들의 수용성)과 표상을 통해 대상을 인식하는 능력(개념들의 자발성). 전자에 의해 대상이 우리에게 주어지므로(given) '직관'이라고 하고, 후자에 의해 대상이 표상과 관련하여 사고되므로(thought) '개념'(concept)이라고 합니다. 간략히 예를 들자면, 포성이 들리고 건물이 무너지면서 사방이 칠흑같이 어두운 공포의 장소가 우리에게 '주어질 때' 우리는 그런 직관적 질료들을 모아 '전쟁이다'라는 대상 규정을 하게 되는데, 이 대상 규정이 바로 개념입니다. 우리의 인식의 요소는 직관과 개념입니다. 그래서 대응하는 직관 없는 개념이나 개념 없이 주어지는 직관은 인식을 제공할 수 없습니다.

직관과 개념은 순수하거나 경험적입니다. 자신 안에 감각적인 것을 함유하고 있으면 경험적이고, 그 표상에 아무런 감각도 섞여 있지 않으면 순수합니다. 포성의 반복은 시간의 흐름을 전제하겠죠? 따라서 시간(공간)이 감각적인 것이 섞이지 않고 감각적인 것을 가능하게 하는 순수한 직관이라면, 반복되는 포성은 경험적 직관이겠습니다. 개념의 경우도 마찬가지입니다. 전쟁과 같은 개념은 경험에 의해 형성되는 것이므로 경험적 개념이지만, '필연성'과 같은 개념은 경험할 수 없으므로 순수한 개념이라고 하겠습니다.

이렇게 보면 경험적 직관과 경험적 개념은 우리가 경험하는 직관적 질료와 관계하고, 순수직관과 순수개념은 그런 질료들을 담는 일종의 형식으로 기능한다는 사실을 알 수 있습니다. 감각은 감성적 인식의 질료라고 일컬을 수 있습니다. 그러므로 "순수한 직관만이 그 안에서 무엇인가가 직관되는 형식을 포함하며, 순수한 개념만이 대상 일반을 사고하는 형식을 포함"(B75)합니다. 그리고 순수직관과 순수개념들만이 선험적으로 가능하고, 경험적인 직관과 개념들은 후험적으로만 가능합니다.

표상들을 받아들이는 우리 마음의 수용성을 '감성'(sensibility)이라 부른다면, 표상들을 스스로 산출하는 능력, 즉 인식의 자발성은 '지성'(understanding)이라고 부릅니다. 직관이 감성적이라면, 그것은 대상에 의해 촉발되는 방식만을 갖는 게 직관이기 때문입니다. 반면 감성적 직관의 대상을 사고하는 능력은 지성입니다. 중요한 것은 "이 성질들 중 어느 것도 다른 것에 우선할 수 없다"는 사실입니다. 감성이 없으면 대상이 주어질 수 없고, 지성이 없으면 대상에 대한 사고는 불가능합니다. 따라서 "내용 없는 사상들은 공허하고, 개념들 없는 직관들은 맹목적"(B75)입니다. 굉장히 유명한 문장입니다. 직관적 질료(내용) 없이 순수한 개념들만 있으면 그 개념은 공허할수밖에 없고, 직관들만 있으면 그런 표상들을 통합해 주는 개념들이 없으므로 무의미합니다. 포성만 계속 들을 뿐 그것을 전쟁이나 어떤 사건과 관련시키지 않는다면 그건 의미 없는 자료들일 뿐이겠죠. 따라서 개념들을 감성화하는 일(개념에게 직관을 통해 대상을 보내는 일)과 직관을 지성화하는 일(직관들을 개념들 아래로 보내는 일)은 똑같이 필수적입니다.

또한 이 두 능력은 그 기능을 서로 바꿀 수도 없습니다. 지성은 아무것도 직관할 수 없고, 감관들은 아무것도 사고할 수 없습니다. 대상에 대한 판단(인식)에 오류가 생겼다면 그것은 감관의 문제가 아니라 지성의 문제가 되겠습니다. 왜냐하면 감관들은 '마음의 수용성'이기 때문에 경험적 직관들을 받아들일 뿐 그것에 대해 사고하는 기능을 갖고 있지 않기 때문입니다. 칸트에게 감관은 오류의 장소가 아닙니다. 감성과 지성은 인식에 있어 두 요소이지만 이 둘의 기능과 성격을 혼동해서는 안 됩니다. 이 두 요소의 이종성이야말로 『순수이성비판』에 대한 이해에서 핵심적입니다. 이처럼 본성을 달리하는 것을 불투명과 투명처럼(로크) 정도와 강도의 차이로 생각하면 칸트 철학을 오독하게 됩니다. "양자의 각각의 몫을 뒤섞어서는 안 되며, 하나를 다른 하나와 조심스럽게 분리하고 구별해야 할 큰 이유가 있다. 그래서 우리는 감성 규칙들 일반의 학문, 곧 감성학과 지성 규칙들 일반의 학문, 곧 논리학을 구별한다"(B76).

칸트에게 감성을 다루는 감성학과 지성을 다루는 논리학은 철저히 구별되어야 하는 것입니다. 감성은 지성으로 환원될 수 없고, 지성도 감성으로 환원될 수 없습니다. 감성을 지성으로 환원하면 독단적인 합리론이 등장하고, 지성을 감성으로 환원하면 회의주의적 경험론이 등장합니다. 경험론은 감각이 약화되면 관념으로 전환된다고 하면서 지성을 감성으로 환원했고, 합리론은 논리적 모순만 없으면 그것의 실존(칸트에게 실존은 감성의 문제입니다)도 보장된다고 하면서 감성을 지성화합니다. 반면 칸트는 경험과 관련된 것은 감성에게, 사고와 관련된 것은 지성에게 그 역할을 고유하게 돌려줍니다. 둘은 결코 어느 것 하나로 환원되지 않습니다.

초월적 논리학과 초월적인 것

다음으로 초월적 논리학에 대해서 살펴보겠습니다. 앞서 감성 일반의 규칙들에 대한 학문을 감성학이라고 했는데, 이와 구분해 사고 일반의 규칙을 다루는 학문을 논리학이라고 합니다. 논리학은 기본적으로 진리의 조건을 따지는 그런 학문입니다. '어떤 명제는 동시에 참이거나 거짓일 수 없다'는 논리학에서 사용하는 모순율이라는 규칙입니다. '신은 존재한다'가 참이면 '신은 존재하지 않는다'는 모순율에 따라 거짓이 됩니다. 이런 사고의 규칙들을 다루는 학문이 논리학입니다.

그런데 칸트는 자신의 논리학을 따로 '초월적 논리학'이라고 하여 '일반 논리학'과 구분합니다. 그렇다면 그 이유를 살펴봐야 하겠습니다. 먼저 일반 논리학이든 초월 논리학이든 모두 선험적인 것들을 다룬다는 공통성을 갖습니다. 그런데 일반 논리학은 인식들 상호간의 관계에서 그 논리적 형식, 다시 말해 사고 일반의 형식만을 고찰할 뿐, 그 인식 대상이 감성에 자리하는 것인지 지성에 자리하는 것인지 아니면 경험할 수 없는 초험적 영역에 있는 것인지 구별하지 않습니다.

앞에서 거론한 예를 다시 보겠습니다. '완전한 신은 존재한다.' 신의 완전성이라는 개념에는 존재함이라는 속성이 들어 있어야 합니다. 왜냐하면 존재하지 않는 것이 완전할 수는 없기 때문이죠. 따라서 '완전한 신은 존재한다'는 명제는 참입니다. 자세히 보면 이 명제는 앞에서 다룬 분석명제임을 알 수 있습니다. 완전한 신 개념 안에 존재함이라는 속성이 있기 때문에 그 존재를 확인하기 위해 신 개념 바깥으로 나갈 필요가 없습니다. 이렇게 일반 논리학은 대개 분석명제를 대상으로 합니다.

그런데 칸트에게 이 명제는 참이 될 수 없습니다. '완전성'이 선험적 개념이라면 '존재함'은 경험적 개념이기 때문입니다. 다시 말해 존재한다는 것은 우리의 경험적 직관에 의해 촉발되지 않으면 알 수가 없는 사실입니다. 따라서 저 명제는 칸트에겐 종합명제이고, 신의 실존이 경험적으로 확인되지 않는 한 진리라고 할 수 없습니다. 이렇게 보면 일반 논리학이 대상을 다루는 특성을 우리는 알 수 있게 되는데요. 일반 논리학은 표상들이 선험적으로 주어지든 경험적으로 주어지든 전혀 상관 않고 그 표상들의 상호 관련성만을 따집니다. 그래서 '완전한 신'이 지성에 있는 선험적 표상이라는 사실과 '존재함'이 감성에 있는 경험적 표상이라는 사실을 구별하지 않습니다. 표상의 출처를 무시하기 때문에 두 표상의 일치나 귀속 문제를 형식적으로만 따지면서 참과 거짓을 판단합니다.

그러나 위 명제는 칸트에 따르면 종합명제가 되고 참이 확보되지 않은 명제입니다. 따라서 일반 논리학과는 다른 방식으로 진리의 문제를 다룰 필요가 있습니다. 다시 말해 "인식의 모든 내용을 도외시하지 않는 논리학", 즉 "대상들에 대한 우리 인식들의 근원이 그 대상들에게 귀속되지 않는 한에서 그 근원 또한 다룰 수 있"는 초월적 논리학이 필요합니다. 칸트가 경험적이지 않고 선험적인 인식을 중요하게 여겼다 하더라도 여기서 선험적인 것만으로 모든 인식의 문제가 해소되지는 않습니다. 이것이 바로 칸트만의 '초월적인' 방법입니다. 칸트는 초월적인 것에 대해 다시 한 번 강조합니다. "선험적인 모든 인식이 아니라, 단지 그것들에 의해 어떤 표상들이 (직관이든 개념이든) 오로지 선험적으로 적용된다거나 또는 선험적으로 가능하다는 사실과, 그리고 어떻게 해서 그러한가를 우리가 인식하는, 그런 선험적 인식을 초월적(다시 말해, 인식을 가능하게 함 내지는 인식을 선험적으로 사용함)이라고 일컬어야 한다는 것이다"(B80).

이런 규정에 비춰 보면 공간 자체는 선험적이지만 아직

초월적이지는 않습니다. 대신 이 공간이라는 표상이 경험에 근원을 두지 않는다는 인식과 그러면서도 이 표상이 경험 대상들과 선험적으로 관계를 맺을 수 있다는 가능성을 다룰 때 초월적인 것이 됩니다. 그렇다면 공간이라는 선험적 표상을 감각적 대상들에 사용하게 되면 경험적인 영역으로 전환되는 것이겠습니다. 선험적인 영역과 경험적인 영역을 구분하면서, 경험적인 것의 가능성이 선험성에 있다는 사실을 충분히 알 수 있을 때만 초월적인 것의 영역이 열리는 것입니다. 그렇다면 초월적 논리학은 선험적으로 대상들과 관계 맺는 '개념들'이 있다는 사실을 기대하면서, 순수직관도 경험적 직관도 아닌, 순수사고의 작용들(지성과 이성의 영역)의 범위와 근원과 그 타당성을 따지는 학문이 되겠습니다. 일반 논리학이 순수한 이성 인식이든 경험적 인식이든 구별하지 않고 그 형식만을 다뤘다면, 초월적 논리학은 두 영역을 구별하면서 경험을 가능케 하는 순수지성적이고 이성적인 영역들을 다룹니다.

초월적 분석학과 초월적 변증학

현재 진행되는 초월적 논리학 부분은 감성과 분리해서 오직 지성만을 대상으로 합니다. 하지만 지성이라는 순수사고 부문은 대상들이 우리에게 직관을 통해 주어진다는 조건에 의해서만 그 사용의 합법성이 인정됩니다. 왜냐하면 직관이 없으면 순수한 사고 자체는 공허한 것이 되고 말기 때문입니다. 초월적 논리학 아래 있는, 순수지성 인식의 요소들과 원리들을 서술하는 초월적 분석학은 언제나 직관적 대상과의 관계를 안중에 두지 않으면 안 됩니다. 그런 점에서 초월적 분석학은 일종의 진리의 논리학이라고도 할 수 있습니다. 우리 인식이 어떤 조건에서 진리를 확보할 수 있는지를 다루는 그런 초월적 논리학이 바로 초월적 분석학입니다.

그런데 여기엔 한 가지 위험이 있습니다. 방금 지적한 대로 순수지성 인식의 원칙들은 오직 직관적 질료하고만 관계할 수 있고, 이를 통해 진리를 확정할 수 있습니다. 하지만 '이성'은 그런 경험의 한계 너머까지 지성의 원칙들을 사용하는 것에 대해 몹시 매혹을 느끼는 특성이 있습니다. 이것이 앞에서 말했던 이성의 형이상학적 욕망입니다. 질료는 직관과 감성에 의해 주어집니다. 따라서 현재 다루는 논리학과 분석학은 그런 질료들을 다루는 개념적 형식에 대한 논의입니다. 그리고 이 개념적 형식들은 직관적 자료와 결합해야 인식이 됩니다. 그런데 이성의 작용으로 인해 이 순수한 선험적 지성의 형식적 원리들을 주어지지도 않은 대상들에까지 무차별적으로 적용하고자 하는 위험에 빠지는 경향이 있습니다.

예를 들어 지성이 사용하는 '원인'이라는 선험적 개념이 있습니다(분석학 부분에서 자세히 다루게 됩니다). 이 개념은 직관적 질료와 만날 때만 참된 인과적 판단과 인식으로 성립됩니다. 그런데 경험적 직관도 없이 그 원인의 최종적 종착지를 찾는 모험을 감행하게 되면 거기서 최고 원인으로서의 신을 얻게 되고 이 신이 경험될 수 있기나 한 듯한 변증적 가상(dialectical illusion)이 생겨납니다. 칸트가 보기에 지금까지 형이상학의 문제는 이처럼 순수지성 개념이 경험적 한계를 넘어(초험적으로) 이성의 요구에 따라 무제한적으로 사용되는 데서 발생하는 것이었습니다. 그래서 칸트는 이렇게 "지성과 이성이 초자연적으로 사용되는 것"을 초월적 변증학이라는 이름으로 비판하게 됩니다. 그러므로 초월적 논리학은 경험적 대상에 적용될 수 있는 지성의 사고 규칙을 다루는 초월적 분석학과 그 경험의 한계를 넘는 지성과 이성에 대한 비판에 집중하는 초월적 변증학으로 구성됩니다.

　　바로 이 부분이 '순수이성비판'이라는 이름에 가장 잘 어울리는 곳이 되겠습니다. 지성의 역할과 이성의 역할을 명확히 구분하고, 지성과 이성의 "근거 없는 월권에 의한 헛된 가상을 벗겨 내"며, "순전히 초월적 원칙들만을 가지고서도 이를 수 있다고 잘못 생각하는 발명과 확장에 대한 지성과 이성의 요구"를, "궤변적 환영에 대해 순수지성을 보호하고 순정하게 평가하기 위해서 각하하기 위한"(B88) 그런 비판 말입니다. 이성의 월권을 비판하기 위해서는 먼저 지성의 역할과 영역에 대한 정확한 규정이 있어야 하겠습니다. 지금부터 다룰 초월적 분석학이 바로 그런 부분입니다. 그리고 상당히 분량도 많고 내용도 쉽지 않은 곳이기도 합니다.

7강 _ 초월적 분석학과 판단의 문제

순수지성(개념)의 요건

초월적 분석학은 선험적인 인식 전체를 순수지성의 인식 요소들로 분해합니다. 여기서 요소들은 다른 말로 하면 '개념'입니다. 순수지성의 요소가 개념인 거죠. 이때 개념은 ① 순수지성의 요소이므로 경험적이지 않은 순수한 개념이어야 하고, ② 직관이나 감성에 속하는 것이 아니라 사고와 지성에 속해야 하고, ③ 기본 개념이기 때문에 파생되거나 합성된 것이어서는 안 되며, ④ 개념에 관한 표(表)를 만든다면 그것은 지성의 전 범위를 포괄해야 합니다. 순수지성이 인식을 위해 사용하는 것, 혹은 순수지성의 핵심 요소가 개념이고, 칸트는 나중에 다른 개념들과 구별해서 이를 '범주'(category)라고 부릅니다. 감성학에 두 가지 순수직관이 있었는데, 그것을 공간과 시간이라고 했죠. 공간과 시간은 순수감성에서 사용하는 두 가지 개념입니다. 개념은 이런 식의 용법을 지닙니다. 그래서 시공간이라는 개념과 구별하기 위해 범주라고 지칭하는 것이죠. 나중에 나오겠지만 지성이 아닌 이성 영역에서 사용되는 개념도 있는데, 이때는 '이념'(idea)이라 부릅니다. 시공간, 범주, 이념, 이것이 각각 감성, 지성, 이성에서 사용되는 개념들입니다.

우리가 사고하기 위해 가져야 할 기본 개념에는 어떤 것이 있을까요? '교실에 책상이 있다'는 판단에서 교실이나 책상은 다른 사물로 대체될 수도 있습니다. 그러나 '있음'이 '없음'으로 대체되면 그 판단의 의미가 완전히 바뀌므로 결코 대체될 수 없는 것이겠습니다. '책상이 있다'와 '책상이 없다'라는 판단은 전혀 다른 판단입니다. 긍정 판단과 부정 판단이죠. 그런데 이 판단에서 '있음'이라는 개념이 없으면 어떻게 될까요? 우리는 더 이상 판단과 사고를 진행할 수 없게 됩니다. 그런데 더 중요한 것은 '있음'은 그 자체로 우리가 경험할 수 없는 개념이라는 사실입니다. 책상이 있거나 없을 수는 있어도 있음 자체를 경험할 수는 없지요. 따라서 '있음'은 판단과 사고에 있어, 다시 말해 지성에 있어 결여해서는 안 되는 핵심적인 요소(개념)이자 선험적인 요소라는 사실입니다. 지금 칸트는 이런 요소가 어떤 것이 있는지 순수지성 전체를, 다시 말해 사고의 영역 전체를 가능하게 하는 개념들의 표를 완벽하게 작성해서 보여 주겠다고 하는 것입니다.

　순수지성은 경험적인 것과도 구별되고 감성과도 구별됩니다. 그것은 완전히 선험적인 체계입니다. 따라서 "순수지성은 그 자체 독립적으로 성립하는 그 자체로 충분한 통일체이지, 외부로부터 무엇인가가 추가됨으로써 증대될 수 있는 그런 통일체가 아"(B90)닙니다. 만약 순수지성이 경험적인 것이었다면 지성 요소들의 완벽한 체계를 형성한다는 것은 아예 불가능했을 것입니다. 경험적인 것은 귀납적이고, 귀납적인 것은 언제든 새롭고도 우연적인 요소들을 추가하는 것이라 체계를 세울 수 없기 때문입니다. 따라서 선험적인 지성 인식의 전체라는 이념을 목표로 그 개념들의 완벽하고 유기적인 체계를 충분히 규정할 수 있습니다. 초월적 분석학은 순수지성의 개념들에 어떤 것들이 있고 그것이 어떻게 기능하는지 살펴보는 개념의 분석학과 순수지성이 사고할 때 사용하는 원칙들을 다루는 원칙의 분석학으로 나뉩니다.

　여기서 개념의 분석학은 개념의 의미나 내용을 분해하는 것이 아니라, 순수지성 안에서 활동하는 선험적인 개념들을 찾아내고 그것의 사용 방식을 분석하는 일로서, "선험적인 개념들이 가능함을 탐구하기 위해서 아직은 거의 시도된 바가 없는 지성 능력 자체를 분해함"(B90)을 뜻합니다. 칸트는 이를 "초월철학의 고유한 과업"(B91)이라고까지 강조합니다. 왜냐 하면 우리가 사고하고 인식하기 위해 선험적인 개념이 필수적 이라는 사실을 증명한다면, 그리고 그 개념들의 완벽한 체계 를 보여 줄 수 있다면 우리는 경험에서는 불가능했던 필연적 이고 보편적인 인식의 가능성을 확보할 수 있기 때문입니다. 그래서 여기서는 순수지성의 개념을 경험적인 조건들로부터 완전히 해방된 그 순수하고도 선험적인 차원에서 발견하고 그 개념들의 능력을 확보하는 것이 그 무엇보다 중요합니다.

순수지성 개념들을 발견할 초월적 단서

지성의 순수개념은 우리의 인식 능력에 있어 핵심적인 요소입 니다. 그런데 다양한 계기 속에서 이 개념들이 나타날 때마다 그때그때 하나씩 확보해서는, 다시 말해 기계적인 수행방식으 로는 이 연구가 언제 완성될지 알 수 없습니다. 따라서 어떤 원 리를 발견해야 합니다. 그것이 무엇일까요? 바로 판단입니다.

　지성은 직관의 능력이 아닙니다. 그런데 직관을 제외하면 개념들에 의한 것 외에는 다른 인식 방식이 없습니다. 인간의 지성 인식은 곧 개념들에 의한 인식이자 논변적인 인식입니 다. 그렇다면 개념들은 어떤 식으로 작동하는 것일까요? 직관은 감성적인 것으로서 어떤 촉발(affections)에 의존합니다. 하지만 개념들은 그렇게 수동적이지 않고 능동적입니다. 책상이라는 개념(물론 지성의 순수개념은 이런 일반 개념과는 다릅니다)은 다양한 형태와 기능의 사물들을 그 동일성 속에서 책상이라고 통합적으로 인식하게 해줍니다. 이처럼 개념의 기능은 "서로 다른 표상들을 하나의 공통적인 표상 아래서 정돈하는 통일 활동"(B93)입니다.

그렇다면 표상들의 정돈과 통일이라는 활동은 정확히 어떤 일일까요? 다시 말해 개념의 기능은 무엇일까요? 그것은 바로 판단하는(judging) 일입니다. 감성적인 직관이 어떤 사물에 촉발을 받아 표상들을 받아들이는 것이었다면, 지성적인 개념은 그런 표상들을 공통적인 표상 아래 정돈하고 통일하면서 판단하는 것입니다. 직관은 대상에 대한 표상을 받아들이는 역할을 하지만, 개념은 대상에 대한 표상과 그렇게 직접 관계 맺지 않습니다. 직관에 주어진 대상에 대한 표상들을 하나로 모으는 작용을 하는 것이 개념입니다. 따라서 판단은 "대상에 대한 간접적인 인식"이자 "대상의 표상에 대한 표상"(B93)이라고 하겠습니다. 모든 판단에는 많은 표상들에 타당한 하나의 개념이 들어 있습니다.

가령 '모든 물체는 가분적이다(divisible)'라는 판단을 보면, '가분성'이라는 개념이 '물체'라는 개념과 어떤 관계 속에 있습니다. 여기서 먼저 물체라는 개념을 봅시다. 물체는 여러 대상들을 포괄하는 개념이므로 물체에는 다양한 대상들에 대한 다양한 표상들이 통합되어 있겠습니다. 그런데 이런 다양한 대상들이 지금 가분성이라는 개념을 통해 매개적으로 표상됩니다. '이것들은 전부 물체다'라는 판단이, '모든 물체는 가분적이다'라는 판단으로 바뀌었다고 봐도 되겠습니다. 그래서 다양한 물체들의 표상이 가분성이라는 공통성을 중심으로 하나로 통일되는 것이죠. 이처럼 "모든 판단들은 우리 표상들 간의 통일 기능들"(B94)입니다. 하나의 직접적인 표상 대신 이 표상과 그 외의 더 많은 표상들(다양한 물체들의 표상)을 포괄하는 더 상위의 표상(가분성)이 대상 인식을 위해 사용되는 것입니다.

지성의 모든 활동들은 판단들로 환원할 수 있고, 그래서 "지성 일반은 판단하는 능력"이라고 할 수 있습니다. 사고한다는 것은 "개념에 의한 인식"입니다. 여기서 개념은 "가능한 판단들의 술어들"(B94)로서 아직 규정되지 않은 대상에 대한 어떤 표상과 관계합니다. 가령 '물체'는 그 아래 여러 표상들(금속, 나무, 돌 등)을 포함하고 있고 이 표상들을 매개로 어떤 대상과 관계를 맺을 때 개념이 됩니다. '개념-표상-대상'의 구

판단표

판단들의 양 (Quantity)	판단들의 질 (Quality)	판단들의 관계 (Relation)	판단들의 양상 (Modality) *대괄호는 박영사판
전칭(universal)	긍정(affirmative)	정언(categorical)	미정[개연] (problematic)
특칭(particular)	부정(negative)	가언(hypothetical)	확정[실연] (assertoric)
단칭(singular)	무한(infinite)	선언(disjunctive)	명증[필연] (apodictic)

조가 되겠죠. 이때 '금속은 모두 물체다'와 같은 판단이 가능해집니다. 여기서 물체는 이 판단에서 하나의 술어로 쓰였죠? 이처럼 개념은 판단(곧 인식)을 가능하게 하는 술어입니다. 그리고 이 개념에 의해 어떤 대상이 규정됩니다. 즉 금속이 물체로 규정되는 것이죠. 따라서 우리가 판단을 할 때 과연 어떤 통일 기능들이 있는지 알 수만 있다면 지성의 기능들을 전부 밝힐 수 있게 됩니다. 왜냐하면 우리의 판단은 일정한 형태와 범위를 벗어나지 않기 때문입니다. 지성에서 사용되는 개념에 어떤 것이 있는지 알아야 하는 개념의 분석학은 결국 판단의 기능들에 대한 분석이 되겠습니다.

앞쪽의 표는 우리가 개념에 의해 판단을 할 때 '양의 관점', '질의 관점', '관계와 양상의 관점'이라는 기준에서 판단한다는 사실을 말해 주고 있습니다. 표를 보면 우선 양적인 판단에 전칭판단이 있습니다. '모든 A는 B다.' 가령 '여기 있는 모든 사람은 다 남자다.' 그다음 특칭판단은 '몇몇은 무엇이다', 이렇게 판단하는 것이고, 단칭판단은 '이것은 책상이다'처럼 하나의 대상을 규정하는 판단입니다. 질적인 판단의 경우에는 '이것은 컵이다'는 긍정적인 판단이고, '이것은 컵이 아니다'는 부정적인 판단입니다. 그 다음에 우리에겐 아주 생소한 무한판단이 있는데요. 조금 이따가 설명하겠습니다.

다음으로 '관계' 항목을 볼까요? 여기서 '정언'이라는 말은 『실천이성비판』에 나오는 '정언명령'의 그 정언입니다. 정언판단은 다음에 나오는 가언판단과 구별하면 이해하기 쉽습니다. 가언판단은 조건적인 판단으로서 '완전한 정의가 있다면 고질적으로 악한 자는 벌을 받는다'와 같은 형태를 보여 줍니다. 반면 정언판단은 조건 없이 단적으로 규정할 때 사용하는데, '인간은 이성적인 동물이다'를 예로 들 수 있겠습니다. 정언판단에서는 '인간'과 '동물'이라는 주어와 술어의 관계가 문제라면, 가언판단에서는 '완전한 정의가 있다'와 '고질적으로 악한 자는 벌을 받는다'는 두 개의 판단·사이의 관계가 문제입니다. 그리고 가언판단의 경우 두 판단의 관계가 조건적이라는 것이 중요합니다. '완전한 정의가 있다'나 '고질적으로 악한 자는 벌을 받는다'는 명제의 참/거짓은 아직 정해지지 않았습니다. 선언판단은 '세계는 맹목적인 우연에 의해 존재하거나, 내적 필연성에 의해 존재하거나, 외적 원인에 의해 존재한다'와 같은 명제에 해당합니다. 이 세 경우(우연, 필연, 외적 원인)는 세계의 존재 일반에 대해 가능한 인식의 한 부분씩을 차지하고 있고, 이 모두를 합하면 세계 존재에 대한 인식의 전체가 구성됩니다. 그리고 각 부분은 다른 부분을 배제하는 형식으로 구성되어 있습니다.

마지막으로 양상 관점에서의 판단을 보겠습니다. 우리가 양상의 관점에서 판단하는 경우 판단의 내용에는 기여하는 게 아무것도 없습니다. 판단의 내용과 관련해서는 양, 질, 관계가 이미 모든 것을 다 드러냅니다. 양상판단은 내용의 층위보다는 연결어(copula)의 층위에서 특정한 역할을 합니다. '완전한 정의가 있다'는 명제의 경우 미정적(개연적)으로 받아들인다는 것은 완전한 정의라는 것이 있을 수 있다고 가정한다는 의미이고, 확정적(실연적)으로 받아들이면 완전한 정의가 실현되어 있다는 의미이며, 명증적(필연적)으로 받아들이면 모든 시간에 있어 완전한 정의가 존재한다는 의미가 됩니다.

무한판단의 문제

질적 판단 중에서 무한판단에 대한 설명을 건너뛰었는데요. 지금부터 살펴보겠습니다. 칸트가 무한판단의 영역을 발견한 것에 대해 그 철학적 의미가 대단하다는 평가가 있습니다. 사실 무한판단이라는 용어 자체도 우리에겐 생소한데요. 우선 무한판단은 'A is no(t) B'의 형태를 갖습니다. 분명 부정의 형태인데도, 칸트는 무한판단과 긍정판단을 서로 구별해야 한다고 말하고 있습니다. 일반 논리학에서는 무한판단이 긍정판단의 한 가지로 처리되었다는 것입니다. 그러므로 'no(t)'이 붙어 있더라도 무한판단은 우선 긍정문의 형태라는 점에 주의해야겠습니다.

　세 개의 영어 문장을 예로 들어 보겠습니다. ① 'The soul is mortal' ② 'The soul isn't mortal' ③ 'The soul is (a) not(-) mortal.' ① '영혼은 죽는다(사라진다).' 긍정판단입니다. ② '영혼은 죽지 않는다.' 우리가 익히 알고 있는 부정판단입니다. ③ '영혼은 불사적이다(비-죽음이다).' 이것이 무한판단입니다. 형식적으로는 분명 긍정판단입니다. 하지만 칸트는 이 ③의 명제를 긍정판단(①)에서 분리하여 따로 무한판단이라 규정합니다. 그렇게 되면 형식적으로는 긍정이지만 내용상으로는 부정인 명제가 됩니다. 그래서 이번에는 ②의 부정판단과 구별하기가 어려워집니다. 일반 논리학은 ②와 ③의 차이를 다루지 못합니다. '영혼이 죽지 않는다'는 말은 '영혼의 불사성'과 다를 바 없어 보이는 것도 사실입니다. 앞에서도 다뤘듯이 일반 논리학은 술어(여기서는 불사성)의 내용을 다루지 않습니다. 그저 그 술어가 주어에 긍정의 형태로 붙어 있는가, 아니면 부정의 형태로 붙어 있는가만 따집니다. 그래서 일반 논리학에서는 ③'영혼은 비-죽음이다'는 긍정판단의 일종이 됩니다.

그러나 칸트의 초월적 논리학은 판단의 형식만이 아니라 판단의 내용도 구별해서 다룹니다. 다시 말해 "판단을 순전히 부정적인 술어를 매개로 한 이 논리적 긍정의 내용이나 가치의 면에서도 고찰하고 이 논리적 긍정이 전체 인식과 관련해서 어떤 이득을 가져오는지도 고찰"(B97)합니다. 지금 우리가 다루는 무한판단은 판단의 질적인 측면에 해당합니다. 따라서 그저 형식적인 측면만 고찰해서는 그 의미를 제대로 짚어 내지 못합니다. 일반 논리학은 모든 것을 모순율에 의해서만 판단합니다. '사각의 원'은 개념적으로 모순입니다. 모순적이라면 성립할 수 없습니다. 따라서 영혼은 죽거나, 안 죽거나 이 두 가지여야 합니다. 그렇다면 '영혼은 비-죽음이다'라는 무한판단은 어떤 가치를 갖는 것일까요?

줄다리기를 하고 있을 때 줄이 조금도 움직이지 않고 팽팽히 맞서 있다고 해봅시다. 이때 조금도 움직이지 않았다고 해서 아무런 힘도 가해지지 않은 것은 아니죠? 50의 힘에 대해 −50의 힘이 가해졌기 때문에 움직이지 않는 밧줄의 형태를 취하지만, 사실 절대값으로 보면 양쪽 모두 50의 힘입니다. 모순이지만 분명 존재하는 힘입니다. '0'이지만 실재하는 힘입니다. 죽지 않았다면 살아 있을 테고, 살아 있지 않다면 죽었어야 합니다. 모순율에서는 죽어 있음과 살아 있음이 동시적일 수 없습니다. 일반 논리학은 긍정과 부정의 형태만을 알 뿐입니다.

그렇다면 죽어 있으면서 살아 있는 이 모순적인 존재는 무엇일까요? 흡혈귀나 좀비가 바로 이런 대상입니다. 비−죽음, 살아 있는 죽음(living dead). 이런 차원이 존재할 수 없다는 것이 일반 논리학이라면 칸트의 초월 논리학은 살아 있지만 죽은 자의 차원을 논할 수 있게 해줍니다. ③의 '영혼은 불사적이다'라는 명제는 단순한 '긍정'판단이 아닙니다. 긍정판단이라면 일반 논리학의 형식에 그칩니다. 다시 말해 아무런 내용도 없이 그저 영혼에 대해 죽지 않는다는 것을 긍정하는 문장이 되고 맙니다. 지금까지 영혼이 죽음 쪽에 분류되어 있었다면 이 명제는 이제 영혼을 죽지 않음 쪽에 분류하고 있는 것입니다. 어쨌든 이 명제를 긍정판단으로 간주하면 영혼은 삶/

죽음의 이분법 아래 있어야 합니다. 그러나 이 명제를 무한판단으로 보면 사태는 바뀝니다.

①'영혼은 죽는다'를 부정한 ②'영혼은 죽지 않는다'(부정판단)는 영혼의 사멸 가능성이라는 "착오"를 방지하는 역할을 합니다. 다시 말해 영혼을 죽는다고 생각하는 사람에게 영혼은 죽지 않는다는 내용을 알려 준 것뿐입니다. 영혼을 죽음의 범주 안에 넣고 있다가 거기서 꺼내 삶의 범주 쪽으로 옮겨 놓은 것이죠. 그러나 ③'영혼은 불사적이다(비-죽음이다)'라는 무한판단은 비-죽음을 긍정하는 문장입니다. 이때 무슨 일이 일어나는가 하면 그저 영혼의 사멸 가능성이라는 착오를 방지하는 것이 아니라, "영혼을 불사적인 존재자들의 무제한적인 외연 속에 집어 넣"(B97)고 있는 것입니다. 쉽게 말해 삶/죽음의 이분법을 넘어 산 죽음, 혹은 죽어 있는 삶이라는 역설적인 영역이 생겨나는 것입니다. '영혼은 비-죽음이다'는 명제는 삶/죽음의 이분법으로는 포착할 수 없는 차원을 개방하는 것이죠. 그래서 이 명제는 긍정판단도 부정판단도 아닌 무한판단이라고 불립니다. 형식은 긍정이지만 형식의 이분법을 폐기한다는 점에서 새로운 내용을 담지한 형식입니다.

좀비와 같은 현상들은 분명 살아 있는 죽음, 즉 비-죽음이라는 무한판단의 좋은 사례입니다. 물론 좀비나 흡혈귀와 같은 대상은 실재하지 않습니다. 그러나 그런 대상을 통해 보여주고자 하는 의미의 차원이 있는 것이죠. 살아 있는 것도 죽어 있는 것도 아닌 그런 자리. 살아 있지만 이미 죽은 것과 다름없는 자리, 죽었지만 그럼에도 살아 있는 자리. 우리는 여기서 안티고네를 떠올리게 됩니다. 그녀는 고집스레 오빠의 장례를 주장하다 공동체로부터 축출당합니다. 공동체 내에 있지만 이미 공동체 외부에 있는 존재, 안에 있지만 바깥에 있는 존재. 일반 논리학의 관점에서 보자면 안에 있지 않으면 바깥에 있든가, 바깥이 아니면 안에 포함되어야 하지만 우리 삶은 그런 단순한 도식으로 포착되지 않는 영역을 갖고 있습니다. 공동체로부터 배제되었는데 살아 있다는 것이 도대체 살아 있는 것일까요? 살아 있긴 한데 그것이 이미 죽은 것과 다름없는 그런 삶이 있을 수 있습니다. 비참하고 끔찍한 삶이죠.

르네 마그리트의 그림에 「이미지의 배반」(1929)이라는 작품이 있습니다. 파이프를 그려 놓고 그 아래에 버젓이 '이것은 파이프가 아니다'라고 써 놓았는데요. 파이프는 파이프이든가 아니든가 해야 하는데 파이프를 그려 놓고 파이프는 아니라고 했으니 모순율에 해당하는 그림이겠습니다. 그래서 이미지와 대상 사이의 상식적(필연적) 관계의 전복 정도로 해석이 되고 있기도 하고요. 그런데 이 작품을 무한판단의 관점에서 보면 조금 다르게 볼 수도 있겠습니다. 파이프를 재현한 표상임에도 파이프를 재현하지 않았다? 재현은 재현이지만 재현이 아니기도 하다? 그렇다면 죽음은 죽음이지만 살아 있는 죽음이라는 위의 논법을 응용해서 비–재현으로서의 재현이라고 하면 어떨까요?

그렇게 보면 재현과 비–재현의 이분법으로는 포착할 수 없는 어떤 차원을 개방하고자 하는 작품으로 생각됩니다. 사물에 미달하는 재현의 한계나 사물을 초과하는 재현의 과잉을 표현했다기보다는, 즉 재현의 문제라기보다는 재현과 비–재현의 모순율을 넘어서는 지점에 대한 표현이라고 보는 건 어떨까요? 재현된 것에서 재현 이상을 찾는 우리들, 혹은 재현된 것에서 비–재현을 찾는 우리들, 다시 말해 우리가 경험하고 재현하는 파이프는 우리가 찾는 파이프가 아니었다는 깨달음의 표현일 수도 있습니다(지젝, 『부정적인 것과 함께 머물기』, 202쪽). 우리의 경험이 애초부터 경험 대상과 욕망 대상으로 이중적으로 분열되어 있을 수도 있습니다. 그래서 '산 죽음'(living dead)과 같이 '파이프 아닌 파이프'라는 무한판단의 영역이 우리 삶에 놓여 있음을 알려 주고 있는 것이죠.

8강 _ 범주에 대하여

칸트의 논의는 이제 범주로 넘어갑니다. 일반 논리학은 인식
내용을 도외시하기 때문에 그저 개념들의 형식적 관계만을 분
석하면 충분합니다. 그러나 초월적 논리학은 우선 감성적인
'잡다'라는 질료를 사고의 내용으로 확보하고 있습니다. 그리
고 이런 잡다로부터 인식을 얻기 위해서는 "이 잡다가 먼저
일정한 방식으로 통관(通觀)되고(gone through) 수득되어(taken
up) 결합되기를(combined) 요구"하는데 이를 "종합"(synthesis)
(B102)이라고 합니다. 이 종합이라는 개념은 매우 중요합니다.
어떻게 보면『순수이성비판』은 한 마디로 거의 종합론이라고
할 수도 있지 않을까 생각합니다. 사고가 가능하기 위한 경험
자료들의 종합과 그 과정의 객관성에 대한 증명. 종합의 합법
적 가능성과 불법적 가능성에 대한 비판. 이런 식으로 여러 이

름을 붙일 수 있을 정도로 종합은 거의 핵심적인 개념입니다.

그럼 종합이 뭔지 알아보도록 하겠습니다. 종합은 다양한 표상들을 서로 덧붙여 하나의 인식으로 정리하는 작업입니다. 포성과 건물의 흔들림, 강렬하게 쏟아졌다가 사라지는 불빛들 등 여러 표상들을 모으고 결합함으로써 '전쟁'이라는 인식이 생기는 것이죠. 그런데 지금처럼 시공간적으로 잡다가 주어지는 게 아니라 선험적으로 주어진다면 그런 잡다의 종합은 순수하다고 말합니다. 영혼이라는 선험적 표상과 자유라는 선험적 표상의 결합을 통해 자유의지라는 개념을 얻었다면 이런 것은 선험적인 종합에 해당되겠습니다.

그렇다면 이 종합은 어떻게 가능할까요? 칸트는 이를 상상력의 작용이라고 말합니다. 그런데 이 부분이 약간 헷갈리는 지점이기도 한데요. 칸트는 앞에서 분명히 인식의 두 원천으로 감성과 지성을 들고 있었습니다. 감성의 수용성과 지성의 자발성을 얘기했지요. 그러면 지금 종합을 담당하는 상상력의 자리는 어디일까요? 감성일까요, 지성일까요? 아니면 새로운 제3의 원천일까요? 전체적인 느낌으로 보면 칸트는 상상력을 감성에서도 지성에서도 모두 활동 가능한 어떤 자유로운 능력으로 보고 있다는 생각이 듭니다. 그러니까 인식의 두 원천이라는 구도는 유지한 채 감성적이면서도 지성적인 면모를 갖는 상상력, 아니 나중에 『판단력비판』에서는 이성과도 교류를 하는 상상력으로 그 능력의 자유로움을 강조하는 듯 보입니다.

어쨌든 종합은 우리 영혼의 거의 맹목적이고도 불가결한 기능인 상상력의 결과입니다. 이 기능이 없으면 우리는 아무런 인식도 가지지 못합니다. 그런데 이 상상력의 종합만으로 인식이 성립하는 것은 아닙니다. "이 종합을 개념들에게로 가져가는 것, 그것은 지성에 속하는 것이고, 이에 의해 우리는 비로소 본래적 의미에서의 인식을 얻"(B103)습니다. 이 인용문을 해석하자면, 상상력에 의해 종합된 것이 (지성에 의해) 개념 앞으로 가면 이 개념에 의해 비로소 인식으로 전환된다는 것입니다. 예를 들어, 포성을 셀 때 스물둘, 스물셋…, 이런 식으로 우리는 소리 하나 하나를 종합하고 있습니다. 그런데 이 종합은 마구잡이로 이뤄지는 게 아니라 십진법의 질서와 규칙에 따라 진행되고 있습니다. 십진법, 바로 이것이 일종의 개념입니다. 종합된 것들을 통일할 수 있게 하는 어떤 공통의 기초이죠. 그런 점에서 "우리의 셈하기는 개념들에 따르는 종합"(B104)입니다.

여러 표상들이 분석적으로 한 개념 아래로 보내지는 것은 일반 논리학에서 다뤄지는 일입니다. 총각은 결혼하지 않음,

남성이라는 개념으로 분석됩니다. 그러나 표상이 아니라, "표상들의 순수종합을 개념들에게로 가져가는 일은 초월 논리학이 가르쳐" 줍니다. 이를 과정적으로 보면 이렇습니다. 모든 대상들에 대한 인식을 위해 선험적으로 주어져야 할 첫째의 것은 순수한 직관의 잡다입니다. 둘째는 상상력에 의한 이 잡다의 종합입니다. 일반 논리학에서는 바로 이 상상력의 작업이 생략되어 있고 상상력의 작업 자체를 부정하고 있는 것입니다. 그러나 이 종합만으로 인식이 형성되지 않습니다. "이 순수한 종합에 통일성을 주"는, "이 필연적 종합적 통일의 표상에서 성립하는 개념들"(B104)이 바로 대상 인식을 위해 필요한 셋째의 일입니다. 이것이 바로 지성이 하는 일입니다.

칸트는 여기서 통일성을 주는 셋째 작업의 '개념들'이 둘째 단계의 종합에도 관여한다고 말합니다. "한 판단에서 서로 다른 표상들에게 통일성을 부여하는 동일한 기능이, 곧 또한 한 직관에서의 여러 표상들의 순전한 종합에 통일성을 부여하는 것이다"(B105). 포성을 셈할 때 십진법이라는 개념은 상상력이 포성을 종합하는 과정에서 이미 상상력에 어떤 영향을 미치고 있다는 뜻입니다. 왜냐하면 이런 개념(십진법)이 없으면 상상력은 그런 포성을 듣고도 횟수 대신 '심장을 떨리게 하는 벼락같은 것'처럼 종합(판단)할 수도 있기 때문입니다. 모두 스물아홉 번의 포성이 있었다고 종합(판단)하려면 직관적 자료들(포성들)을 상상력이 종합하는 과정에 십진법이라는 개념이 개입해야 하는 것이죠.

바로 이것을 "순수지성 개념"이라고 부릅니다. 지성의 순수개념이 직관 일반에서의 잡다의 종합적 통일을 매개로 자신이 받아들인 표상들에 대해 어떤 인식을 형성하게 되는데, 이것이 바로 지성이 하는 초월적 작업입니다. 이런 인식, 혹은 판단이야말로 순수한 지성 개념의 역할입니다. 이 개념들은 이처럼 표상들의 형태로 주어지는 잡다들에 대해 종합과 통일이라는 선험적 작업을 통해 관계를 맺습니다. 그러므로 직관들 일반에 선험적으로 관계하는 순수지성 개념들의 수는 모든 가능한 판단들의 논리적 기능들만큼 존재해야 합니다. 칸트는 이를 아리스토텔레스를 따라 '범주'라고 부릅니다. 순수지성 개념은 범주입니다. 다음 쪽의 범주표는 판단표에 준해서 만들어집니다.

범주, 지성의 순수개념

다음의 표가 지성이 선험적으로 자기 안에 함유하고 있는 개념들, 종합과 통일을 담당하는 근원적으로 순수한 모든 개념들의 목록입니다. 지성은 오로지 이 개념들 때문에 순수한 지

범주표

양의 범주들	질의 범주들	관계의 범주들	양상의 범주들
하나[단일성] (unity)	실재성 (reality)	내속성(inherence)과 자존성(subsistence) [실체와 우유성]의 관계	가능성(possibility) −불가능성 (impossibility)
여럿[다수성] (plurality)	부정성 (negation)	원인성(causality)과 의존성(dependence) [원인과 결과]의 관계	현존(existence) −부재(non-existence)
모두[전체성] (totality)	제한성 (limitation)	상호성(community) [능동자와 수동자 사이의 상호작용]의 관계	필연성(necessity)− 우연성(contingency)

성입니다. 오직 이 범주들을 통해서만 지성이 직관의 잡다에서 뭔가를 이해할 수 있고 사고할 수 있기 때문입니다. 이 분류표는 판단하는 능력(사고 능력과 동일)으로부터 체계적으로 산출된 것입니다. 이 기초 개념들을 누구보다 먼저 탐구한 사람은 아리스토텔레스입니다. 그런데 문제는 그가 범주를 작성하기 전에 칸트처럼 먼저 판단표와 같은 선험적 체계를 그려 보지 않았다는 것입니다. 그는 아무런 원리도 가지지 못했기 때문에 그런 개념들을 한데 모아 10개의 범주(실체, 질, 양, 관계, 능동, 수동, 시간, 장소, 위치, 태도)를 만들고, 나중에 여기에 5개

(대립, 선차성, 동시성, 운동, 소유)를 덧붙입니다.

아리스토텔레스의 범주에는 몇 가지 결함이 있습니다. 먼저 시간, 장소, 위치, 선차성, 동시성과 같이 지성적인 개념이 아닌 감성적인 개념의 양태들이 포함되어 있습니다. 그리고 운동처럼 선험적이지 않고 경험적인 개념도 있습니다. 또한 능동이나 수동처럼 근원적인 개념이 아니라 거기에서 파생된 개념도 있고(인과성 범주에서 파생되는 능동과 수동), 전체성, 가능성, 필연성 등과 같은 근원적인 개념들이 빠져 있습니다.

범주표에서 몇 가지 설명하고 넘어가야 할 것이 있습니다. 관계 범주 중에서 내속성과 자존성(실체substantia와 우유성accidens)의 관계는 이렇게 생각하면 쉽겠습니다. 저는 한 인간으로서 일정한 동일성(내속성)을 유지하면서도 어느 정도 변화하는 성질(자존성, 우유성)을 갖고 있습니다. 따라서 저는 실체와 우유성의 관계를 체현하는 하나의 개체가 되겠습니다. 그리고 모든 사물은 사실 이런 관계 속에 있습니다. 로크는 이런 것을 제1성질과 제2성질로 구분했고, 또 누군가는 실체와 속성의 관계로 생각하기도 했습니다. 어쨌든 하나의 개체에서 지속되고 변하지 않는 실체적 부분과 제2성질과도 같이 부속적인 부분을 찾아볼 수 있습니다.

범주표는 크게 두 부분으로 나뉩니다. 양과 질의 범주는 직관 대상들을 겨냥하고 있고, 관계와 양상의 범주는 대상들의 실존(existence)을 겨냥하고 있습니다. 양적인 대상들과 질적인 대상들을 다루는 첫번째 부분을 '수학적'(mathematical) 범주라고 합니다. 어떤 직관적 대상이 있는지, 있다면 얼마나 있는지 하는 양적인 파악에 해당하는 개념들이기 때문에 수학적이라고 불립니다. 그리고 대상들의 실존을 겨냥하는 두번째 부류는 그 대상들이 원인과 결과의 관계로 실존하는지 아니면 우리 지성에 가능성이나 필연성의 관계로 실존하는지를 파악하는 것이므로 '역학적'(dynamical) 범주라고 부릅니다(B110). '수학적', '역학적'이라는 용어는 나중에 가서 매우 중요하게 쓰입니다. 가령 변증학 부분에 가면 수학적 이율배반, 역학적 이율배반이라는 개념이 등장합니다. 잘 새겨 둘 필요가 있겠습니다.

각 범주의 항목 수가 셋으로 동일하다는 것도 생각할 부분인데요. 예전에는 '긍정/부정'과 같은 이분법밖에 없었습니다. 이 삼분법은 칸트에 의한 중요한 발견이라고 합니다. 그리고 각 범주의 세번째 항목은 첫째 항목과 둘째 항목의 결합에서 생겨난 것이기도 합니다. 모두는 하나로 간주된 여럿이고, 제한성은 부정성과 결합된 실재성이며, 상호성은 타자를 서로 규정하는 실체의 인과성이고, 필연성은 가능성 자신에 의해 주어지는 실존입니다.

　　이렇게 칸트는 자신의 삼분법과 전통 형식논리학의 이분법을 구별하고, 자신의 것이 종합적이라고 주장합니다. 형식 논리의 A와 非A가 아니라 "① 조건 ② 피조건 ③ 양자의 결합" 이렇게 삼분법이라고 보는 것이죠. 칸트의 이런 방식은 이후 헤겔에게서 적극적으로 활용됩니다. 더 깊이 있고 폭넓은 차원에서 범주 사이의 관계·의존·대립·전이·전환 등을 논증해서 범주 자신의 변화·발전 과정의 운동 역정으로 삼게 되는데, 바로 이것이 헤겔의 변증법입니다. 사실 헤겔의 변증법은 칸트의 범주표에서 나왔다고 해도 무방할 정도라고 합니다(리쩌허우,『비판철학의 비판』, 138~139쪽).

9강 _ 직관과 범주의 접속 문제

초월적 연역에 대하여

이제부터 순수지성 개념의 연역 부분으로 들어가겠습니다. 개인적으로는 가장 어려운 부분 가운데 하나이기도 했습니다. 우리 인식에 있어 선험적으로 활동하는 부분에 대한 분석이기 때문에 어려울 수밖에 없기도 합니다. 이 부분은 경험적인 영역이 아니기 때문에 그 추상적 논증의 수준이 높을 수밖에 없습니다. 그렇지만 이 지성 개념의 선험적 연역 없이는 칸트의 전체 형이상학의 체계 자체가 제대로 도출될 수가 없습니다. 따라서 이 부분은 칸트 철학의 성공을 좌우하는 관건이 되겠습니다. 그만큼 칸트도 공을 들였고, 그래서 연역 부분은 초판과 그 초판에서 만족스럽지 않은 부분을 제하고 보충한 재판, 이렇게 두 가지 형태로 존재합니다.

이 연역에 대한 분석을 살펴보기 전에 선험성의 가능성을 다루는 칸트의 초월철학이 가질 수 있는 의미를 약간 다른 차원에서 여담 삼아 말해 보고자 합니다. 지젝의 설명입니다. 고대 그리스에서 그림으로 둘째가라면 서러워할 두 사람이 있었으니 바로 제욱시스와 파라시오스입니다. 두 사람은 결국 대결로 우열을 가리기로 합니다. 제욱시스가 그린 포도나무의 굉장함은 새가 날아와 쪼아 먹으려 할 정도였다니 말은 다 했습니다. 의기양양해진 제욱시스가 말합니다. "파라시오스, 이제 자네 그림 좀 보여 주게. 어서 그 커튼을 걷어 보게나." 그런데 파라시오스가 그린 것은 바로 그 커튼이었습니다. 제욱시스가 동물을 속였다면 파라시오스는 화가인 제욱시스를 속였으니 승리는 당연히 파라시오스의 몫입니다.

그렇다면 동물이 아닌 인간을 속인 파라시오스는 정확히 인간의 무엇을 속인 것일까요? 그것은 바로 커튼을 걷고 그 안에 숨어 있는 그림을 보려고 하는 제욱시스의 욕망입니다. 제욱시스는 사물을 모방했지만, 파라시오스는 제욱시스의 욕망을 모방한 것입니다. 조금 더 칸트식으로 변주해 보면, 파라시오스는 커튼이라는 대상을 향해 달려가는 제욱시스의 주관적 욕망, 혹은 선험적으로 개념 규정하는 제욱시스의 주관성을 모방한 것입니다. 이처럼 우리는 대상의 표상을 받아들이는 주관에 그치는 게 아니라 대상을 적극적으로 구성하고 있고, 심지어 대상을 적극적으로 욕망합니다. 물론 칸트는 욕망에 대해 말하고 있지 않습니다. 그러나 칸트의 선험성과 초월성에 대한 논의는 이런 식으로 확장될 가능성도 갖습니다.

우리가 실제로 경험하고 볼 수 없지만 그럼에도 우리의 세계를 형성하고 있는 이런 주관적이고 선험적인 영역, 그것이 칸트에 의해 열린 것입니다. 세계는 사물들로만 구성된 것이 아니고, 그 사물들 이상의 영역이 있습니다. 아니 사물들 사이에 균열이 있다고 해야 할지도 모르겠습니다. 앞에서도 이야기했듯이, 파이프이자 파이프가 아닌 세계, 살아 있지만 죽어 있는 존재의 세계. 이렇게 선험적 주관들의 활동에 의해서 자꾸만 어떤 가상들이 생겨납니다. 커튼 뒤에 있을 것이라고 추측되는 그림이라는 가상. 우리가 구성하는 '현상' 너머의 어떤 '물자체'의 세계. 현상과 물자체의 균열, 그리고 그로 인한 어떤 가상들. 우리 삶은 이런 가상들 없이 존재할 수 없을 듯합니다.

다시 칸트로 돌아와서, 법적인 권한의 행사에 있어 그것이 합법인지 월권인지 그 법적인 권리의 유무를 따지는 일을 '연역'(deduction)이라고 합니다. 그처럼 순수지성 개념도 그 권리의 정당성이 있는지 확인하는 작업이 필요하다는 것인데, 이를 초월적 연역이라 합니다. 일단 경험적인 개념들(공, 의자 등)은 연역 없이도 경험을 통해 그 객관적 실재성을 확인할 수 있기 때문에 그런 개념들이 사용될 수 있는 권리는 당연히 있다고 전제됩니다. 반면에 경험이든 이성이든 그 어떤 출처로부터도 그 사용 권한을 인정받기가 어려운 개념이 있으니 바로 행운이나 운명과 같은 개념들입니다. 이런 개념들에 대한 연역은 그 자체가 곤란합니다. 하지만 경험에 의해서는 증명될 수는 없어도 인식을 위해 꼭 증명되어야 하는 것이 있으니 바로 지성 개념인 범주입니다. "어떻게 선험적 개념이 대상과 관계 맺을 수 있는가 하는 방식에 대한 설명"(B117)인 초월적 연역이 요구되는 개념입니다.

선험적으로 대상과 관계를 갖는 개념에는 감성의 형식인 시공간과 지성의 개념인 범주가 있습니다. 이런 개념들을 경험적으로 연역한다는 일은 불가능합니다. 이런 개념들은 경험에서 아무것도 빌려오지 않고도 경험적 대상들과 관계를 맺는 것이기 때문입니다. 그래서 경험적 연역이 아닌 초월적 연역이 필요합니다. 그런데 로크는 그 반대의 일을 합니다. 선험적 개념에 해당하는 실체와 관계 같은 개념들(로크의 표현으로는 복합관념)이 개별적인 지각에서 유래한 단순관념의 결합인 것으로 간주합니다. "선험적인 순수개념들의 장차의 사용이 전적으로 경험에 독립적이어야 한다는 점을 고려할 때, 그것들은 경험으로부터 유래하는 것과는 전혀 다른 출생증명서를 제시해야 하기 때문이다"(B119).

대상이 현상할 수 있으려면 그 선험적 형식인 시공간을 전제해야 합니다. 따라서 시공간이라는 감성적 개념은 그 객관적 타당성이 쉽게 해명됩니다. 어떤 대상이 나타나려면 나타날 바탕인 시공간이라는 형식이 있지 않으면 안 되기 때문이죠. 반면에 지성의 범주들은 대상이 직관에 주어지는 조건을 나타내는 것이 아닙니다. 심지어 대상들은 지성과 관계 맺지 않고도 현상할 수 있습니다. 따라서 감성의 분야에서는 부딪치지 않았던 어려운 문제가 나타납니다. 현상들은 지성의 기능 없이도 직관에 주어질 수 있기 때문에 범주와 같은 사고의 주관적 조건들이 어떻게 대상에 대한 인식을 가능케 하는지 그 객관적 타당성을 제시해야 하는 것입니다. 다시 말해 감성과 지성의 이종성을 전제했기 때문에 감성과 질적으로 다른 지성이 감성적 현상에 대해 규정하고 입법하는 일이 어떻게 가능한 것인지 증명하지 않으면 안 되는 것입니다. 들뢰즈의 말대로 초월적 연역은 현상의 종속이라는 특정한 문제를 제기하고 해결하기 위한 장입니다(들뢰즈, 『칸트의 비판철학』, 38쪽).

원인이라는 개념을 예로 들어 보겠습니다. 이 개념은 A가 주어지면 그에 따라 그것과 전혀 다른 B가 규칙에 따라 정립되는 종합의 한 특수한 방식입니다. 원인이라는 개념은 A라는 표상과 B라는 표상을 종합하는 지성의 범주입니다. 그런데 "왜 현상들이 그러한 어떤 것을 함유해야 하는 것인가가 선험적으로는 명료하지 않"(B122)습니다. 왜 A가 있으면 반드시 B가 따라 나오는지 선험적으로 명확히 밝힐 수 없기 때문에 이런 개념이 그저 공허한 것은 아닌가 하는 의문이 듭니다. 감성적 직관의 대상들은 감성의 형식적 조건(시공간)에 의하지 않으면 우리에게 대상으로 주어질 수 없다는 것은 명백하지만, 그런 대상들이 또한 지성이 사고의 종합적 통일을 위해 필요로 하는 조건들에도 준거해야만 한다는 것에 대해서는 쉽게 결론 내릴 수 없습니다. 현상들의 순서가 원인 개념이 부여하는 그런 순서가 아닐 수도 있기 때문에 이 개념은 공허한 것이라는 의심이 있는 것입니다.

그렇다고 경험이 그런 합규칙성의 사례를 제시하기 때문에 원인 개념은 충분히 객관적 실재성이 있다고 말한다면 원인 개념이 이런 식으로 생겨날 수 없다는 사실을 모르고 있는 것입니다. 왜냐하면 "이 원인이라는 개념은 철두철미, 어떤 것 A는 바로 그것으로부터 그와는 다른 것인 B가 필연적으로 그리고 단적으로 보편적인 규칙에 따라 잇따르는 그런 성질의 것임을 요구하"(B124)기 때문입니다. 규칙을 추출할 만한 사례들을 현상이 제공하기는 합니다. 그러나 이 현상적 사례들은 결코 필연성을 보여 주지 않습니다. 원인과 결과의 종합에는 우리가 경험적으로는 표현할 수 없는, 다시 말해 결과는 원인에 뒤따를 뿐 아니라 원인에 '의해서' 정립되는 것이고 원인'으로부터' 나오는 것이라는 권위가 따릅니다. 이 규칙의 엄밀한 보편성은 귀납에 의해 얻을 수 있는 그런 보편성과는 차원이 완전히 다릅니다.

예를 들어 보겠습니다. 경험적 차원에서 인과적 순서는 대략 세 가지 정도 있을 수 있습니다. 칸트가 나중에 거론할 예를 미리 이용하면 이렇게 되겠습니다. 난로를 켜면 방이 따뜻해집니다(난로→따뜻함). 따뜻하길래 둘러보니 방구석에 난로가 있습니다(따뜻함→난로). 난로와 따뜻함은 동시적으로 경험될 수 있습니다(난로↔따뜻함). 여기서 화살표는 시간적 순서를 가리킵니다. 난로와 따뜻함을 동시적으로 표상하면 세번째처럼 표시될 수 있겠습니다. 그러나 이 세 가지 모두의 역학적 순서는 '난로→따뜻함'이어야 합니다. 따뜻함이 난로를 만들수는 없는 법이니까요. 여기서 알 수 있듯이 우리가 경험하는 표상의 순서는 달라질 수 있어도 그것을 규정하는 인과적 순서는 일정합니다. 난로를 켜면 반드시 따뜻할 수밖에 없습니다. 이 역학적인 인과성은 경험과 상관없이 반드시 그러해야 하는 필연성입니다. 이것을 바로 지성의 한 범주인 인과성이라는 관계 범주가 확보해 준다는 것입니다.

다시 정리해 보겠습니다. 종합적 표상과 그 대상이 함께 만날 수 있는 가능성은 두 경우만 있습니다. 대상이 표상을 가능하게 하거나 표상이 대상을 가능하게 하거나. 대상이 표상을 가능하게 한다면 이 둘의 관계는 경험적입니다. 대상에 따라 표상이 매번 달라질 것이므로 여기서는 표상에 대해 선험적으로 말할 수 없습니다. 반면 표상이 대상을 가능하게 하는 경우, 물론 표상이 그 대상을 '현존의 면'에서 직접 산출한다는 말을 하는 게 아닙니다. 대신 표상(예를 들어 인과 개념)에 의해 어떤 것(다양한 직관 자료들)을 하나의 대상(인과적 관계의 대상)으로 인식하는 것이 가능할 때 이 표상은 대상에 대해 선험적으로 규정하는 역할을 합니다. 그런데 하나의 대상에 대한 인식을 가능하게 하는 조건은 둘이 있습니다. 대상이 현상으로 주어지는 '직관'과 이 직관에 상응하는 대상을 생각하게 하는 '범주'입니다.

칸트가 여기서 증명해야 하는 것이 이 지성의 순수개념입니다. 선험적인 개념이 대상을 직관하게 하지는 않아도 대상에 대해 사고하기 위한 조건으로서 선행하는지를 묻고 있는 것입니다. 만약 이 선험적 개념들이 그런 것이라면 "대상들에 대한 모든 경험적인 인식은 반드시 이 개념들에 따를 것"(B126)입니다. 앞에서도 지적했듯이 로크는 이 지성의 순수개념을 경험에서 비롯된 것으로 간주했고, 그러면서도 이 개념을 경험의 한계를 넘어 사물들의 실체('누구도 그것이 무엇인지를 모르는 어떤 것' ── 데카르트의 연장실체에 해당함)라고까지 주장합니다. 그런 점에서 그는 일관성 없는 태도를 취했습니다. 반면 흄은 만약 경험을 넘어서까지 그 가능성을 주장하기 위해서는 그 개념이 선험적인 근원을 가져야 한다는 사실을 깨닫습니다. 그러나 그런 개념이 지성에 주어질 수 없다고 생각했고 지성이 이런 범주와 같은 선험적 개념들에 대한 창출자일 수도 있겠다는 착상을 못했기 때문에 이런 개념들은 그저 '습관'(경험적 개념)에 불과하다고 했습니다. 대신 이런 개념들로는 필연성과 보편성이라는 경험의 한계를 넘는 일은 불가능하다고 주장했다는 점에서 로크와 달리 일관성은 있었습니다.

그런데 과연 경험에서 비롯된 것은 아니어도 경험의 한계를 넘어 보편성과 필연성을 갖는 선험적 개념이 없을까요? 그런데 수학과 자연과학은 분명 선험적 개념에 의해 자신의 토대를 확고히 했습니다. 그런 점에서 두 사람의 착상은 현실과 맞지 않습니다. 로크가 이성의 한계를 넘으려 했다는 점에서 몽상으로의 문을 열었다면, 흄은 보편성을 확보하는 이성의 능력을 착각이라고 간주했다는 점에서 회의주의의 문을 엽니다. 그런 점에서 칸트는 자신의 길을 이렇게 말합니다. "이제 우리는 인간의 이성을 이 두 절벽 사이로 다행히 빠져나가게 할 수 있지 않을까, 이성에게 일정한 한계를 지시하고, 그러면서도 이성에게 합목적적인 활동의 전체 분야를 열어 놓아 둘 수 있지 않을까를 탐색 기도해 볼 참이다"(B128).

10강 _ 순수지성 개념의 연역(초판)

경험 가능성을 위한 선험적 근거

선험적으로 산출된 개념은 당연히 그 안에 직관적 질료와 같은 대상이 들어 있을 수 없습니다. 가령 필연성이라는 선험적 개념(범주)에는 우리가 경험할 수 있는 직관적 내용은 없지요. 그렇다면 이런 개념에는 어떤 의미가 있을까요? 칸트는 그런 선험적 개념을 통해 뭔가를 생각할 수는 없고(내용이 없으므로) 그 대신 "가능한 경험을 위한 선험적인 순전한 조건들"(A95)일 수는 있다고 말합니다. 다시 말해 이런 선험적인 개념은 경험과 인식을 위한 논리적 형식 정도의 역할을 할 수 있다는 것이죠. 필연성이라는 개념은 논리적 형식으로서 이 개념적 조건을 통해 어떤 경험(가능성도 현실성도 아닌 경험)이 가능하다고 말하는 것입니다.

이처럼 선험적 개념, 즉 순수지성 개념과 경험의 선험적 조건은 밀접한 관련이 있습니다. 따라서 순수지성 개념이 어떻게 가능한지 알고자 한다면 경험 가능성을 위한 선험적 조건들이 무엇인지 탐구해야 합니다. 심지어 칸트는 이렇게도 말합니다. 순수지성 개념이란 "경험의 이 형식적이고 객관적인 조건을 보편적으로 그리고 충분하게 표현하는 개념"(A96)이라고. 물론 순수한 지성 개념을 갖더라도 정령처럼 경험 조건에 필수적인 직관을 제거한다거나 신처럼 경험 너머까지 확장 사용한다거나 하면서 경험에 주어질 수 없는 대상들을 생각해 낼 수도 있습니다. 하지만 그렇다고 해서 순수지성 개념이 가능한 경험의 선험적 조건이 아닌 것은 아닙니다.

경험에 있어 순수사고를 선험적으로 함유하는 이 개념들을 우리는 범주에서 발견합니다. "이제 이 범주들에 의해서만 하나의 대상이 사고될 수 있음을 우리가 증명할 수 있으면, 그것은 이미 범주들의 충분한 연역이고, 범주들의 객관적 타당성의 정당화"(A97)입니다. 그런데 사고한다는 것은 단순히 지성만으로는 불가능합니다. 지성은 직관과 관계를 맺어야 합니다. 그런데 지성과 감성은 상호간에 굉장히 이질적입니다. 그러므로 이 둘의 관계맺음과 그 가능성에 대해 충분히 해명해야 하므로, 이 연구는 기본적으로 '초월적'일 수밖에 없습니다.

어떤 경우든 한 개별적인 표상이 다른 표상과 이질적이라면(서로 격리되어 분리되어 있다면) 서로가 연결되고 비교되는 표상들의 전체적 인식이 생겨날 수 없습니다. 따라서 직관에서의 잡다들도 종합되어야 하고, 감성의 수용성은 지성의 자발성과도 결합되어야겠습니다. 칸트는 이를 모든 인식에서 필수적으로 나타나는 '세 겹의 종합'이라고 부릅니다. "직관에서 마음의 변양인 표상들의 포착(apprehension)의 종합, 상상에서의 표상들의 재생(reproduction)의 종합, 그리고 개념에서의 표상들의 인지(recognition)의 종합"(A97). 칸트는 이 세 가지 종합이 주관의 세 인식 원천(감각기능, 상상력, 통각)을 이끌고, 이 인식 원천이 지성을 가능하게 하며, 이에 따라 지성의 경험적 산물인 모든 경험을 가능하게 한다고 합니다. 어쨌든 여기서 핵심은 종합이 연역에서 그 첫 단계라는 것입니다(유잉, 『순수이성비판입문』, 84쪽). 따라서 각각의 종합에 대해 살펴봐야겠습니다.

직관에서의 포착의 종합

우리의 표상은 외적인 경험(외감)이든 내적인 느낌(내감)이든 후험적이든 선험적이든 모두 마음의 변양(modifications)으로서 내감에 속합니다. 다시 말해 모든 표상은 우리 마음의 변화

없이 발생할 수 없는데, 이 마음의 변화가 곧 내감입니다. 따라서 표상들은 내감의 형식적 조건인 시간에 종속된 방식으로 배치되고 관계를 맺어야 합니다. 그렇다면 우리 마음에 표상이 생겨나는 내감의 과정을 분석해 봅시다. 포성이 들리고 건물이 파괴되면서 지축이 흔들리는 것 같습니다. 포성부터 건물의 파괴, 번뜩이는 섬광, 지축의 요동까지 우리는 지금 묘사를 통해 각각을 구분하고 있지만 우리 마음에 표상으로 나타나는 것들은 어떤 끊김도 없이 하나로 이어지고 있죠. 이런 인상의 연속(분리되지 않음)을 시간의 차원(내감)에서 구별하기 때문에(포성, 섬광, 건물의 파괴, 지축의 요동의 순서) 우리는 직관에 있어 어떤 잡다(manifold)를 함유합니다. 만약 시간적으로 구분하지 않았다면 이런 잡다는 사실 절대적인 하나로 연결되어 있었을 것입니다.

그렇다면 이렇게 서로 구분된 잡다에서 직관의 통일(unity)이 이루어지려면 우선 그 잡다를 일별한 다음 그것을 통괄해야 합니다. 지금 우리의 내감에 주어진 모든 것들을 하나의 단일체로 묶는 작업을 하는 것이죠. 왜냐하면 포성과 섬광, 건물의 파괴와 같은 표상이 따로따로 있는 것으로 나타난다면 우리는 이 경험을 하나의 개념(가령 전쟁)으로 통합할 수 없겠지요. 이것이 바로 포착의 종합입니다. 그런데 지금 우리가 분석하고 있는 것은 경험적인 포착의 종합입니다. 그렇다면 이런 경험적 포착이 가능하려면 선험적으로도 이미 포착의 능력이 있었어야 하지 않을까요? 즉 경험 대상에 의존하지 않고 직관의 잡다를 종합할 수 있는 선험적 능력이 있을 것이라고 전제할 수 있습니다. 이렇게 칸트는 경험적 포착의 종합 이전에 하나의 순수한 포착의 종합을 갖는다고 말합니다. 그러나 포착은 포착만으로 자신의 작업을 완성할 수 없습니다. 재생의 도움이 필요합니다.

상상력에서의 재생의 종합

재생의 법칙이 있습니다. 눈이 포근하게 내리면 우리는 다가올 크리스마스 이브의 아름다움을 자연스레 떠올리게 됩니다. 혹은 크리스마스 이브를 앞두고 있으면 올해에는 눈이 내렸으면 좋겠다는 생각이 떠오르기도 합니다. 이렇게 자주 연속되는 표상들은 서로 연합하고 연결되는 경험 법칙이 있어서, 그런 대상이 없더라도 하나의 표상이 나타나면 규칙에 따라 다른 하나가 자연스레 연상됩니다. 과거의 잊혀진 표상도 재생의 능력 때문에 새롭게 소생하기도 하는 것이죠. 이런 재생의 법칙은 현상들이 이 (연합의) 규칙에 종속되어 있다는 것과 표상들의 잡다 안에서 일정한 규칙들에 따르는 잇따름이 일어난다는 사실을 전제하고 있습니다. 즉 경험적으로 어떤 표상들을 자연스레 결합하는 경험적 상상력의 이면에 어떤 근원적 종합의 능력이 있지 않는 한 이런 경험적 상상력은 발휘되지 않을 것입니다.

단순히 경험적인 것들이 재생의 법칙을 이끈다면 우리는 거기서 필연적인 연결을 찾아낼 수 없습니다. 붉은색의 표상을 보면 항상 무거운 진사(辰沙)라는 광물(눈앞에 현전하지 않는 표상)을 생각해 내는 이런 경험적 재생의 종합은 지나간 대상들을 재생할 수 있는 선험적 종합의 능력을 전제하는 것입니다. 그리고 이 재생의 종합은 잡다의 포착을 위해서도 중요합니다. 하나의 선을 상상 속에서 그어 나갈 때 선행했던 표상들(지나간 선들)을 다시 떠올리면서 진행하지 않으면(생각 속에서 잃어버리면) 우리는 완전한 선을 그을 수 없습니다. 완전한 선이란 지나간 선의 재생의 종합과 재생에 의해 나타난 잡다의 포착의 종합에 의해 가능한 것입니다. 이처럼 우리 심성에는 현존하지 않는 표상을 자율적으로 재생하는 상상력의 초월적 능력이 있습니다.

개념에서의 인지의 종합

그런데 재생의 종합에 있어 전제되어야 할 것이 있는데, 그것은 지나간 지점의 선들을 떠올린다고 했을 때 그것이 조금 전에 표상되었던 선과 동일해야 한다는 것입니다. "우리가 지금 생각하고 있는 것이 한순간 전에 우리가 생각했던 바로 그것과 동일하다는 의식이 없다면 일련의 표상들에서 재생은 허사일 것"(A103)입니다. 포성이 여러 차례 들리고, 동시에 건물이 무너지는 소리도 여러 차례 들린다고 해봅시다. 이 두 소리는 질적으로 차이가 납니다. 그리고 질적 차이에 집중하면 우리는 소리를 셀 수 없습니다. 그런데 우리가 포성과 건물 무너지는 소리를 합해서 도합 스물여섯 번 났다고 할 수 있으려면 포성과 건물 무너지는 소리의 질적 차이 대신 그것들을 십진법이라는 공통의 개념을 통해 순차적으로 더해 가야 합니다.

이처럼 하나의 전체(스물여섯 번의 소리)를 형성하기 위해서는 각 소리들의 질적 차이에도 불구하고 모든 소리들에 대해 하나의 동일한 의식을 유지하고 있어야 합니다. 세는 와중에 머리에 떠오르는 단위들을 순차적으로 더해 가는 것을 잊어버린다면, 다시 말해 잡다한 소리들에 의해 의식이 분산되어 버린다면 더 이상 스물여섯 번의 소리라는 인식은 생겨나지 않습니다. 그러므로 희미할지라도 '하나의 의식', 즉 조금 전에 센 소리와 지금 세는 소리는 동일한 셈의 대상이라는 의식이 있어야 합니다. "하나의 의식 없이는 개념들도 그리고 그와 함께 대상들에 대한 인식도 전혀 불가능한 것"(A104)입니다. 십진법이라는 개념이 유지되어 수를 셀 수 있으려면 의식은 전체를 형성할 때까지 동일한 것이어야 합니다. 그것을 바로 십진법이라는 개념이 해주는 것입니다. 이것이 개념에서의 인지의 종합입니다.

대상=X와 초월적 통각

이제 '현상들의 대상'(가령 스물여섯 번의 소리)이라는 말의 의미를 분석해야 할 차례입니다. 우리의 직관에 주어지는 현상들은 대상 자체가 아니라 감각적 표상들입니다. 그렇다면 이런 표상들의 종합에 의해 성립하는 '대상'은 분명 저 표상 능력 바깥의 '대상'(주관 외부의 대상)과는 다르겠습니다. 그래서 칸트는 인식에 의해 성립하는 대상을 '어떤 것=X'라고 표현합니다. 이것은 우리 인식 바깥에 대응하는 것을 갖고 있지 않은 그런 것입니다. 우리는 우리 표상들의 잡다만을 다룰 수 있습니다. 그리고 저 X(대상)는 우리의 종합 활동에 의해 생성된 것이므로 표상들의 잡다와도 구별되는 어떤 것이어야 합니다. 그렇다면 "저 대상이 필연적으로 이루는 통일성은 다름 아니라 표상들의 잡다의 종합에서의 의식의 형식적 통일성"(A105)이겠습니다. 그래서 우리는 직관의 잡다에서 개념의 종합적 통일을 성취했을 때 '대상을 인식한다'고 말합니다.

모든 인식은 하나의 개념을 필요로 하고, 이 개념은 언제나 보편적인 규칙으로 쓰입니다. 가령 물체라는 개념은 연장이라는 표상, 침투불가라는 표상, 형태의 표상과 같은 잡다를 통일할 수 있게 하는 것으로서 외적 현상들에 대한 우리의 인식에 일종의 규칙으로 쓰입니다. 그런데 이 개념이 직관에 대해 규칙으로 쓰일 수 있는 것은, 주어진 현상들에서 그 잡다의 필연적 재생(현상들에 대한 의식에서의 종합적 통일)을 표상할 수 있기 때문입니다. 다시 말해 물체 개념이 지나가 버린 적절한 표상들을 재생해 주지 않으면 그런 개념은 의식의 종합에 있어 아무런 역할도 못 하는 거죠. 개념에 의한 표상의 통일, 그리고 지나간 표상들의 재생, 다양한 표상들에 대한 동일한 의식, 이것이 바로 대상=X를 만들어 내는 기초입니다.

그런 점에서 "모든 필연성에는 항상 초월적인 조건이 기초에 놓여 있"습니다. 직관들의 잡다의 종합에서는 언제나 의식의 통일이라는 초월적 근거를 반드시 만나게 됩니다. 의식의 통일이라는 초월적 근거 없이 직관들을 종합해 대상=X를 생각한다는 것은 불가능합니다. 원래 "대상이라는 것은 그것에 대한 개념이 그러한 종합의 필연성을 표현하는 어떤 것 이상의 것이 아니니 말"(A106)입니다.

이 근원적인 초월적 조건을 칸트는 '초월적 통각(apper-ception)'이라고 부릅니다. 우리의 내감, 즉 내적 지각은 수많은 표상들이 나타났다 사라지기 때문에 여기에서 우리의 지속적이고 항구적인 자기 자신을 확보할 수는 없습니다. 따라서 자기의식의 동일성은 이런 내감(경험적 통각)의 수준보다 더 근원적인 초월적 통각을 전제합니다. 따라서 초월적 통각에 대한 구체적인 규정은 이렇게 됩니다. 직관의 모든 자료에 선행하지만 그 자료와의 관계를 통해서만 대상에 대한 일체의 표상이 가능한 순수하고 근원적이고 전변 없는 의식의 통일성. 앞에서도 말했듯이 질적인 차이 속에서도 전체 수를 셀 수 있기 위해서는 의식의 통일성과 동일성, 즉 초월적 통각이 전제되어야 하는 것입니다. 그러므로 "이 통각의 수적인 통일성은 선험적으로 모든 개념들의 기초에 놓여 있"(A107)습니다.

만약 마음이 잡다를 인식하면서도 이 잡다를 종합적으로 결합하는 이 기능의 동일성을 스스로 의식하지 못한다면 의식의 통일성은 불가능합니다. 다시 말해 포성과 건물 붕괴 소리를 종합하면서도 그 종합하는 자신의 동일성을 의식하지 못하면 저 잡다는 통일되지 못합니다. 그러므로 "자기 자신의 동일성에 대한 근원적이고 필연적인 의식은 동시에 개념들에 따른 모든 현상들의 종합의 필연적인 통일에 대한 의식"(A108)입니다. 포성과 건물 붕괴 소리에 대해 동일한 십진법을 사용해서 수를 세는 것은 곧 질적으로 다른 현상에 대해 동일한 규칙을 적용하는 것이자 동일한 의식을 갖고 있음을 시야에 두고 있다는 얘기입니다. 포성이 울릴 때마다, 그리고 건물이 붕괴되는 소리를 들을 때마다 의식이 단절된다면 우리는 그 소리들을 셀 수 없습니다. 포성을 듣는 의식과 건물 붕괴 소리를 듣는 의식, 그리고 그것들을 십진법에 의해 세는 의식이 모두 초월적 통각에 의해 의식되어야 하고 하나의 동일한 의식이라는 생각이 가능해야 합니다.

그렇다면 이제 '대상'에 대해 더 적절하게 규정할 수 있게 됩니다. 우리가 직관에 의해 만나는 현상들은 사물 자체가 아니고 표상들입니다. 그리고 이 표상들은 다시 자신의 대상들(종합에 의해 형성한 대상=X)을 갖습니다. 그러나 이 대상은 직관 바깥의 사물을 가리키는 게 아니므로 우리에게 더 이상 직관될 수 없습니다. 그래서 이 대상은 비경험적인 초월적 대상=X라고 이름 붙일 수 있습니다. 이 대상은 우리의 종합적 구성 작용에 의해 만들어진 것이므로 언제나 직접 경험할 수 없는 미지의 X입니다. 미지의 X인 이유는 그것이 상상력의 종합과 통각의 통일이라는 활동에 의해서만, 다시 말해 그런 활동이 멈추면 사라지는 그런 활동의 산물로서만 존재하는 것이기 때문입니다.

이 미지의 초월적 대상=X는 표상이나 주관 바깥의 사물처럼 그렇게 어떤 실체성을 갖고 있는 그런 대상이 아닙니다. 선험적 종합과 통일 과정에 의해서 탄생한 것이므로 초월적 대상이라고 부릅니다. 이 초월적 대상이라는 개념의 특징은 잡다를 하나의 표상으로 결합하는 마음의 공통 기능을 통해 잡다를 종합하는 의식의 통일과 관련된다는 점입니다. 의식의 통일성과 동일성에 대응하는 것은 주관 바깥의 객체가 아니라 바로 초월적 대상=X입니다. 그리고 이 초월적 대상을 통해 우리는 직관에서의 경험적 인식에 도달할 수 있게 됩니다. 따라서 그 "어떤 인식이라도 통각의 이 필연적 통일을 통해서만 가능하다는 초월적 법칙"(A110)이 성립합니다.

선험적 인식에 있어 범주들의 가능성

경험 개념들에 따른 종합의 통일은 전적으로 우연적입니다. 다양한 표상들(포성들, 건물 붕괴 소리들, 기관총 소리들)을 경험 개념(포성, 붕괴 소리, 총 소리)에 의해 종합하면 이 소리들의 질적인 차이에 따라 세 가지 소리들로 종합됩니다. 하지만 포성과 기관총 소리가 합해지고 붕괴 소리를 따로 분리하면 두 가지 경험 개념으로 분류됩니다. 그러나 만약 십진법이라는 개념이 사용된다면 이 세 가지 경험적 종합은 다시 도합 몇 차례의 소리라는 형태로 종합될 수 있습니다. 이 개념 속에서는 그 어떤 질적인 소리도 모두 양적인 관점에서 통합되어 종합될 수 있습니다.

이처럼 경험적 개념들은 통일의 초월적 근거에 기초하지 않으면 잡다한 현상들로 난립하게 되고 이에 따라 보편적이고 필연적인 법칙에 따른 인식도 불가능해집니다. 그저 포성이고, 붕괴 소리이고, 총 소리라 하더라도 이를 통해 직관들이야 포착된 것이겠지만 그렇다고 어떤 인식이 성립한 것은 아닙니다. 다시 말해 어떤 경험이 형성된 게 아닙니다. 소리가 도합 몇 번(십진법)이라고 하든가, 이 모든 표상들이 '전쟁'(원인)이라는 개념 안으로 들어가든가 해야 합니다. 경험이나 인식은 초월적 통각의 통일을 전제합니다. 그리고 이와 관련하여 경험이 가능하기 위한 선험적 조건이 바로 '범주'(수, 원인과 같은 개념들)입니다. 이 범주가 있어야 경험이 가능하고 동시에 범주에 의해 인식 대상(전쟁, 도합 몇 번의 소리)도 성립합니다. "가능한 경험 일반의 선험적 조건들이 동시에 경험의 대상들을 가능하게 하는 조건들이다"(A111). 무척 유명한 구절입니다. 시공간이 경험을 위한 직관의 조건들이었듯이, 범주는 가능한 경험에서의 사고의 조건들입니다. 그리고 범주는 경험 대상을 가능하게 하는 조건들이기도 합니다. 범주들이 없다면 대상들 일반을 사고할 수 없으며 그런 점에서 범주는 선험적으로 객관적 타당성을 갖습니다.

그런데 이 범주의 가능성은 감성과 현상들이 근원적 통각과 맺는 관계에 의거합니다. 그리고 이 근원적 통각에서 모든 것은 자기의식의 일관된 통일의 조건들(종합)에 따라야 합니다. 이 종합이 바로 개념들(범주들)에 따른 종합이고, 이 종합에서만 통각은 자신의 선험적이고 일관되며 필연적인 동일성을 증명할 수 있습니다. 예를 들어 원인이라는 개념은 이 개념에 따라 시간 계열에서 잇따르는 서로 다른 현상들을 종합하는 것에 다름 아닙니다. 그리고 개념에 의한 이와 같은 종합, 즉 선험적인 규칙을 가지고 현상들을 자신에게 종속시키는 그런 통일이 없다면 일관되고 보편적인 의식의 통일을 지각들의 잡다에서 찾아볼 수 없습니다. 잡다가 개념과 초월적 통각에 의해 통일되지 않으면 "지각들은 어떤 경험에도 귀속되지 않을 것이고, 따라서 대상이 없는 표상들의 눈먼 유희에 불과하고, 바꿔 말해 꿈이나 마찬가지일 것"(A112)입니다.

경험은 원인이라는 이 순수지성 개념을 도출하지 못합니다. 경험은 한 현상에 다른 현상이 잇따른다는 것은 말해 주지만 그 필연성은 보장하지 못합니다. 그렇다면 한 현상과 다른 현상의 규칙적인 연합(자연의 법칙)은 어떻게 가능한 것일까요? 이 잡다의 근친성은 어떻게 가능한 것일까요? 모든 가능한 현상들은 표상들로서 자기의식에 속합니다. 앞에서도 지적했듯이 초월적 표상인 이 자기의식과 수적인 동일성은 분리할수 없으며, 이것은 선험적으로 확실합니다. 자기의식은 여러개로 나뉘면 자기의식일 수 없습니다. 따라서 이 근원적인 초월적 통각에 의거하지 않고는 아무것도 인식될 수 없습니다. 따라서 모든 현상들은 하나의 동일한 의식 속에서 종합되어야 하고, 잡다를 하나의 전체로 정립하는 그런 보편적 조건 표상을 규칙(법칙)이라고 합니다. 그러므로 모든 현상들은 필연적인 법칙에 따르는 일관된 연결, 즉 초월적 근친성 안에 있고, 경험적 근친성은 이 초월적 근친성에서 나온 것입니다.

자연이 통각이라는 주관적 조건에 따라야 하고 법칙조차도 통각에 의존해야 한다는 말은 의아하게 들릴 수도 있습니다. 그러나 여기서 '자연'은 사물 자체가 아니라 현상들의 총괄입니다. 다시 말해 우리 마음속 표상들의 집합이라는 것입니다. 그러므로 자연의 통일성을 우리 인식의 근본 능력인 초월적 통각 안에서 본다는 것은 놀라운 일이 아닙니다. 그렇기 때문에 이 자연의 통일을 선험적이고도 필연적으로 인식할 수 있는 것입니다. 만약 자연의 통일이 우리의 사고와 무관하게 주어지는 것이라면 그 통일성에 대한 선험적인 인식은 포기해야 합니다.

대상에 대한 선험적 인식의 가능성

지금까지 나눠서 살펴본 것들을 하나로 묶어 서술해 보도록 하겠습니다. 경험 가능성 및 경험 대상들에 대한 인식 가능성이 근거하는 주관의 세 원천은 감각기능(sense), 상상력, 통각입니다. 그래서 이 세 요소는 경험 가능성과 인식 가능성의 선험적 토대입니다. 감각기능은 현상들을 경험적으로 지각에서 표상하며, 상상력은 연합과 재생에서 표상하고, 통각은 인지(재생된 표상들과 현상들의 동일성에 대한 경험적 의식)에서 현상들을 경험적으로 표상합니다. 그런데 모든 지각의 기초에는 순수직관이 선험적으로 놓여 있고, 연합의 기초에는 상상력의 순수종합이, 경험적 의식의 기초에는 순수통각(모든 가능한 표상들에서 자기 자신의 일관된 동일성)이 선험적으로 놓여 있습니다.

그런데 이 중에서 표상들이 연결되는 내적 근거의 핵심은 순수통각입니다. 주어진 직관들은 우리 자신의 일관된 동일성을, 모든 표상들을 가능하게 하는 필연적인 조건으로서 선험적으로 필요로 하기 때문입니다. 바로 이 순수통각이야말로 모든 잡다의 통일의 초월적 원리라고 할 수 있습니다. 그리고 이 통각의 초월적 통일은 당연히 잡다의 모든 합성을 가능하게 하는 상상력의 순수종합(생산적 종합)과도 관계를 맺어야 합니다. 상상력의 종합과 관계 맺고 있는 통각의 통일이 바로 '순수지성'입니다. 그러므로 모든 가능한 현상들과 관련해 상상력의 순수종합의 필연적 통일을 함유하는 선험적인 순수 인식들은 지성 안에 있습니다. 그런데 그것이 바로 범주들(순수 지성 개념)입니다. 그러므로 모든 종합은 지성 안에 있는 범주에 의해 가능해진다는 것입니다.

이 사실을 경험적인 것에서부터 출발해서 다시 살펴보도록 하겠습니다. 우리에게 주어지는 최초의 것은 현상이고, 현상이 의식과 결합되면 그것을 지각이라고 합니다. 이런 지각들은 마음속에서는 흩어져 있으므로 이 지각들의 결합이 필요불가결합니다. 그리고 감각 기능은 인상들을 수용하는 기능만 하므로 이런 결합은 감각 기능 자체에서는 불가능합니다. 그렇다면 우리 안에는 이 잡다를 종합하는 능동적 힘이 있겠습니다. 이를 상상력이라 불렀고, 상상력의 활동을 포착이라고 했습니다. 상상력은 직관의 잡다를 하나의 상(image)으로 만드는 것인데, 그러기 위해서 상상력은 인상들을 자기 활동 안으로 받아들여야 하고, 이것이 바로 포착입니다.

그러나 이 잡다의 포착도 마음이 한 지각에서 다른 지각으로 옮겨갈 때 앞 지각을 후속하는 지각들에 대해 환기하고 재생해 주지 않으면 혼자서는 어떤 상도 만들어 낼 수 없습니다. 그리고 표상들이 재생되더라도 아무런 구별 없이 재생된다면(가령 선을 그려 가고 있는데 소리를 재생해 주는 경우) 무규칙적인 표상들의 집적만 생길 뿐 아무런 인식도 생겨나지 못합니다. 따라서 표상들의 재생은 규칙을 가져야 하고, 규칙들에 따르는 재생의 주관적이고 경험적인 근거를 표상들의 연합이라고 합니다. 이 표상들의 연합은 경험이 아니라 상상력의 초월적 기능에 의해 그 필연성을 확보합니다.

하지만 이 상상력의 종합만으로는 아직 인식이 성립할 수 없습니다. 왜냐하면 상상력은 언제나 감성적이기 때문이고, 인식은 지성의 개념을 필요로 하기 때문입니다. 상상력의 기능이 지성화되기 위해서는 순수한 상상력에 바로 순수통각이 덧붙여져야 합니다. 생산적인 상상력은 표상들의 포착과 재생, 그리고 연합과 통일까지 다양한 일을 합니다. 이제 재생된 표상들이 개념의 통제(통각의 통일) 속에서 대상=X를 형성하기만 하면 됩니다. 그래서 "상상력을 매개로 우리는 한 쪽의 직관의 잡다와 그리고 다른 쪽의 순수통각의 필연적 통일의 조건을 결합"(A124)합니다. 현상들의 포착과 연합, 재생과 인지로써 성립하는 현실적인 경험은 이 범주라는 개념을 통해 그 형식적 통일이 가능해지고 경험적 인식의 모든 객관적 타당성(즉 진리)이 가능해집니다. 더 정확히 말하자면 상상력의 종합에서의 형식적 통일과 인지, 재생, 연합, 포착에서의 상상력의 모든 경험적 사용도 저 범주들에 기초하고 있습니다. 포성과 건물 붕괴 소리, 기관총 소리와 같은 다양한 현상들도 십진법이라는 개념을 통해서만 일정한 수로 (상상력에 의해) 종합될 수 있습니다.

우리가 형성한 저 '수'(도합 스물여덟 번)는 개념에 의한 상상력의 종합에 의해 가능한 대상=X입니다. 대상=X는 건물 붕괴 소리와도 닮지 않았고, 기관총 소리와도 닮지 않았습니다. 따라서 이 대상은 우리의 통각과 상상력이 범주의 도움을 받아 형성한 우리의 창작품입니다. 그러므로 "우리가 자연이라고 부르는 현상들에서 그 질서와 규칙성을 우리는 스스로 집어넣"(A125)는 것입니다. 우리가 질서와 규칙성을 집어넣지 않았다면 자연 안에서 그런 것을 발견할 수 없습니다. 자연의 통일은 우리 주관에 의한, 현상들의 선험적 연결과 통일이라고 해야 합니다.

앞에서 지성을 인식의 자발성이라고도 하고 사고하는 능력이라고도 하고 개념이나 판단의 능력이라고도 했습니다. 이제 지성은 규칙들의 능력이라고 해야 하겠습니다. 감성은 우리에게 직관의 형식을 주지만 지성은 규칙을 줍니다. 지성은 항상 현상들에서 어떤 규칙을 찾아내기 위해 그것들을 조사합니다. 그리고 인과법칙처럼 이 규칙이 객관적인 한에서 법칙이라 합니다. 경험적 법칙은 선험적 지성에서 유래하는 상위 법칙의 특수한 규정일 따름입니다. 결국 지성은 자연을 위한 법칙을 세웁니다. 지성 자신이 자연 법칙들의 원천이고 자연의 형식적 통일의 원천입니다. 이것이 바로 범주들의 초월적 연역입니다.

만약 우리 인식이 다루는 대상이 사물들 그 자체라면 여기에 대해서는 아무런 선험적 개념도 가질 수 없습니다. 하지만 우리가 개념들을 대상들에서 취한다면 이때 개념은 경험적인 것에 그칠 것입니다(백조는 모두 희다는 귀납적 개념). 만약 우리가 이 개념을 우리 자신에게서 취한다면 한낱 우리 안에 있는 표상들과 완전히 다른 저 대상의 성질을 어떻게 우리가 규정할 수 있겠습니까? 반면에 우리가 '현상들'만을 문제 삼는다면 선험적 개념들이 대상들의 경험적 인식에 선행한다는 것도 가능하고(십진법에 따라서 포성을 셀 때) 필연적이기도 합니다. 왜냐하면 현상들이라는 대상은 언제나 우리 안에 있는 대상을 이룰 뿐이기 때문입니다. 모든 이 현상들(우리가 다룰 수 있는 모든 대상들)이 모두 우리 안에 있다는, 곧 나의 동일한 자기의 규정들이라는 생각 자체가 동일한 표상에서의 현상들의 일관된 통일이 필연적임을 보여 줍니다. 모든 표상들은 우리 안에 있기 때문에 우리의 선험적 개념에 의해 통일될 수 있는 것입니다.

우리의 인식은 현상들과만 관계합니다. 현상들의 가능성 은 (시공간에 의해) 우리 안에 놓여 있으며, 대상=X로의 연결과 통일은 범주와 통각에 의해 우리 안에서만 마주칠 수 있습니다. 그러므로 순수지성 개념들은 모든 경험에 선행하며 동시에 경험을 형식면에서 가능하게 하는 선험적 조건이자 필연적 조건입니다. 그러므로 범주들에 대한 연역은 이렇게 수행될 수 있었습니다.

11강 _ 순수지성 개념의 연역(재판)

주관성이 정초하는 객관성

이 초월적 연역 부분은 『순수이성비판』의 심장부라고 평가됩니다. 초월적 연역의 핵심은 인식 주관(성)이 모든 대상(경험)의 객관성을 정초한다는 주장입니다. 어떻게 보면 약간 역설적입니다. 객관성이라고 하면 우리 바깥의 저 객관(대상)이 갖고 있어야 할 것 같은데 여기서는 우리 주관이 경험의 객관성을 정초한다는 겁니다. 우리가 대상을 인식하고 경험할 수 있는 객관적 근거가 우리의 인식 주관에 있다는 것입니다. 다시 말해 인식 주관의 선험적 개념(범주)이 모든 경험을 가능케 하는 필요조건이자 심지어 자연에 법칙성까지 부여하는 일을 한다는 것입니다. 초판을 읽을 때 마지막에 나왔던 이야기죠. 사실 감성적 직관에 주어진 경험적 질료들이 그것과 속성이 전혀 다른 사고(지성)의 입법에 종속된다는 주장은 쉽게 증명되는 게 아닙니다.

그런데 칸트가 연역론을 다시 쓴 것은 초판의 연역론에 문제가 있었기 때문입니다. 초판 연역론에서는 인식의 근거를 감성과 지성 두 가지로 설정했지요. 그 두 원천은 독립적이기 때문에 그 둘 사이에 상상력의 매개를 요청했습니다. 예를 들어 차가 지나가고 사람이 쓰려져 있습니다. 지나가는 차의 표상과 쓰러진 사람의 표상은 서로 독립적입니다. 감성적인 차원에서는 이 두 표상이 결합되어야 할 이유가 없습니다. 누군가는 차의 표상 이후에 사람의 표상을 경험할 수 있고, 또 다른 누군가는 사람의 표상을 보고 차의 표상을 볼 수도 있습니다. 그런데 우리는 이렇게 분리된 표상들을 차가 지나가다 사람을 치었다는 방식으로 종합합니다. 즉 교통사고의 일종으로 경험한 것입니다. 이런 종합이 가능한 것은 바로 우리 지성에 인과라는 범주가 있기 때문입니다. 만약 인과 범주가 없다면 반드시 차에 의해 사람이 쓰러졌다는 식으로 표상들을 형성하지는 않을 것입니다.

이처럼 칸트는 초판에서 경험적 인식이 가능하기 위해 종합이 세 가지가 필요하다고 합니다. 첫번째는 표상 수준에서 종합을 해야 합니다. 표상이 따로 떨어져 있으면 안 되니까 표상을 모아야 한다는 거죠. 이걸 바로 직관에서의 포착의 종합이라고 불렀어요. 이렇게 표상의 수준에서 먼저 종합을 해주고, 두번째로 상상력을 동원합니다. 쓰러진 사람을 먼저 봤습니다. 그러고 나서 1분쯤 후에 차를 보고 있어요. 지나가 버린 표상(쓰러진 사람)을 불러와야 교통사고의 형태로 표상들을 결합할 수 있겠죠? 이때 이렇게 현존하지 않는 표상을 불러오는 역할을 상상력이 합니다. 상상력의 재생의 종합이라고 했습니다. 마지막으로 지성의 종합이 있는데요. 현존하지 않는 표상을 과거 그대로, 그리고 인과적 개념과 규칙에 맞는 순서로 불러올 수 있어야 올바른 종합이 되겠죠? 이처럼 표상의 동일성과 규칙성을 확보할 수 있게 하는 것을 인지의 종합이라고 했습니다.

감성과 지성을 매개하는 것으로 상상력이라는 존재가 이때 새로 도입되었습니다. 그런데 이 세 요소가 어떻게 관련을 맺는지 정확하게 드러나지 않습니다. 좀 병렬적으로 나열되었다고나 할까요? 통일성이 없습니다. 지금까지는 인식 능력이 감성과 지성으로 이루어져 있다고 설명했는데, 상상력은 도대체 어디에 소속되어 있냐는 것이죠. 칸트가 처음부터 '감성' '상상력' '지성', 이렇게 인식 능력의 세 원천을 얘기했어야 하지 않았나 하는 의문이 생겨난 것입니다. 이것이 초판 연역론의 문제였습니다. 이제 상상력을 위한 구체적인 설명이 필요합니다.

　그래서 재판에서는 기본적으로 감성과 지성의 구조 아래서 상상력을 지성에 의해 감성의 종합을 담당하는 자발성으로 정의합니다. 인식에 있어 상상력은 마구잡이로 종합하는 게 아니라 지성의 통제 아래 직관 자료들을 종합한다는 것입니다. 하지만 상상력은 분명히 직관에만 관련됩니다. 지성의 지배를 받으면서 직관들을 종합해 주는(현존하지 않는 걸 재생해서 결합하는) 힘을 상상력이라고 다시 규정하는 거죠. 이게 재판의 특징이고 이를 통해서 초판에서는 미진했던 지성의 통일적인 원리를 구축합니다. 그리고 그것을 통각(자기의식)이라고 부릅니다. 그리고 이 통각에 대한 규정은 데카르트의 '나는 생각한다'는 것이 과연 무엇인지 새롭게 규정하게 해줍니다. 다시 말해 데카르트에게 부족했던 점이 무엇인지 발견할 수 있게 해줍니다. 이런 점에서도 철학적으로 아주 중요한 부분이 되겠습니다. 그래서 재판에서는 주관성의 구조를 아주 명확히 했다는 평가를 받습니다. 칸트 스스로도 아주 성공적이라고 생각을 했고요.

지성과 상상력의 관계

지성은 '나는 생각한다'의 초월적 통일이어야 하고, 범주의 규칙을 통한 종합이어야 합니다. 그러나 이런 지성에게 직관적 자료가 주어지지 않으면 공허한 형식이겠죠. 그렇다면 본성이 다른 지성이 감성을 만나는 과정이 문제가 되죠. 이걸 매개하는 것이 상상력인데, 상상력은 지금 직관 중에 대상이 있지 않음에도 대상을 표시할 수 있는 능력이라고 정의가 됩니다. 그러니까 상상력은 자율성을 갖고 있음을 알 수 있어요. 상상력은 직관과 관련되기는 하지만 그럼에도 자율성을 갖는, 그래서 지성과 관련을 맺을 수 있는 이중적 기능을 소유하고 있음을 알 수 있습니다.

재판의 연역론에서 이용하는 게 상상력의 이 이중적 속성입니다. 산만하게 흩어져 있는 무규정적인 직관들은 상상력에 의해 종합되는데, 여기에 범주가 개입합니다. 그래서 범주의 자발성의 감성적 확장을 상상력이라고 표현할 수도 있습니다. 다시 말해 상상력이 직관들에 작용해서 감성적 종합의 능력을 발휘하는 것은 반드시 지성의 논리적 범주에 합치해야 한다는 조건 속에서입니다. 그런 점에서 상상력에 의한 직관적 통일은 이미 지성의 통각 범주가 개입하고 인도한 통일인데요. 이런 상상력의 종합을, 상상력의 도움 없이 범주(지성) 스스로 행하는 '지성적 종합'과 구별해서 '형상적(figurative) 종합'이라고 합니다. 이 상상력의 형상적 종합은 연상과 관련된 경험적 상상력이 아니라 선험적이고 초월적이라는 점에서 생산적 상상력으로도 불립니다.

이제 상상력의 활동을 구체적으로 살펴보겠습니다. 우리의 감관에 나타나는 대상이라면 그 무엇이든 범주를 통해 대상을 결합하는 법칙에 따라서 선험적으로 인식한다는 그 가능성을 설명해야 합니다. 범주의 지도를 받아서 직관들을 종합해 주는 상상력이 활동한다는 것을 증명하면 이 범주가 직관과 만나고 있음이 증명되겠죠. 곧 초월적 연역이 성립하는 것입니다. 칸트는 집에 대한 경험적 직관을 예로 듭니다. 창문도 보고, 지붕도 보고, 벽돌도 보고, 현관문도 본다고 합시다. 이 표상들을 결합해야 집이라는 개념이 형성됩니다. 이때 우선 이런 다양한 표상들은 공간적으로 통일되어 있겠습니다. 일차적으로 공간 위에 표상들이 통일되는 것은 당연하므로 이런 공간적 형식을 제외하고 표상들의 통일을 위해 무엇이 필요할지 생각해 봅시다.

그게 바로 범주입니다. 더 정확히 말하자면 이런 종합적 통일은 직관 일반에서 동질적인 것을 종합하는 양이라는 범주에 의해서 가능합니다. 즉 다양한 표상들은 한 채의 집이라는 양에 의해 하나의 표상으로 모인 것입니다. 한 채의 집이라는 범주와 개념이 없는 아이라면 이런 다양한 표상을 보고도 집이라는 개념을 형성하지 못하겠죠? 이렇게 '양'이라는 추상적인 범주는 상상력의 도움을 받아 구체적인 감각적 표상들에 대한 종합을 행합니다. 만약 지성의 자발성으로서 상상력이 범주를 직관 쪽으로 이어 주지 못하면, 다시 말해 범주의 추상적 형식이 직관적 감성의 형식으로 전환되지 못하면 통각의 종합이 이뤄지지 않습니다.

예를 들어 액체 상태의 물이 조금 후에 봤을 때 고체 상태로 바뀌었어요. 액체와 고체라는 표상을 서로 연결시켜 주는 것은 물론 시간의 형식입니다. 그러나 이런 직관의 형식을 제외하면 이 표상의 종합과 통일에 무엇이 있을까요? 어떤 관점에서 우리는 액체와 고체를 관련시키나요? 바로 추위 때문에 액체가 고체로 얼었다고 판단하는 것 아닌가요? 따라서 액체와 고체라는 잡다한 표상들을 서로 통합하게 해주는 범주는 인과입니다. '액체가 고체가 된 원인이 추위다'라는 형태를 취하죠. 이런 식으로 경험적인 표상들을 포착하는 종합에서(고체에서 액체로 종합하면 다른 의미가 되겠죠?) 범주에 의한 통각의 통일이 이미 함께 활동하고 있음을 알 수 있습니다. 포착의 종합에서는 상상력의 이름 아래서, 통각의 통일에서는 지성의 이름 아래서 동일한 자발성이 활동하고 있는 것입니다. 이제 상상력은 독자적인 능력이라기보다는 직관을 종합할 때 지성의 자발성이 감성적 기능으로 전환되면서 확장되는 지성적 기능이 됩니다. 이렇게 지각마저 가능하게 하는 모든 종합은 범주에 종속됩니다. 따라서 범주의 초월적 연역은 성공적인 것으로 생각할 수 있겠습니다. 다시 말해 현상에 대해 인식하려하는 우리 이성의 관심, 즉 사변적 관심에 있어 우리의 지성은 범주를 통해 직관적 자료들에 객관적으로 입법합니다. 지성의 입법에 의해 우리의 경험도 가능하고 인식도 가능해지는 것입니다.

통각, 지성의 근본 기능

감성은 기본적으로 자발성이 결여된 직관적 표상들의 수동적인 수용 형식체입니다. 이렇게 수동적이기 때문에 인식이 성립하려면 표상들의 결합 능력으로서 순수한 자발성의 지성적 활동이 필요하죠. 여러 번 말씀드리지만 이렇게 표상들을 일정한 질서와 연관 아래 결합하는 지성의 작용을 종합(통일)이라고 불렀습니다. 지성의 가장 중요한 작용이고, 인간에게만 있는 고유한 능력이지요. 심지어 이런 능력은 신에게도 없습니다. 물론 신은 직관하는 대로 사고하므로 굳이 결합할 일이 없어서 그런 것이기는 합니다. 여기서 내릴 수 있는 결론은, "우리가 먼저 스스로 어떤 것을 결합하지 않고서는 아무것도 객관에서 결합되어 있는 것으로 표상할 수가 없"고, 결합된 표상은 "객관으로부터는 주어질 수 없고, 오직 주관 자신에 의해서만 수행될 수 있는 유일한 표상"(B130)이라는 사실입니다.

그런데 이런 결합이라는 개념에는 잡다, 그리고 이 잡다의 종합, 그리고 이 잡다의 통일이라는 개념까지 포함한다고 칸트는 말합니다. "그러므로 이 통일의 표상은 결합에서부터 생길 수 없고 오히려 이 통일 표상이 잡다의 표상에 덧붙여짐으로써 비로소 결합의 개념을 가능하게 하는 것"(B131)입니다. 포성의 종합, 건물 붕괴 소리의 종합, 기관총 소리의 종합들이 있을 수 있습니다. 하지만 이 전체를 '전쟁'이라는 개념으로 통일하는 것은 단순히 잡다들의 종합만으로는 불가능합니다. 종합된 잡다들의 통일이 있어야 합니다. 그렇다면 이 통일을 가능하게 하는 것은 무엇일까요? 칸트는 그것을 바로 초월적이고 근원적인 통각이라고 부릅니다.

이 근원적 통각은 바로 '나는 생각한다'의 형태로 표현할 수 있습니다. 만약 우리에게 어떤 표상이 존재한다고 할 때 그 표상을 우리가 우리 자신의 것으로 생각하지 못하면 어떻게 될까요? 다시 말해 포성이라는 표상, 건물 붕괴라는 표상에 대해서는 우리 것이라고 생각하지만 기관총 소리만은 우리의 표상이라고 생각하지 않으면(혹은 우리의 표상에서 의식되지 않으면) 이런 표상은 우리에겐 아무 의미도 없는 것이겠죠? 그렇다면 우리가 종합할 수 있는 것도 포성과 건물 붕괴 표상밖에는 없을 것입니다. 따라서 적어도 '나'의 표상이라고 한다면 그 표상에 대해서는 언제나 '나의 것'이라고 생각하고 있어야 합니다. 따라서 "'나는 사고한다'는 것은 나의 모든 표상에 수반할 수밖에 없"(B131)습니다.

이제 칸트는 초판에서 통각이라고만 하고 지나갔던 것을 "'나는 생각한다'는 일자(一者)"(B140)라고 구체적으로 규정해 주고 있습니다. 직관의 모든 잡다는 주관 안에서 '나는 생각한다'와 필연적인 관계 속에 있어야 합니다. '나는 이런 표상과 저런 표상을 생각한다.' 이 '나는 생각한다'라는 표상이야말로 자발적인 것이므로 감성에 소속될 수 없는 것이고, 모든 경험 이전에 선험적으로 존재해야 하는 것이므로 순수하고 근원적인 통각이라 불립니다. 포성의 표상들을 생각하는 나와 건물 붕괴의 표상들을 생각하는 나가 서로 다르다면 나는 두 종류의 종합들을 통일할 수 없게 되고, 따라서 전쟁이라는 개념을 만들어 낼 수도 없습니다. 수많은 표상들에 모두 '나는 생각한다'가 수반된다는 것은 곧 표상들의 잡다 속에서도 나는 하나의 동일자로 존재한다는 말입니다. 이것이 바로 초월적 통각의 의미이고 역할입니다. "나는 그것을 근원적 통각이라고 부르기도 하는데, 왜냐하면 그것은 여타의 모든 표상들에 수반할 수밖에 없는 '나는 사고한다'는 표상을 낳으면서, 모든 의식에서 동일자로 있는, 다른 어떤 표상으로부터도 이끌어낼 수 없는 자기의식이기 때문이다"(B132).

우리의 직관에 주어지는 잡다한 표상들은 그 모두가 하나의 자기의식에 속하지 않으면 결코 우리의 표상이 될 수 없습니다. 그러므로 통각의 통일은 "자기의식의 초월적 통일"이라고도 부를 수 있습니다. 여기서 데카르트가 소환됩니다. 데카르트가 '코기토 에르고 숨'(Cogito, ergo sum), 즉 '생각한다, 그러므로 존재한다'라고 할 때 (칸트가 보기에) 그 문제의 핵심이 뭐냐 하면, 이 생각하는 주체가 익명적이라는 겁니다. 그냥 생각하는 존재일 뿐입니다. 그런데 칸트에게서는 그냥 생각만 해서는 안 되고, 이 모든 표상이 반드시 '나의 표상'이어야 합니다. 나의 표상이라고 인식하지 못하면 그런 표상들은 나에게 아무런 의미도 없는 것이 되고, 경험적 인식으로 전환될 수도 없습니다. 그러니까 칸트에게는 '생각한다'가 중요한 게 아니고, '나는 생각한다'여야 하는 겁니다.

초월적 통각은 자기의식입니다. 그리고 자기의식은 하나

의 통일된 의식입니다. 표상들의 잡다를 하나의 의식에서 파악할 수 있어야만 그것을 '나의 표상'이라고 부를 수 있습니다. "그렇지 않다면 나는 내가 의식하는 표상들을 가지고 있는 그 수효만큼의 다채롭고 다양한 자기를 가져야 할 터이니 말"(B134)입니다. 통각의 동일성이 바로 지성이자 지성의 역할입니다. 감성과 다른 지성만의 기능이란 주어진 표상들의 잡다를 통각의 통일 아래 포섭하는 능력이고, 그런 점에서 인간 인식의 최상의 원칙인 통각의 통일성을 갖고 있는 능력입니다.

인간과 신과 동물

통각이 꼭 통일의 기능을 해야 하는 이유는 우리에게 주어지는 감성적 잡다들이 직관될 때부터 통일되어 주어지지 않기 때문입니다. 감성은 종합하는 자발성 없이 오직 직관을 수동적으로 수용하기만 합니다. 따라서 잡다의 종합이 필수적이고 필연적으로 요구됩니다. 그리고 이 필연적인 종합이 바로 자기의식의 일관된 동일성, 즉 초월적 통각의 기능입니다. 즉 사고하는 나 스스로 잡다를 만들지 못하기 때문에 직관에 의해 주어진 잡다를 결합하는 사고 작용만이 생각하는 나에게 부여된 역할이 됩니다. 그렇다면 시공간적 직관 없이 자기의식을 통해 모든 직관적 잡다가 주어질 수 있는 지성이 있다면 어떻게 될까요? 다시 말해 직관을 통하지 않고 사고 자체에 직관 자료가 주어지고 따라서 따로 종합할 통각도 필요치 않은 지성이 있다면 그에게는 무엇이 필요치 않을까요? 바로 범주입니다.

직관의 잡다가 사고에서 바로 생성되는 이런 신적 존재는 인간과 달리 통각과 범주에 의한 종합 기능이 따로 필요하지 않습니다. 사고에 주어지는 잡다가 이미 세계 자체입니다. 생각이 이미 질료입니다. 하지만 인간에겐 시공간이라는 직관 형식이 있기 때문에 지성이 바로 직관 자료를 만날 수 없습니다. 인간의 지성은 주어진 잡다를 종합해서 저 바깥의 대상과 다른 새롭게 종합된 대상=X를 만들 수 있을 뿐입니다. 그리고 저 대상=X는 지성의 범주를 규칙으로 해서 종합하고 통일한 그런 것입니다. 그런데 만약 지성의 통각과 범주가 필요치 않은 그런 신적 지성이 있다면 그는 대상=X가 아니라 주관 바깥의 대상 자체를 사고하겠죠.

『순수이성비판』의 영문판 번역자인 켐프 스미스는 이런 순수통각을 동물들은 갖고 있지 못하다고 말합니다(리쩌허우, 『비판철학의 비판』, 192쪽). 왜냐하면 '나는 생각한다'는 인식 과정의 통일성이 동물들에게는 없기 때문이라는 것이죠. 그래서 동물들은 이해는 해도 통각은 없다는 것입니다. 그런데 정말 그럴까요? 저는 신에게 통각이 없다고 한다면 받아들일 수 있겠습니다. 신은 인간처럼 감성과 지성으로 구분되어 있지 않기 때문에 감성에 주어진 직관들을 지성의 통각으로 종합할 이유가 없기 때문이죠. 우리는 보통 신을 영원의 존재라고 하는데, 이때 영원은 시간을 과거의 무한대까지 늘리거나 미래의 무한대까지 늘린다는 말이 아니죠. 처음과 끝이 아무리 멀리 있다 해도 그것은 시간의 차원에 있는 것입니다. 그래서 영원은 아예 시간이라는 차원에서는 설명할 수 없는 그런 것입니다. 그런 점에서 신은 시공간적 직관의 형식을 갖고 있지 않습니다. 하지만 동물들은 나름의 범주는 갖고 있지 않을까요? 주인의 있고 없음에 대한 분별이라든지 여럿과 전체 정도의 분별은 하는 것 같은데요. 따라서 동물들도 직관한 자료들을 통합할 희미한 통각 정도는 있을 것 같습니다. 어쨌든 통각(범주)의 유무는 인간과 신 사이에서만 확실하다고 생각됩니다.

객관적 타당성

감성과 관련해서는 모든 직관의 잡다가 시공간적 형식에 나타나야 하듯이, 지성과 관련해서는 그것들이 통각의 근원적이고 종합적인 통일의 조건에 종속되어야 합니다. 이것이 지성 사용의 최상의 원리입니다. 지성은 인식의 능력입니다. 그리고 인식은 "주어진 표상들이 한 객관과 일정하게 관계 맺는 데서 성립"합니다. 그런데 여기서 '객관'이란 주관 바깥의 저 대상을 뜻하는 게 아닙니다. 그것은 "주어지는 직관의 잡다가 그 개념 안에 통합되어 있는 바로 그것"입니다. 즉 직관의 잡다가 범주에 의해 통합될 때 형성되는 그것이 바로 객관입니다. 즉 앞에서 말했던 대상=X입니다. 그런데 표상들의 결합은 표상들의 종합에서 의식의 통일을 필요로 합니다. 따라서 의식의 통일은 표상들이 한 객관과 관계를 맺었다는 것을 뜻합니다. 이렇게 객관과 표상들이 관계를 맺게 될 때 하나의 인식이 성립했다는 것인데, 칸트는 이를 "표상들의 객관적 타당성"(B137)이라고 말합니다.

내감을 통해 직관의 잡다는 경험적으로 주어집니다. 이를 의식의 주관적 통일이라고 부릅니다. '주관적인' 통일인 까닭은 나의 내감에 표상들이 경험적으로 주어지기 때문입니다. 말 발자국을 보고 농부는 농사를 연상할 수 있지만 기사들은 전쟁을 연상합니다. 말 발자국은 농부에게는 농사라는 표상과 통일되어 있지만, 기사에게는 전쟁 표상과 통일되어 있습니다. 이처럼 연상과 연합이라는 주관적 통일은 경험적이면서 우연적입니다. 반면 직관에 주어진 잡다를 객관이라는 개념에서 합일되게 하는 통각의 초월적 통일은 의식의 객관적 통일이라고 부릅니다.

　말 발자국은 신체적 습관에 의해 기사들에게 자연스럽게 전쟁이라는 표상을 연상하게 하겠지만, 기사가 수확된 벌판 표상, 농부들의 노동요 표상들과 차례로 접하게 되면 이제 가을걷이라는 객관적 표상을 획득하게 됩니다. 다시 말해 말 발자국은 가을걷이의 결과라는 인과적 인식을 하게 되고, 이는 의식의 객관적 통일이라고 할 수 있습니다. 반면 연상이라는 습관적 통일은 우선적으로 말 발자국을 종합할 뿐 다른 표상들이 도래하기를 기다리지도 않습니다. 그런 점에서 그것은 주관적이고 경험적이며 우연적인 종합만 하는 셈입니다. 하지만 통각의 초월적 통일은 표상들을 배제하거나 경험에 의존하지 않고 '나는 생각한다'는 동일자에 필연적으로 관계 맺게 함으로써 객관적 타당성을 갖습니다.

　판단이란 논리학자들의 말처럼 단순히 두 개념 사이의 관계에 대한 표상은 아닙니다. 그렇다면 말 발자국과 전쟁을 연결하는 것도 객관적인 판단이 되어야 할 것입니다. 판단은 "주어지는 인식들을 통각의 객관적 통일로 가져가는 방식"(B141)입니다. 이를 관계사(copula) '~이다'(is)를 통해 살펴보겠습니다. '물체는 무겁다'(Bodies are heavy)는 명제에서 관계사 are는 판단의 객관성, 다시 말해 물체와 무거움이라는 표상이 통각에서 필연적으로 통일되어 있음을 말하는 것입니다. 이 명제는 '내가 한 물체를 들고 있을 때 나는 무게의 압박을 느낀다'와 같은 주관적 판단과는 관계가 없습니다. 물체와 무게라는 표상이 주관의 상태(그 물체만 생각하면 압박감을 느낀다)와 상관없이 필연적이고도 객관적으로 결합되어 있는 것입니다. 즉 두 표상의 결합은 지각의 차원(반복적이더라도 경험적이고 우연적)이 아니라 지성의 차원에서 결합되어 있다는 말입니다. 이것이 초월적 통각에 의해 확보되는 인식의 객관적 타당성입니다.

이처럼 주어진 표상들의 잡다를 통각 일반 아래 보내는 지성의 작용은 바로 판단들의 논리적 기능과 같습니다. 이 판단하는 기능이 바로 범주입니다. 그리고 범주는 경험 대상들에 대한 적용 외에는 사물 인식을 위한 그 어떤 다른 용도도 갖지 않습니다. 이는 아주 중요한 사항입니다. 우리 지성의 사용 범위는 직관된 잡다들입니다. 즉 경험하지 않은 대상에 대해서까지 범주를 사용해서는 안 된다는 것입니다. 물론 범주는 판단하는 기능이기 때문에 대상이 주어지지 않았음에도 판단할 수 있습니다. 가령 '신은 전지전능하다'와 같은 명제가 그렇습니다. 그러나 그것은 "과연 그것이 가능한가 불가능한가를 우리가 전혀 판단할 수 없는 그런 객관에 대한 공허한 개념

들"이며, "객관적 실재성이 없는 순전한 사유형식들"(B148)일
뿐입니다.

생각하는 나와 존재하는 나

우리는 주관 외부의 대상에 대해서 직관의 질료의 형태로 주
어지는 것들만을 인식할 수 있습니다. 즉 현상하는 대로만 우
리는 이해합니다. 그렇다면 이는 우리 주관에 대해서도 성립
해야 합니다. 다시 말해 나 자신도 내적으로 촉발되는 대로만
(내감에 의해) 직관되어야 하기 때문에 나 자신 자체에 대해서
우리는 알 수 없습니다. 시간의 경우를 보겠습니다. 우리는 시
간 자체를 알 수는 없습니다. 대신 하나의 직선을 그을 때 우리
내감에 연이어 종합되는 잡다를 통해서 시간을 표상할 뿐입니
다. 직선의 길이만큼 시간의 흐름을 느끼는 것이죠. 이는 '생
각하는 나'에 대해서도 마찬가지입니다. 우리가 외감을 통해
외적인 대상들을 인식하듯이, 내감에 의해 내적으로 우리 자
신에 의해 촉발되는 대로만 우리 자신을 직관할 수 있습니다.
"우리는 내적 직관과 관련해서 우리 자신의 주관을 오직 현상
으로서만 인식하지만 주관 자체인 바 그대로를 인식하는 것이
아님을 인정해야 한다"(B156).

　하지만 우리는 분명 생각하는 나를 의식합니다. 우리는

나가 있다는 사실을 의식하고 있습니다. 물론 내감의 형태로 주어지는 그런 나는 아닙니다. '내가 있다'는 이 '의식'(표상)은 사고(thinking)이지 직관(intuition)은 아닙니다. 그런데 인식(cognition)이란 직관을 필요로 하는 것이므로, "나의 현존재 규정은 오직 내감의 형식에 따라서 내가 결합하는 잡다가 내적 직관에 주어지는 특수한 방식에 의해서만 생길 수 있"습니다. 그러므로 "나는 그에 따라 내가 존재하는 바 그대로의 나에 대해서는 아무런 인식도 갖지 못하고, 한낱 내가 나에게 현상하는 대로의 나에 대한 인식을 가질 뿐"(B158)입니다.

자기 자신에 대한 우리의 의식은 자기 자신에 대한 인식과 거리가 멉니다. 내가 인식하는 나는 내가 있다는 그런 의식과는 다릅니다. 내가 나 자신을 인식하기 위해서는 나는 생각한다는 의식 이외에 이 생각을 규정할 내 안의 잡다에 대한 직관이 필요합니다. 이를 다음처럼 범주의 착오라는 관점에서 설명하는 경우도 있는데 이해를 돕기 위해서 좋을 것 같습니다. 초월적 주관은 인식 대상이 아니라 인식 대상을 가능하게 하는 인식의 전제조건인데, 나는 생각한다는 명제에서 나를 경험적 대상으로 다루는 것은 범주 착오라 할 수 있다는 것입니다. 왜냐하면 경험적 대상을 가능하게 하는 근원적인 자아를 마치 경험적 대상을 다루는 방식으로 다루는 것은 두 가지 방식의 차이를 구분하지 못하고 동일한 방식으로 오해하는 것이기 때문입니다(박종식, 「칸트의 순수이성비판과 나가르주나의 비교 연구 — 칸트의 오류추리와 이율배반을 중심으로」, 109쪽).

'나는 생각한다'만으로 존재하는 나에 대한 인식은 불가능합니다. 나에 대한 인식은 생각한다는 의식 말고도 내감에 주어지는 직관을 필요로 합니다. 우리는 '나 자체'를 알 수 없습니다. 우리가 알 수 있는 것은 '현상하는 대로의 나'일 뿐입니다. '존재하는 그대로의 나'에 대해 우리가 알 수 있는 방법은 없습니다. 대신 그런 나에 대해 생각할 수는 있습니다. 그러나 생각하는 나만으로는 인식이 될 수 없습니다. 다시 말해 존재에 대한 인식과 경험에 이를 수 없습니다. 그런 점에서 칸트는 데카르트를 넘어섭니다. 데카르트와 같은 합리론자의 문제를 이런 관점에서 다음처럼 확실히 지적하는 경우도 있습니다. 합리론자들에게 '나는 생각한다'는 경험적이고 심리적인 주관이 아니라 모든 이성적 존재자들의 주관을 말한다고 합니다. 그러나 칸트에게 주관 자체는 개별적인 대상을 인식할 때 필연적으로 수반되는 어떤 표상에 불과하지 그 자체로서의 인식은 불가능합니다. 따라서 합리론자들은 단순한 표상에 불과한 주관을 대상으로 만들어 실체화한다는 것이죠(최인숙, 「칸트의 오류추리론 — 순수이성비판의 초판과 재판에서의 영혼론의 오류추리에 대하여」, 265쪽).

직관의 종합에 의해 인식하는 인간의 인식 방법은 초월적 통각의 형태를 상정하지만 그 통각의 실제 존재 자체를 인식할 수는 없습니다. 우리는 현상하는 대로의 나만을 인식할 뿐입니다. 그래서 '나는 생각한다'를 단도직입적으로 "순수 예지적 능력"이라고 규정하는 경우도 있습니다(김형주, 「경험적 명제로서의 '나는 생각한다'」, 33쪽). 이에 따르면 생각하는 나는 경험적 질료를 받아들이는 수용성과 대조를 이루는 자발적 능력이기 때문에 경험 독립적입니다. 그런데 경험 독립적 자발성은 경험적 질료 없이는 활동할 수 없습니다. 경험적 질료는 순수한 예지적 능력인 '나는 생각한다'가 활동하는 조건이고, 그래서 경험 의존적이기는 합니다. 그래서 이런 경험 의존적 차원이 '나는 생각한다'의 예지적 성격을 은폐하기도 하는 것이죠.

그런 점에서 칸트의 주체는 분열된 주체입니다. 라캉이 표현하는 빗금이 그어진 8와 비슷합니다. 주체의 핵심에 이르려고 하지만 그 핵심은 정의될 수 없습니다. 정의되거나 규정될 수 없을 때만 주체는 인식되는 존재입니다. 현상하는 대로 인식되지만 존재하는 대로의 주체와는 거리를 갖습니다. 이렇게 주체의 분열이 확인되었다는 점에서 칸트의 철학은 현대적입니다. 사물이 현상으로 환원되지 않듯이(물자체와 현상의 차이) 주체도 생각하는 나로 환원되지 않습니다. 생각하는 나는 현상하는 나와 다릅니다.

자연의 법칙은 나의 범주에 있다

"범주들이란, 현상들에게, 그러니까 모든 현상들의 총괄인 자연(질료상으로 본 자연)에게 선험적 법칙들을 지정하는 개념들이다"(B163). 그렇다면 이 선험적 법칙들이 자연으로부터 도출된 것이 아닌데도 자연이 저 선험적 법칙을 따라야 한다는 말인가요? 범주가 자연의 법칙을 따라야 하는 게 아닐까요? 여기서 핵심은 '자연'이 무엇인가 하는 점이겠습니다. 칸트가 말하는 자연은 물자체로서의 자연이 아니라 우리에게 표상되는 '현상'입니다. 따라서 "한갓 표상으로서의 현상들은 연결하는 자가 지정해 준 법칙인 그 연결의 법칙 아래에 종속"(B164)됩니다. 그렇다면 그 연결의 법칙은 무엇일까요?

감성적 직관의 잡다를 연결하는 것은 상상력입니다. 그리고 상상력은 독자적으로 활동할 수 없습니다. 그것은 지성의 종합의 통일 작용, 다시 말해 통각에 의존해야 합니다. 모든 가능한 지각은 상상력에 의한 포착의 종합에 의존하지만, 이 포착의 종합은 선험적인 범주의 종합에 의존합니다. 따라서 현상들은 결국 범주의 규칙에 의존할 수밖에 없습니다. 현상들은 이미 범주에 의해 연결되어 있었던 것입니다. 그러므로 현상으로서의 자연도 범주의 연결 법칙 아래 종속될 수밖에 없는 것이죠. 따라서 우리의 인식은 현상으로 경험될 수 있는 것 외에는 성립하지 않습니다. 즉 자연에 대한 인식, 이것은 곧 현상에 대한 인식이고, 가능한 경험 대상에 대한 인식입니다. 현상으로 주어지지 않는 물자체, 현상 바깥의 대상은 우리의 경험 가능 대상이 아닙니다. 범주에 의한 선험적 인식은 오직 경험 가능한 대상, 즉 현상(자연)에만 적용됩니다. 따라서 자연의 법칙은 곧 우리 인간 주관의 범주의 규칙에 다름 아닙니다.

12강 _ 도식론과 판단의 원칙론

판단력에 대하여

연역론이 끝났고 이제 도식론과 원칙론이 나옵니다. 이 원칙론과 나중에 나올 이율배반론이 이 책에서 가장 난해한 부분이 아닐까 생각합니다. 하지만 동시에 칸트의 천재적 면모가 유감없이 발휘되는 부분이기도 합니다. 우리가 경험하고 인식하기 위해 선험적으로 지성의 범주가 있어야 한다는 것, 그리고 이것이 인식의 객관성을 확보하게 해준다는 것이 연역론의 내용이었습니다. 연역론은 지성 개념에 의한 입법성을 다루는 것이지만, 우리가 인식하는 데는 단순히 개념만 가지고는 불가능합니다. 그 개념을 가지고 감성에 주어지는 현상들에 적용할 수 있어야 합니다. 이것이 바로 판단력의 문제입니다.

"지성 일반이 규칙들의 능력이라고 설명된다면, 판단력은 그런 규칙들 아래에 [무엇인가를] 포섭하는 능력, 다시 말해 무엇인가가 주어진 규칙 아래에 있는 것인지 아닌지를 판별하는 능력이다"(B171). 앞에서도 살펴본 바 있듯이 일반 논리학은 사고 일반의 형식과 그 모순관계만을 따질 뿐입니다. 그러나 칸트의 초월적 논리학은 표상(개념)의 출처도 중요하게 생각합니다. 그것이 감성적인 표상인지, 아니면 지성적 표상인지 혹은 경험의 한계를 넘어선 이성적 표상인지 하는 것에 대한 구별이 중요합니다. 이는 칸트가 감성(수용성)과 지성(자발성)을 날카롭게 구분하는 것에서 비롯된 결과이기도 한데요. 바로 이 구별 때문에 지성의 규칙이 곧바로 현상에 적용될 수 없다는 판단력의 문제의식이 생겨나는 것입니다. 만약 지성과 감성이 어느 하나로 환원될 수 있다면(경험론과 합리론) 판단력의 문제는 생겨날 수 없습니다. 둘의 본성이 너무도 다르기 때문에 지성의 개념이 감성적 현상에 적용되는 상황에서의 특별한 조건을 다루지 않을 수 없는데, 이것이 바로 원칙의 분석학이자 판단력의 교설입니다.

지성은 범주라는 개념을 소유하고 있고, 그래서 규칙의 능력이라고 할 수 있습니다. 그러므로 부족한 규칙들(개념들)은 교육에 의해 보강될 수 있습니다. 그러나 이 규칙을 올바르게 쓰는 능력은 가르칠 수 있는 게 아니라 본인이 이미 소유하고 있어야 합니다. 수학 공식을 여러 개 외울 수는 있어도 이 공식을 다양한 문제들에 응용하는 것은 외워서 될 일이 아닌 것과 비슷합니다. 그래서 칸트는 이런 심한 말도 합니다. "판단력의 결여는 사람들이 본디 우둔함/천치라고 일컫는 것으로, 이러한 결함은 전혀 구제할 수가 없다"(B173). 판단력의 규칙을 따로 다루는 이유가 바로 여기에 있습니다. 우리의 인식이 선험적 개념(범주)의 소유에 의해서만 가능한 게 아니라 판단력도 갖춰야 하는 것이라는 사실은 여러 예를 통해 알 수 있습니다.

의사나 재판관이나 정치가는 자신의 분야에서 다양한 규칙들(개념들)을 소유하고 있는 재능 있는 사람들입니다. 그러나 그들도 그런 개념들을 자신의 현장에 적용하는 데 있어서는 쉽게 과오를 범하게 됩니다. 오진을 한다거나 오판을 하는 것은 판단력의 타고난 결함으로서, 보편적인 것을 추상적으로 통찰하는 일은 가능해도 구체적으로 어떤 사례가 그 규칙 아래 속하는지 판별하는 일은 쉽지 않습니다. 원래 구체적인 사례가 추상적인 개념과 규칙의 조건들을 충분히 만족시키는 일은 드문 법입니다. 따라서 구체적 사례들은 판단력의 양성에 있어 가장 중요한 수단이라 하겠습니다. 판단력에 대한 초월적 교설은 지성의 순수개념이 사용될 수 있는 감성적 조건인 도식 기능을 다루는 도식론 부분과 이런 조건들 아래서 가능한 선험적이고도 종합적인 판단들을 다루는 원칙론 부분으로 나뉩니다.

도식론의 문제의식과 라이프니츠의 충분이유율

시공간이라는 직관 형식에 주어지는 다양한 표상들을 범주를 통해 종합해서 우리의 경험적 대상으로 만드는 과정이 연역론에서 해명되었습니다. 그런데 기본적으로 연역론에 대해서는 범주가 직관에 적용될 수 있는 개연적 가능성에 머물렀다는 평가가 많습니다. 아직 구체적인 면이 좀 부족하다는 겁니다. 필요한 것은 구체적인 경우에 대한 실제적인 적용 가능성인데, "지성의 순수한 개념들에 주어지는 규칙(또는 차라리 규칙들을 위한 보편적인 조건) 말고도 동시에 이 규칙[들]이 적용되어야 할 경우를 선험적으로 제시할 수 있다는 점"(B174)이 초월철학의 고유성이라고 칸트는 말합니다. 바로 이 규칙들의 적용 사례, 이것이 판단력의 과제입니다. 그리고 이를 위해 필요한 것이 도식과 원칙입니다. 이 두 절차만 완성하면 우리의 선험적이고 종합적인 인식의 전 과정이 해명되는 셈입니다.

칸트 철학에서 감성과 지성 사이에는 언제나 심연이 가로 놓여 있습니다. 즉 불투명한 감성과 투명한 지성과 같이 둘 사이에서 양적인 차이만을 보는 경험론이나 합리론과는 다릅니다. 환원(reduction)에 대한 강한 부정이 기본적으로 연역론과 도식론이 갖는 위상이라고도 정리할 수 있겠습니다(강영안, 「매개와 의미—칸트의 선험적 도식론의 기능」, 185쪽). 이에 따르면 라이프니츠는 현상을 지성으로 환원하고 로크는 지성을 감각으로 환원하면서 양자의 질적 차이와 환원불가능성을 무시합니다. 반면 칸트의 경우 양자의 질적 차이를 주장하면서 동시에 구조적 통일성을 요청하기 때문에 (연역론과 함께) 도식론이 필요해진 것이라고 합니다. 칸트는 감성을 지성으로 환원하거나 지성을 감성으로 환원할 수 있다고 생각하지 않습니다. 따라서 감성과 지성은 이종적입니다. 이 이종성 때문에 감성과 지성을 잇는 어떤 가교 같은 것이 필요하고, 이것이 도식의 문제이자 판단력의 문제입니다.

원래 "한 개념 아래 한 대상이 포섭될 때는 언제나 대상의 표상은 개념 표상과 동종적이어야"(B176) 합니다. 가령 접시라는 사물을 우리가 원이라는 기하학적 개념 속으로 통합할 때 우리는 접시라는 사물에서 오직 그 둥긂만을 표상합니다. 이때 둥긂이라는 대상 표상은 원이라는 기하학적 개념 표상과 동종적입니다. 이렇게 개념은 그 아래 포섭될 대상에서 표상되는 것을 자신의 내용으로 가져야 합니다. 그런데 접시라는 사물과 원이라는 기하학적 대상은 질적으로 완전히 다른 사물들입니다. 그런데도 이 두 대상이 결합될 수 있는 것은 우리가 그 질적인 성질을 완전히 무시하고 오직 그 표상의 유사성(둥긂)만을 포착할 때입니다. 이렇게 표상의 내용을 차치하고 그 형식만을 분석하는 것을 논리적 포섭이라고 합니다. 논리적 포섭의 대표 주자가 바로 라이프니츠입니다.

그런데 칸트에게는 이런 논리적 포섭만으로 해결할 수 없는 문제가 있습니다. 예를 들어 인과성이라는 범주를 봅시다. 우리는 인과적 관계에 놓인 여러 사물들을 경험합니다. 추위에 얼어 버린 물, 자동차 사고로 쓰러진 사람, 포 공격으로 파괴된 집. 그런데 잘 보면 알겠지만 우리는 사실 인과성 자체를 경험한 것은 아닙니다. 대신 우리 직관에 주어지는 여러 표상들을 인과라는 선험적 범주를 가지고 종합했을 뿐입니다. 필연성이라는 범주도 마찬가지입니다. 우리는 인과적 경험을 하기는 하지만 그렇다고 필연성을 느껴 본 적은 없습니다. 그저 필연성이 있을 것이라고 추측할 뿐입니다. 따라서 아무도 인과성과 같은 범주들이 감관들에 의해 직관될 수 있다고, 현상 중에 포함되어 있다고 말할 수 없습니다. "순수지성 개념들은 경험적 (정말로 도대체가 감성적인) 직관들과 비교해 볼 때 전혀 동종적이 아니고, 결코 어떠한 직관에서도 마주칠 수가 없다"(B176).

이렇게 서로가 질적으로 다르다면 어떻게 선험적 범주가 직관을 포섭할 수 있는 것일까요? "이 자연스럽고도 중대한 물음"은, 그러나 라이프니츠와 같은 논리적 포섭을 중시하는 철학자에게는 포착되지 않는 질문입니다. 잠깐 라이프니츠의 논리를 설명해 보겠습니다(이남원, 「라이프니츠 변신론의 논증 구조」, 279~285쪽). 라이프니츠도 칸트의 분석명제/종합명제의 규정과 비슷한 이성적 진리/사실적 진리라는 분류에 기반해 논리를 전개합니다. '모든 정사각형은 사각형이다'는 분석명제죠. 이런 분석명제를 라이프니츠는 이성적 진리라고 부릅니다. 그런데 '아버지는 박사다'는 종합명제죠. 아버지를 분석한다고 박사라는 사실이 도출되는 것은 아니니 아버지라는 개념 바깥의 사실을 조사해 봐야 하잖아요. 그래서 라이프니츠는 이를 사실적 진리(우연적 진리)라고 부릅니다. 사실적 진리의 진리성에는 우연성이 있습니다. 칸트의 종합명제와 차이가 없습니다.

그런데 라이프니츠가 칸트와 달라지는 점은, 우연적인 사실적 진리도 분석명제일 수 있다고 하는 것에 있습니다. '아버지는 박사다'는 분명 우리에겐 종합명제입니다. 그래서 우연적인 사실 진리입니다. 그런데 그것은 인간의 관점일 뿐이라는 것입니다. 신의 관점에서 보았을 때 아버지가 박사여야 하는 필연적인 이유가 있다는 것입니다. 아버지라는 개념을 신의 관점에서 무한하게 분석해 들어가면 그가 박사인 필연적 이유를 갖는다는 것입니다. 이것이 바로 그 유명한 '충분이유율'입니다. 이성적 진리는 술어가 주어에 포함되어 있는 것이고, 그래서 그 술어를 거부하면 모순에 빠지는 명제입니다. 이성적 진리는 항상 참입니다. '모든 정사각형은 사각형이다'를 부정하면 거짓이 됩니다.

그런데 사실적 진리는 술어가 주어 안에 포함되어 있지 않습니다. 아버지 안에 박사가 포함되어 있지 않은 것처럼요. 그러나 아버지가 진짜 박사라면, 다시 말해 이를 이성적 진리(분석명제)로 간주한다면 이것이 우연적일지라도 그럴 이유가 신에게는 충분히 있을 수 있다는 논리인 것이죠. 술어의 개념이 암시적이기는 하지만 주어 개념 속에 포함되어 있으므로 이것도 분석명제가 된다는 것입니다. 그래서 라이프니츠에게는 모든 참된 명제는 분석명제여야 하고, 이것은 신의 충분이유에 의해 확보됩니다. 그러나 칸트는 이런 신의 충분이유를 받아들이지 않습니다. 칸트에게도 분석명제는 항상 참이지만 그것은 아무런 인식의 확장도 주지 못하는 형식명제에 불과합니다. '모든 정사각형은 정사각형이다'는 일종의 동어반복에 불과한 인식이죠.

'아버지는 박사다'에서 박사라는 실존의 확인은 아버지라는 개념에서 도출되지 않습니다. 실존한다는 것은 개념의 문제가 아닙니다. 그것은 직관의 문제입니다. 아무리 개념이 완벽하다고 해도 그 개념의 '실존'은 개념 자체의 차원에 있는 게 아닙니다. 신이 아무리 완벽한 존재라고 해도 그 실존은 직관에 의해서만 확인할 수 있습니다. 라이프니츠처럼 '완벽한 신은 존재한다'가 분석명제로서 참된 진리라고 말할 수 없다는 것이 칸트의 생각입니다. 따라서 라이프니츠와 같은 형식논리가 칸트의 초월적 논리가 던지는 질문보다 함량 미달인 것은 당연합니다. 라이프니츠에겐 선험적 개념이 어떻게 이종적인 직관과 만날 수 있는가 하는 초월적 문제의식이 아예 없는 것입니다.

시간의 도식

순수지성 개념들이 어떻게 경험적 직관을 포섭할 수 있는지 그 가능성을 제시하는 논거가 바로 판단력의 초월적 교설입니다. "한 개념을 더 상위의 개념 아래 포섭하는 논리적인 포섭은 동일률에 따라서 성립하는데, 여기서 하위 개념은 상위 개념과 동종적인 것으로 생각되어야 한다. 이에 반해 초월적 포섭은 범주 아래 포섭되는 것이요, [그 아래서는] 논리학에 대립하는 어떤 이종적인 것이 존재할 것이다"(「티프트룬크에게 보낸 서신」).

그러므로 "이제 한편으로는 범주와 또 다른 한편으로는 현상들과 동종적이어야 하고, 전자를 후자에 적용 가능하도록 해주는 제3의 것이 있어야 함은 명백하다"(B177). 이 매개적인 표상은 한편으로는 지성적이고 다른 한편으로는 감성적이어야 합니다. 그것이 바로 "초월적 도식(schema)"입니다. 그렇다면 이 초월적 도식은 어떻게 만들어지는 것일까요? 매개로서의 역할이 제대로 실행되려면 먼저 지성과 감성의 특징이 분석되어야 하겠습니다.

지성 개념은 원래 잡다한 직관들을 종합하고 통일하는 기능을 합니다. 그리고 시간은 내감으로 주어지는 잡다의 형식적 조건입니다. 다시 말해 시간을 통해서 직관의 잡다들이 우선 감성적 차원에서 통일될 수 있습니다. 그렇다면 이 시간이 직관의 질료와 지성 개념 사이에서 어떤 매개자 역할을 하고 있음을 알 수 있습니다. 감성학에서 다루었듯이 이 초월적 시간 규정은 우선 선험적입니다. 선험적 직관 형식이기 때문에 또한 보편적입니다. 따라서 시간은 보편성과 선험성에 의해 범주와 동종적입니다. 하지만 시간은 잡다한 현상들이 표상되는 형식이라는 점에서 현상과 동종적이기도 합니다. 모든 현상들은 시간의 표상 안에 나타나야 하고 시간의 흐름에 의해 연결되어야 합니다. 따라서 현상에 대한 범주의 적용은 초월적 시간 규정을 매개로 가능하게 됩니다. 이것이 바로 도식입니다.

여기서 알 수 있는 것은 도식의 두 가지 기능입니다. 도식은 우선 매개적 기능을 합니다. 지성 개념과 현상들의 연결을 도와줍니다. 이는 달리 표현하면 도식이 오직 현상들과만 연결해 준다는 뜻이기도 합니다. 즉 도식은 지성 개념의 사용을 현상들로 제한하는 기능을 합니다. 우리는 대상들을 만들지 못합니다. 대상들은 직관을 통해 주어집니다. 그리고 그 대상의 주어짐은 우리 감성의 변화(변양)를 통해 드러납니다. 그리고 범주는 도식을 통해 이 대상들에 적용되어 현실적 경험과 인식으로 전환됩니다. 도식은 지성 개념을 오직 현상들에게만 인도합니다. 그렇다면 이렇게 추론할 수 있습니다. 지성 개념이 도식의 도움을 받지 않고 자신의 개념을 확장하려 한다면 그것은 그 어떤 경험적 객관성도 없는 가상적인 환각에 불과한 것이라고.

그렇다면 시간의 도식을 만들어 내는 것은 우리의 어떤 능력일까요? 감성은 수용성만을 갖고 있으므로 거기서 어떤 변용의 능력을 찾는 것은 무리입니다. 따라서 그것이 지성의 통제에 의한 상상력의 생산물임을 우리는 미리 눈치챌 수 있습니다. 도식이라는 말은 우리에게 어떤 이미지를 떠올리게 합니다. 수의 도식, 표의 도식과 같은 이미지 때문이죠. 그래서 칸트는 도식과 도상(image)을 구분합니다. 수 5의 도상은 점 다섯 개를 찍으면 됩니다. •••••은 5의 이미지를 직접 직관적으로 보여 주는 것입니다. 그러나 '수'는 그런 이미지는 아닙니다. 가령 1,000은 직관적으로 이미지를 통해 보여 주기 어렵습니다. 점을 1,000개 찍는다고 그것이 직관적으로 인식되지 않습니다. 이처럼 도상이 직접 직관되는 것이라면 도식은 그런 개별적인 직관이 아니라 감성을 규정하는 데 있어 통일만을 목표로 합니다. 즉 1,000이라는 수는 그 1,000에 해당하는 수많은 내용물들을 포함할 수 있는 통일 형식입니다. 이처럼 한 개념에게 그 도상(점 다섯 개)을 제공하는 상상력의 보편적인 작용 방식의 표상을 개념에 대한 도식(여기서는 수)이라 부릅니다.

그런데 사실 우리 경험적 개념들의 기초에는 도상이 아니라 도식이 있습니다. 예를 들어, 삼각형이라는 개념에 적합한 그 어떤 도상도 없습니다. 직각삼각형이든 이등변삼각형이든 그 어떤 형상도 이 개념의 보편성에는 미치지 못합니다. 그래서 삼각형의 도식은 오직 사유 속에만 실존할 수 있고, 이 도식은 사유 속에서 공간상의 형태들에 대한 상상력의 종합의 규칙입니다. 우리는 삼각형의 도식을 통해 공간적으로 선분 세 개를 어떻게 배치해야 하는지 그 규칙에 따라 사유합니다. 그러니까 삼각형이라는 개념에 맞춰 상상력의 도식이 활동하기 때문에 다양한 삼각형을 직관할 수 있는 것입니다. 하지만 삼각형 하면 이미지처럼 이등변삼각형을 우리가 먼저 생각하는 것은 도식의 이 비밀스런 활동을 떠올리기 어려워서 먼저 도상을 표상하는 우리의 경험적 버릇일 뿐입니다.

어쨌든 "도상은 생산적 상상력의 경험적 능력의 생산물이고, 감성적 개념들의 (공간상의 도형들로서의) 도식은 순수한 선험적 상상력의 생산물, 이를테면 약자(monogram)라는 것뿐"(B181)입니다. 이 도식에 따라 도상들은 가능합니다. 순수 지성 개념의 도식도 도상이 될 수는 없습니다. 이 도식도 상상력의 초월적인 생산물로서, 범주가 표현하는 개념들 일반에 의한 통일의 규칙에 따르는 순수한 종합일 뿐입니다. 범주의 도식은 내감 일반을 시간 형식의 조건에 따라 규정하는 방식으로 만들어집니다. 그렇다면 이제부터 초월적 도식의 구체적 양태를 범주의 순서에 맞춰 알아보도록 하겠습니다.

양의 범주의 도식

양의 범주의 도식은 '시간 계열'(series)로서 '수'(number)입니다. 양의 범주에는 하나, 여럿, 모두가 있었습니다. 이것들의 공통된 도식이 수인데, 수의 본질이 시간이라는 점이 재미있습니다. "수는 하나에다 (동종적인) 하나를 연속적으로 더해 감을 포괄하는 표상이다"(B182). 종소리를 세고 있다고 합시다. 소리라는 질적인 대상에 대해 한 번, 두 번, 세 번, 네 번, 이렇게 같은 단위의 시간을 우리가 반복적으로 겹치면서 총 다섯 번의 종소리라고 말합니다. 이때 다섯 번이라는 수는 동일한 시간의 반복에 의해 가능한 양의 도식입니다. 수는 무규정적인 근원적 시간 표상을 일정한 단위로 제한해서 그 단위들을 순차적으로 덧붙여 가는 계열의 표상입니다. 한 건물이 우리에게 현상할 때 우리는 그 건물의 길이를 표상할 수 있는데요. 이때의 길이도 사실은 일정한 시간 단위의 되풀이에 의해 측정된 것입니다. 그래서 수는 "직관의 포착에서 시간 자체를 생산함으로써 동종적인 직관 일반의 잡다를 종합하는 통일"(B182)입니다.

성질 범주의 도식

성질 범주의 도식은 '시간 내용(content)'으로서 '밀도'(채움)

(filling)인데요. 양의 범주에서는 시간의 길이를 다뤘다면, 성질의 범주에서는 주어진 시간에 어떤 감각이 대응하는가 하는 점을 다룹니다. 가령 짠 맛은 시간이 늘어난다고 더 짜지 않지요. 입에 대는 순간 염분의 밀도에 따라서 짜다는 감각을 경험하죠. 순간적인 시간의 질적인 강도, 그것을 성질 범주의 도식이라고 보는 것입니다. 그래서 그런 일정한 강도의 감각이 주어진 시간에 존재하는 것을 실재성이라 하고 강도가 점점 약해지다가 사라지면 부정성이라고 합니다. 실재성이 어떤 감각으로 채워진 시간이라면 부정성은 시간은 주어져 있으나 그 시간에 아무런 감각도 경험되지 않는 텅 빈 시간입니다. 그래서 시간의 밀도의 차이에 따라 각각 충족된 시간, 공허한 시간, 다소 충족된 시간이 실재성, 부정성, 제한성에 해당하는 도식이 됩니다.

관계 범주의 도식

관계 범주의 도식은 '시간 순서(order)'에 따라 달라집니다. 우선 실체의 도식은 시간상에서 실재적인 것의 고정불변성(persistence)입니다. 다시 말해 다른 모든 것이 바뀌어도 여전히 지속하는 일정한 기체(substratum)로서 실재적인 것에 대한 표상입니다. 가령 봄, 여름, 가을, 겨울의 변화에도 불구하고 우리는 동일한 자연이라고 말합니다. 이처럼 자연은 계절의 변화와 함께 고정불변하는 실체성을 갖습니다. 두번째, 인과성의 도식은 하나의 실재적인 것이 임의로 정립되면 다른 실재적인 무엇인가가 잇따르는 것을 뜻합니다. 그래서 이 도식은 하나의 규칙에 종속하는 잡다한 것의 연이음(연속)(succession)에 있습니다. 마지막으로 상호성(상호작용)의 도식은 한 실체의 규정과 다른 실체의 규정의 동시성(simultaneity)입니다.

양상 범주의 도식

양상 범주의 도식은 현상들이 시간 속에 총괄되는 방식, 즉 '시간 총괄(sum total)'이라고 합니다. 하나씩 살펴보면, 가능성의 도식은 한 사물의 표상에 대한 임의의 시점에서의 규정입니다. 액체이자 고체인 물체는 동시적일 수 없습니다. 따라서 액체가 고체일 가능성은 기온이 영하로 떨어지는 시점에 있겠죠? 이처럼 사물의 표상들의 종합이 시간 일반의 조건과 합치하는 것이 가능성의 도식입니다. 현실성의 도식은 특정한 시간에서의 대상의 현존입니다. 필연성의 도식은 모든 시간에서의 대상의 현존입니다. 현존하는 특정한 시점에서 현실성의 도식이 파악된다면 필연성은 모든 시간에 대상이 현존해야 하고, 가능성의 도식은 임의의 시간에 그런 표상이 가능할 것이라고 규정해 주는 것입니다.

도식에서 해방된 범주

이처럼 도식들은 각 범주의 규칙들에 따르는 선험적인 시간 규정들입니다. 그리고 이 도식들에 따라 순수지성 개념들이 객관과 관계를 맺을 수 있습니다. 따라서 범주에 의미를 부여하는 진정하고도 유일한 조건은 도식입니다. 그러므로 범주는 가능한 경험적 사용 이외에는 다른 어떠한 사용도 갖지 않습니다. 감성의 도식들은 범주들을 실재화하는 것이자 제한하는 것입니다. 그래서 사실 도식은 현상이라고도 말할 수 있습니다. 범주와 합치하는 대상에 대한 감성적 개념이 도식이기 때문입니다. 그래서 수는 현상의 양이고, 감각은 현상의 실재성이며, 사물의 항존성과 지속성은 현상의 실체성이고, 항상성은 현상들의 필연성입니다.

그런데 도식이 이렇게 현상에 범주들을 제한하는 이 조건을 제거하고 범주의 개념을 확장해서 감성의 조건 없이 사용한다면, 범주들은 도식들이 사물들 일반을 현상하는 대로 표상하는 대신 있는 그대로의 사물들 일반에 타당할 것입니다. 그래서 일체의 도식으로부터 독립한 확대된 의미를 갖게 될 것입니다. 물론 범주는 감성적 조건을 떼어 내면 표상들을 통일하는 논리적 의미만을 갖게 됩니다. 그러나 이 논리적 표상들에는 어떤 객관도 주어질 수 없습니다. 그래서 우리가 감각적으로 경험하는 고정불변성이라는 감성적 규정을 제거한다면 실체라는 범주는 오직 주어로만 생각될 수 있는 무엇을 의미하게 됩니다. 이런 표상은 주어로만 타당할 사물이 어떤 실존적 규정을 가져야 할지 우리에게 아무것도 제시해 주지 않습니다. 따라서 범주들은 도식 없이는 개념을 위한 지성의 기능일 뿐이고, 아무런 대상도 표상하지 않게 됩니다. "범주들에게 이런 의미를 주는 것은 지성을 실재화하면서 동시에 제한하는 감성"(B187)입니다.

13강 _ 선험적 종합판단의 원칙들

원칙론의 문제의식

만약 인식 내용을 따지지 않고 그 판단이 옳은지 알고자 한다면 판단이 스스로 모순되는지만 보면 됩니다. '어떤 것에도 그것과 모순되는 술어는 속하지 않는다'는 명제를 모순율이라고 합니다. 모순율은 진리에 대한 소극적이면서도 보편적인 기준으로서 명제의 내용은 상관하지 않고 모순의 형식만을 따지는 분석판단에서 사용되는 최상의 원칙입니다. 다시 말해서 판단이 분석적이기만 하면 모순율에 따라 모든 진리성을 검토할 수 있습니다. '총각은 결혼하지 않은 남성이다'는 분석명제가 진리이므로 모순율에 따라 '총각은 결혼한 남성이다'는 거짓 명제가 됩니다.

그런데 아무런 내적 모순이 없음에도 불구하고 거짓되거

나 근거가 없는 명제도 있습니다. '유령은 죽은 사람의 영혼의 표현이다'라는 명제는 분석명제로서는 참입니다. 유령을 분석하면 죽은 사람의 영혼의 표현이 나오니까요. 하지만 이 명제를 종합명제로 보면 어떨까요? 이 명제가 참이라고 하더라도 이 명제에 해당하는 유령이 객관적으로 존재한다는 보장은 없지 않나요? 유령이 존재하지 않는다면 이 명제는 근거가 없는 것이 됩니다. 이처럼 어떤 판단에 있어 그 판단을 정당화하는 선험적이거나 후험적인 근거도 없이 개념 자체로만 타당한 분석판단이 있습니다. 그러므로 모순율은 모든 분석적 인식의 보편적이고 완전히 충분한 원칙이라고 할 수 있습니다. 그러나 분석적 인식을 벗어나는 경우 이 원리의 권위와 효용은 진리의 충분한 기준이 되기는 어렵습니다.

참고로 모순율은 모순율 자체의 조건조차 만족시키지 못하고 있다는 점에서 또한 문제가 됩니다(B191). 모순율에 따르면 '어떤 것이 있으면서 동시에 있지 않다는 것은 불가능하다'는 정식이 있을 수 있습니다. 그런데 이 정식에는 '동시에'라는 시간 개념이 포함되어 있어, 분석적인 대신 종합적인 면모를 보이고 있습니다. 가령 누군가는 젊으면서 동시에 늙을 수는 없지만, 같은 사람이 어떤 시점에서는 젊었다가 다른 시점에서는 늙을 수 있습니다. 그런데 순전히 논리적인 원칙인 모순율은 자신의 주장을 이렇게 시간 관계에 국한시켜서는 안 됩니다. 따라서 분석판단의 형식적 조건에 맞춰 명제를 만들면 '누군가는 젊으면서 늙었다'고 표현해야 하지만, 이렇게 누군가라는 주어 바깥의 '동시에'라는 시간 개념을 제거하는 순간 이 명제는 거짓 명제가 됩니다. 시간적 조건과 상관없이 형식적인 모순의 측면에서 명제의 진위를 판단해야 하는데도 이렇게 '동시에'를 요구하고 있다는 점에서 위의 정식은 모순율의 의도에 전적으로 어긋납니다.

그러므로 우리는 모순율이라는 분석판단의 최상의 원칙에 만족할 수 없습니다. 종합판단들만의 원칙이 필요합니다. 그렇다면 종합판단의 최상의 원칙을 어떻게 찾을까요? 분석판단에 있어 어떤 결정을 위해서는 주어진 개념에 머물러야 합니다. 판단이 긍정적이면('총각은 ~이다') 이 개념 안에 있는 것을 덧붙이면 되고('총각은 결혼하지 않은 남성이다'), 판단이 부정적이면 이 개념에 반대되는 것을 그 개념에서 떼어 내면 됩니다('유리수는 무리수가 아니다'). 그러나 종합판단에서는 주어진 개념에서 생각되었던 것과 전혀 다른 것을 그 개념과 관련시키기 위해 주어진 개념 바깥으로 나가야 합니다('직선은 흰색이다'). 이 관계는 동일성의 관계도 모순의 관계도 아니고, 이 판단 자체로는 진리인지 오류인지 알 수 없습니다('직선이 흰색

인지 아닌지는 실제 그려진 선을 살펴봐야 합니다).

그러므로 주어진 개념(직선)을 다른 개념(흰색)과 종합적으로 비교하기 위해서는 그 개념(직선) 바깥으로 나가야 하며, 두 개념의 종합이 생길 수 있는 "제3의 것"(B194)이 필요합니다. 그렇다면 모든 종합판단들의 매체인 이 제3의 것은 무엇일까요? 한 인식이 객관적 실재성을 가져야 한다면, 다시 말해 하나의 대상과 관계를 맺고 그 대상에서 의미와 의의를 가져야 한다면 그 대상이 어떤 방식으로 주어질 수 있어야 합니다(흰색의 직선을 만나야 합니다). 그러므로 "경험의 가능성은 우리의 모든 선험적 인식들에게 객관적 실재성을 주는 것"(B195)입니다. 두 개념의 종합을 가능하게 하는 제3의 것은 결국 경험(가능성) 혹은 경험에 의해 주어지는 대상입니다. 그런데 경험은 현상들의 종합적 통일, 즉 개념들에 따르는 현상들 일반의 대상의 종합에 의거합니다. 이 종합적 통일이 없으면 경험은 인식이 되지 못하고 지각들의 광상곡에 그칠 것입니다.

칸트에게 경험을 한다는 것은 지각들이 일정한 규칙(가령 인과)에 따라 하나의 문맥 속에 정돈되는 것입니다. 따라서 경험은 원래 현상들의 종합에서의 통일의 보편적 규칙을 갖는데, 이 규칙들의 객관적 실재성은 경험 중에서, 그리고 경험의 가능성 속에서 지적될 수 있습니다. 이렇게 지각으로 주어지는 현상들과 범주에 의한 종합과 통일이라는 관계에서만 선험적 종합명제는 가능합니다. 따라서 모든 종합판단들의 최상 원리는 '모든 대상이 가능한 경험에서의 직관의 잡다의 종합적 통일의 필연적 조건들에 종속한다'는 것입니다. 지각들이 일정하게 종합되고 통일되는 어떤 필연적 조건들이 있다면 그에 따라 대상이 규정될 수 있겠습니다. 그 종합의 필연적 조건들, 다시 말해 지성 개념(범주)이 종합하는 방식에 대한 확인, 그것이 종합판단의 원칙론이 됩니다.

수학적 원칙과 역학적 원칙

대상이 종속되는 원칙은 지성의 원칙일 수밖에 없습니다. 원래 순수지성은 규칙들의 능력이자 원칙들의 원천입니다. 이 지성의 원칙에 입각해 자연의 모든 법칙들이 생겨날 수 있습니다. 왜냐하면 자연의 모든 법칙들이란 지성의 원칙들을 현상의 특수한 경우들에 적용한 것일 뿐이기 때문입니다. 가능한 경험에 순수지성 개념들을 적용할 때 지성이 행하는 종합의 사용은 두 가지로 나타날 수 있는데, 그것은 수학적(mathematical) 종합과 역학적(dynamical) 종합입니다.

　　모든 결합(combination)은 합성(composition)이거나 연결(connection)입니다. '합성'은 상호간에 필연적으로 귀속함이 없는 잡다의 종합입니다. 가령 사각형을 대각선으로 분할해서 생겨난 두 삼각형은 상호간에 필연성은 없지만 서로 합성이 되어 있는 것으로서, 이런 합성은 수학적으로 고찰할 수 있는 모든 면에서 동종적인 종합입니다. 이런 동종적인 수학적 종합은 다시 연장적 크기들의 종합(양의 범주)과 밀도적 크기들의 종합(질의 범주)으로 나눌 수 있습니다. 다음으로 '연결'은 상호 필연적으로 귀속하는 잡다의 종합입니다. 가령 어떤 실체와 우연적 속성(우유성)의 관계, 원인과 결과의 관계가 그러한 것으로서, 이런 결합은 이종적이면서도 자의적이지 않으므로 역학적 결합이라고 부릅니다. 역학적 종합은 다시 현상들 상호간의 물리학적 결합(관계의 범주)과 선험적 인식 능력 안에서의 현상들의 결합인 형이상학적 결합(양상의 범주)으로 구분될 수 있습니다.

수학적 종합은 양(연장적 크기)과 질(밀도적 크기)이라는 직관에만 관여하고, 역학적 종합은 현상 일반의 현존(existence) (현상들 상호간의 관계 등)에 관여합니다. 그런데 가능한 경험을 위해서는 반드시 양과 질의 측면에서 직관이 경험되어야 하기 때문에 수학적 종합은 무조건 필연적입니다. 하지만 가능한 경험의 직관에 있어 그것이 인과의 관계인지 상호성의 관계인지는 대상에 따라 달라지므로 역학적 종합은 우연적일 수 있습니다. 다시 말해 인과관계는 그 자체로는 필연적이지만 그것이 경험의 대상이 아닐 수도 있으므로(실체와 우유성의 관계가 경험 대상일 경우) 역학적 종합은 간접적으로만 필연적이라고 말할 수 있습니다. 순수지성의 모든 원칙들은 다음처럼 나타낼 수 있습니다.

① 직관의 공리들(axioms)
② 지각의 예취들(anticipations)
③ 경험의 유추들(analogies)
④ 경험적 사고 일반의 요청들(postulates)

① 직관의 공리들과 ② 지각의 예취들은 직관적 확실성을 갖고, ③ 경험의 유추들과 ④ 경험적 사고 일반의 요청들은 논변적 확실성을 갖습니다. 그래서 전자를 수학적 원칙들, 후자를 역학적 원칙들이라고 부릅니다.

① 직관의 공리들 : 모든 직관들은 연장적 크기들[외연량]
(extensive magnitudes)이다.
이 공리는 우리가 대상의 인식을 위해 종합을 행할 때 외연적 크기의 차원에서 잡다를 통일한다는 원칙을 제시합니다. 포성을 센다고 할 때 우리는 일정한 시간 길이의 반복을 통해 그 양을 인식하게 됩니다. 수의 반복은 원래 시간적 크기의 반복입니다. 우리가 경험하는 현상들은 우선 시공간적 직관의 차원에서 동일한 크기(동종적인 것)에 대한 합성과 이 잡다에 대한 종합적 통일 의식을 통해 포착됩니다. 그러므로 현상들에 대한 포착은 우선적으로 연장적 크기의 차원에서 이뤄집니다. 건물의 크기나 산의 크기, 포성의 횟수, 지나가는 자동차들의 대수 등은 우리에게 주어지는 감각적 직관의 잡다에 대한 통일에 의해 가능한 연장적 크기들입니다.

연장적 크기란 부분들의 표상이 전체 표상을 가능하게 만드는, 그래서 부분들의 표상이 전체 표상에 반드시 선행해야 하는 그런 크기를 말합니다. 아무리 짧은 선분이라도 이미 그보다 짧은 점의 잇따른 산출과 결합에 의하지 않고서는 표상할 수 없습니다. 마찬가지로 아무리 짧은 시간이라도 더 짧은 순간들의 순차적 진행에 의해 일정한 크기의 시간을 산출합니다. 모든 현상들에서 순전한 직관은 공간이거나 시간이므로, 직관으로서의 모든 현상은 연장적 크기입니다. 모든 현상은 포착에서 오로지 (부분에서 부분으로의) 순차적 종합을 통해 인식될 수 있는 것이니 말입니다. 그러므로 "모든 현상들은 이 집합체(곧 앞서 주어진 부분들의 일정 양)로서 직관된다"(B204),

이것이 직관의 공리입니다. 그렇다고 모든 크기가 다 그런 것은 아니고 오직 연장적인 것으로 표상되고 포착되는 그런 크기들의 경우에만 해당됩니다.

그러므로 우리가 종합판단을 할 때 그 판단의 대상이 현상이라면 우선은 직관의 공리를 충족시켜야 합니다. 다시 말해 판단의 대상이 연장적인 것으로 표상된 것이라면 직관의 공리를 충족시키지 못하게 되는 순간 그런 판단은 거짓이 됩니다. '황금산은 가장 높은 산이다'는 명제는 높이라는 연장적 크기를 다루고 있기 때문에 "집합체로서 직관"되어야, 다시 말해 일정한 크기의 양으로 직관되어야만 타당성이 증명됩니다. 그러므로 가장 높은 산이 황금으로 된 산이 아니라면 이 명제는 거짓입니다. 직관의 공리는 연장적 크기의 집합체를 다루고 있기 때문에 기본적으로 연장의 수학인 기하학의 기초를 확립한 것으로 평가받고 있습니다.

② 지각의 예취(豫取)들 : 모든 현상들에서 실재적인 것, 즉 감각의 대상인 것은 밀도적(intensive) 크기[내포량], 다시 말해 도(degree)를 갖는다.

'지각의 예취', 정말 생소하죠? 원래 '예취'라는 우리말은 없습니다. 'anticipation'을 철학적 문맥에 맞게 번역하려고 한자를 조합해 만든 단어입니다. 다른 곳에서는 '예료'(豫料)라고도 번역하는데, 이 말은 국어사전에 나와 있긴 하지만 마찬가지로 그 의미를 파악하기가 쉽지 않습니다. 현상들이 밀도적 크기를 갖는다는 것은 지각의 예취, 혹은 지각의 예료라는 것인데, 의미가 와닿지 않습니다. 밀도적 크기와 예취, 이 두 가지로 나눠서 그 의미를 파악해 보도록 하겠습니다.

지각(perception)은 무언가를 감각했다는 경험적 의식입니다. 이 지각의 대상은 직관의 대상과는 다릅니다. 포성이 몇 번 있었는지 그 횟수를 세는 것과 포성의 강도를 측정하는 것이 다른 것처럼, 지각 대상으로서의 현상들은 시공간적 직관이 아닙니다. 지각 대상들은 직관을 넘어 감각적으로 느껴지는 어떤 실재적인 것(the real)입니다. 그래서 고막을 찢는 강렬한 포성을 느끼듯이 지각을 통해 우리는 우리 주관이 촉발된다는 사실을 의식합니다. 그리고 그런 촉발과 함께 어떤 대상이 감각적 대상으로서 실재한다는 주관적인 표상을 갖게 됩니다. 살을 에는 듯한 추위는 시공간적 직관(연장적 크기)으로 표상되지는 않아도 분명 우리 주관을 촉발하는 형태로 우리에게 지각되는 실재적인 것입니다. 이런 감각적 양은 아무것도 느껴지지 않는 0에서부터 임의의 크기까지 가능합니다(-30℃는 실재적 감각으로 느껴지는 0 이상의 강도를 갖습니다). 물론 이 크기는 연장적 크기와는 관계가 없습니다. 이를 밀도적 크기(내포량)라고 합니다. −20℃, −10℃, 0℃, 15℃, 30℃, 이렇게 밀도적 크기는 나름의 단계적 크기를 갖고 있습니다. 색의 맑고 탁한 정도를 측정하는 채도에도 그 정도(degree)가 있듯이 말입니다.

이제 예취에 대해 알아보겠습니다. 원래 예취란 에피쿠로스가 프로렙시스(prolesis)라는 개념으로 지칭한 것으로, 들판에 있는 소나 말을 찾을 때 미리 말이나 소에 대한 개념이나 형상을 갖지 않고 '저기 있는 것이 말이다'라고 할 수 없는 것처럼, 일종의 선차적 표상을 뜻합니다(백종현, 『순수이성비판』 해제」[옮긴이 주], 402쪽). 칸트도 이와 비슷하게 경험적 인식에 속하는 것을 선험적으로 인식하고 규정할 수 있는 인식을 예취라고 부릅니다. 가령 앞에서 보았던 직관의 공리와 같은 것이 일종의 예취의 예가 되겠습니다. 우리에게 현상으로 경험되는 것 모두가 연장적 크기를 갖고 있다는 것은 경험 이전에 선험적으로 우리에게 주어지는 판단이기 때문입니다. 그런데 이런 예취가 불가능한 영역이 있으니, 그것은 바로 감각(지각)입니다. 어떤 것이 감각이 될지, 그 감각이 강렬할지 약할지는 우리가 선험적으로 판단할 수 없습니다. 경험 상황마다 다를 수밖에 없습니다.

그렇다면 '지각의 예취'란 지각에 있어서도 어떤 것이 경험 이전에 선험적으로 인식될 수 있는 부분이 있다는 말이 되겠습니다. 경험에서만 끌어낼 수 있는 것을 경험을 앞질러 미리 인식할 수 있다는 말은 아무래도 기이하지만 그런 영역이 있다는 것이 칸트의 생각입니다. 만약 순전히 감각만을 매개로 뭔가를 포착한다고 할 때(가령 소리) 그 포착은 부분에서 전체 표상으로 진행되는 순차적 종합(이는 연장적 크기다)이 아닌 한 순간만을 채우는 그런 포착입니다. 30db은 10db을 세 번 더한 것이 아니라, 순간적인 감각으로 포착된 소리입니다. 그래서 그 한 순간 아무것도 느껴지지 않는다면, 우리는 그 순간을 공허한 것, 즉 0으로 표상하겠습니다. 아무 소리도 들리지 않는다는 것은 최소한 소리의 측면에서는 지각되는 대상이 없다는 것, 즉 감각의 결여를 표상합니다.

이렇게 경험적 직관에서 감각에 대응하는 것, 즉 우리 감각을 촉발하는 어떤 것이 느껴지면 그것이 곧 현상의 실재성(reality)이고, 감각의 결여에 상응하는 것은 부정성(negation=0)입니다. 질적인 범주에서 실재성은 촉발된 감각이고, 부정성은 감각의 결여입니다. 그런데 우리가 느끼는 감각이 점점 줄어 완전히 소멸할 수 있을 텐데, 이렇게 현상들은 실재성과 부정성 사이에서 많은 중간 감각들의 연속적인 연관을 갖습니다. 그리고 중간 감각들 상호간의 차이는 주어진 감각과 0(부정성) 사이의 차이보다 언제나 작게 됩니다. 따라서 "현상에서의 실질적인 것[지각되는 것]은 항상 크기를 갖"(B210)습니다. 다시 말해 실재하는 것이라면 아무리 작더라도 0이 아닌 이상 밀도적 크기(내포량)를 갖는다는 것입니다. 온도계는 미세한 온도차를 측정해 냅니다. 그리고 온도차는 연장적 크기가 아닌 밀도적 크기에서의 어떤 것의 실재성(온도의 강도)을 드러냅니다.

밀도적 크기란 오직 하나로만 포착되고 부정성=0에 접근함으로써만 다수성이 표상될 수 있는 그런 크기를 말합니다. 100℃의 뜨거움은 10℃의 중첩이 아니라 순간적인 하나(100℃)로서 즉각 포착됩니다. 그러므로 현상으로서 모든 실질적인 것은 밀도적 크기, 즉 '도'(度)를 갖습니다. 모든 색깔은 제아무리 작다 할지라도 결코 0이 될 수 없는 나름의 밀도적 크기, 강도를 갖습니다. 이는 열이나 중력 등에도 두루 해당됩니다. 그러므로 감각적 실재성이 밀도적 크기를 갖는다는 것은 경험 이전의 선험적 인식, 즉 예취에 해당합니다.

직관의 공리가 우리가 경험하는 현상들이 외연적 크기를 갖는다는 선험적 예취를 보여 준 것이었다면, 지각의 예취는, 우리가 감각적으로 (뭔가를) 느낀다는 것은 그것이 아무리 작다 하더라도 그 실재성이 이미 밀도적 크기를 갖는다는 것을 선험적으로 인식할 수 있다는 뜻입니다. "모든 현상들 일반은 연속적인 크기들이다. 직관의 면에서는 연장적 크기들이고, 순전한 지각(곧 감각과 그러니까 실재성)의 면에서는 밀도적 크기들"(B212)입니다. 내포량도 외연량도 없는 것을 우리는 현상으로는 결코 만날 수 없다고 선험적으로 말할 수 있습니다. 우리는 지금 외연량과 내포량의 면에서 필연적으로 진리인 선험적 종합판단을 찾아내고 있습니다.

지각의 예취라는 종합판단의 원칙은 빈 공간과 빈 시간은 존재할 수 없다는 주장의 핵심적 예증이 됩니다. 칸트에 따르면 당시의 물리학자들은 부피는 동일한데도 무게에 차이가 나는 사물이 있다고 할 때 이 차이가 빈 공간 때문에 발생한다고 주장합니다. 이 주장은 공간상에서 실재적인 것이 어디서나 동일하고 오직 연장적 크기에서만 차이가 있다는 가정에 의해 뒷받침됩니다. 만약 두 사물이 동일한데도 무게가 차이가 난다면 한 사물 안에 텅 빈 공간이 있기 때문이라는 것입니다. 그러나 칸트는 두 사물이 동일한 물질로 가득 채워져 있다고 하더라도 그 실재성에 있어서는 여러 단계의 도(밀도적 크기)를 가질 수 있기 때문에, 텅 빈 공간이 없어도 그 도는 공허하게 사라지기 이전에는 무한히 더 작을 수 있다고 말합니다. 가령

열에 의한 팽창은 공간의 가장 작은 부분도 텅 빈 채로 놔두지 않고 그 공간을 가득 채우는 실재성입니다. 그리고 팽창의 정도는 무한히 줄어들 수 있지만 분명 실재하는 팽창이고 열입니다.

우리가 지각하는 한, 실재적인 것의 결여를 증명할 수 없습니다. 지각은 곧 실재성입니다. 물론 그 강도는 무한한 차이를 가질 수 있습니다. 어쨌든 현상에 있어 모든 실재적인 것의 완전한 결여를 증명하는 지각은 가능하지 않습니다. 그리고 그런 경험도 불가능합니다. 따라서 경험으로부터는 결코 빈 공간이나 빈 시간에 대한 증명을 끌어낼 수가 없습니다. 우리가 감성적으로 직관하는 한 실재적인 것의 완전한 결여는 지각될 수 없습니다. 빈 공간처럼 보이는 것도 언제나 압력이나 온도, 밀도와 같은 실재성을 갖고 있기 때문입니다. 밀도적 크기가 더 크거나 작을 수는 있어도 완전한 공허에 달하는 경우는 있을 수 없습니다.

색깔이나 맛과 같이 감각의 질은 경험적이기 때문에 선험적으로는 표상할 수 없습니다. 그러나 감각 일반에 대응하는 실재적인 것은 부정성=0이 아닌 이상 "그 개념 자체가 하나의 '임'(being)을 함유하는 무엇인가를 표상하며, 다름 아니라 경험적 의식 일반에서의 종합을 지시"(B217)합니다. 우리가 경험하고 있는 이상, 거기서는 부정성=0보다는 큰 일정한 밀도적 크기를 갖는 뭔가를 지각합니다. "따라서 모든 감각들이 그 자체로는 단지 후험적으로 주어지지만, 그것들이 하나의 도를 갖는다는 그것들의 성질은 선험적으로 인식될 수 있다"(B218).

③ 경험의 유추들 : 경험은 지각들의 필연적 연결 표상을 통해서만 가능하다.

구성적 원칙과 규제적 원칙

이 세번째 원칙을 알기 위해서는 먼저 '경험'이 뭔지, 그리고 '유추'가 뭔지 알아야겠습니다. 앞에서도 누차 얘기했듯이 경험이란 지각들의 잡다에 의해서는 형성되지 않습니다. 경험은 그 지각들에는 함유되어 있지 않은, 지각의 잡다에 대한 한 의식에서의 종합적 통일입니다. 경험에서 본질적인 것은 지각이 아니라 지각들의 종합적 통일입니다. 이것이 지각들에 대한 객관적 규정이자 경험적 인식입니다. 그런데 지각들이 무작위적으로 연결되고 종합되어서는 곤란합니다. 그런 것은 객관적 표상이 될 수 없습니다. 그렇다면 지각들을 필연적인 관계 속에 묶어 주는 어떤 것이 선험적으로 존재해야 하는데, 그것이 바로 지금부터 살펴보려 하는 관계의 범주입니다. 경험은 지각들을 필연적으로 연결시키는 관계 범주의 종합 방식에 의해서만 가능합니다.

지각들이 맺을 수 있는 관계는 시간의 양태에 따라 달라집니다. "시간의 세 양태는 고정(불변)성, 계기[잇따름], 그리고 동시[적]임이다"(B219). 우리는 사물이 변하지 않고 있을 때는 정지된 시간을, 사물이 잇따라 발생할 때는 인과적 시간을, 사물이 동시적으로 작용할 때는 상호적 시간을 느낍니다. 결국 이 세 가지 시간의 양태(곧 세 가지 규칙)가 지각들의 관계를 결정하고, 이에 따라 가능한 경험이 달라지며, 따라서 모든 경험에 선행하는 것입니다. 그러므로 모든 지각의 잡다는 시간 관계에 따라 근원적 통각 속에서 통일되어야 합니다. 만약 우리가 뭔가를 '경험'했다면, 그것은 이 세 가지 시간 양태 중 어느 하나에 의해 지각의 잡다가 선험적으로 규정되었다는 뜻입니다. 물론 어떤 관계 속에 있는지 선험적으로 알 수는 없지만 어쨌든 이 세 가지 시간 관계 가운데 어느 하나에는 속해야 한다는 것은 선험적인 원칙입니다(그래서 '경험의 유추'의 원칙은 다시 세 가지로 갈라집니다).

직관의 공리와 지각의 예취에서는 현상들이 양과 질의 차원의 반복에 의해 종합되었습니다. 그러나 지금 우리가 다루는 원칙은 물과 얼음처럼 두 '현존'의 '관계'만을 고찰 대상으로 합니다. 물의 양이나 얼음의 강도가 문제가 아니라 물(액체)과 얼음(고체)이 어떤 관계 속에서 종합될 수 있는지를 보는 것입니다. 물론 우리는 그 관계를 이미 알고 있습니다. 인과관계죠. 추위로 인해 물이 얼음이 된 것이죠. 그러나 추위와 관련된 인과는 비가 아니라 눈이 내리는 상황과도 관계를 갖습니다. 이렇게 물, 비, 얼음, 눈과 같은 현존이 맺는 관계에 대한 탐구가 '경험의 유추들'에서 다뤄지는 내용입니다.

그러므로 현상들의 현존은 선험적으로 인식할 수 없습니다. 그것이 물이 될지, 눈이 될지는 경험해 봐야 합니다. "우리가 이런 방식으로 어떤 현존을 추리하는 데 이를 수 있다 할지라도 우리는 이것을 확정적으로 인식할 수는 없을 것이다"(B221). 다시 말해 양과 질의 범주에서처럼 예취할 수가 없습니다. 그러나 햇빛의 강도는 달빛의 20만 배라고 미리 규정할 수 있듯이 직관의 공리와 지각의 예취는 현상들을 선험적으로 규정하고 구성할 수 있다는 점에서 '구성적(constitutive) 원칙'이라고 부릅니다. 반면에 현상의 현존에 대해서가 아니라 그 관계에 대해서만 선험적으로 규정할 수 있는 경험의 유추의 원칙과 나중에 다룰 경험적 사고 일반의 요청들의 원칙은 '규제적(regulative) 원칙'이라고 부릅니다.

가령 한 지각과 다른 지각이 일정한 시간 관계 속에서 주어진다면, 우리가 선험적으로 말할 수 있는 것은 그 지각의 정체나 양이 아니라, 두 지각의 시간적 관계일 뿐입니다. 그것이 인과적일지 아니면 상호적일지 하는 정도를 선험적으로 규정할 수 있을 뿐이지, 그 관계의 구체적 항목이 갖는 양을 선험적으로 확정할 수는 없습니다. 이를 규제적이라고 합니다. 수학에서 사용하는 유추는 언제나 구성적입니다. '2:7=3:x'와 같은 비례식에서 우리는 '2:7'의 관계에서 '3:x'의 관계를 유추할 수 있고, 그래서 10.5라는 답을 찾아낼 수 있습니다. 이렇게 미지의 수를 직접 찾아내는 방식을 칸트는 구성적이라고 말합니다. 앞에서 양과 질의 범주에 관계되는 것을 수학적 종합이라고 했습니다. 지금 칸트는 이런 수학적 종합과 관련되는 것을 구성적 원칙이라고 재명명하고 있습니다.

수학과 달리 철학에서 유추는 비례식과 같은 양적 관계의 동등성이 아니라 질적 관계의 동등성을 다룹니다. '신 : 무한한 정의 = 인간 : 유한한 정의(x)'와 같은 유비추론이 대표적입니다. 우리는 여기서 무한한 정의가 무엇인지 그것이 어느 정도의 양인지 알 수 없습니다. 마찬가지로 유한한 정의가 무엇이고 그 크기가 어떻게 되는지도 모릅니다. 대신 신이 무한한 정의를 갖는다면 인간은 유한한 정의를 갖는다는 그런 비례적 관계만을 확인할 뿐입니다. 하지만 우리는 이 유비추론 속에서 x를 경험에서 찾는 '규칙'을 가지게 되며 경험에서 그것을 발견하는 징표를 얻게 되는 것입니다. 이처럼 '경험의 유추'라는 원칙은 지각으로부터 경험의 통일이 생겨야 하는 규칙의 역할을 합니다. 그러므로 그것은 대상들이 무엇인지를 구성하는 원칙이 아니라 그 관계만을 엄밀히 규제하는 원칙입니다. 앞에서 다룬 관계 범주와 양상 범주에 따른 역학적 종합은 규제적 원칙에 속합니다.

구성적이라는 개념과 규제적이라는 개념에 대해 조금 더 이해를 해보도록 하겠습니다. 앞에서도 말씀드렸듯이 지성의 범주는 도식의 도움을 받아 경험 대상들과 관계를 맺는다고 했습니다. 즉 지성의 적용 범위는 철저히 경험 가능성이라는 한계 안에 있어야 합니다. 그런데 이 범주를 경험 바깥의 초험적인 영역에까지 확장하면 어떻게 될까요? 아직 다루지는 않았지만, 실체라는 범주는 경험 대상들을 규정하는 역할을 합니다. 그런데 이 실체라는 범주를 초험적인 영역에서 '구성적으로' 사용하면 신이라는 존재가 실재하는 것처럼 됩니다. 비례식에서 미지수 x를 얻을 수 있듯이 말이죠. 하지만 신은 경험할 수 없습니다. 다시 말해 직관되지 않습니다. 경험되려면 직관의 공리(외연량)와 지각의 예취(내포량)라는 원칙을 충족시켜야 하는데, 신은 어떤 외연량인지, 어떤 내포량인지 우리에게 알려져 있지 않습니다. 따라서 칸트는 신을 '구성적인' 용법으로 써서는 곤란하다고 말합니다. 신은 '규제적으로만' 우리가 관계하는 대상입니다. 즉 우리 삶을 기계적 인과만으로는 설명할 수 없기 때문에 도입해야 할 설명의 원리이거나 도덕적 요청일 뿐이지 실체적 경험 대상이 아닙니다.

독단적이고 교조적인 합리론이 대표적입니다. 규제적 원칙으로서의 신을 구성적인 방식으로 오용하는 경우가 말이죠. 그들에게 신은 늘 그 존재함을 증명해야 하는 대상입니다. 데카르트는 모두 세 가지 증명 방식을 이용해 신의 존재를 증명하려 합니다. 바로 이런 태도가 신에 대한 구성적 사용입니다. 하지만 규제적으로 존재해야 하는 대상으로서의 신은 그 현존을 증명할 필요가 없습니다. 규제적 사용에서는 그 신과 우리의 '관계'가 중요할 뿐이기 때문입니다. 우리 삶을 우연성 속에 방기하지 않기 위해 우리와 신의 필연적 관계를 상정하는 어떤 신학적이거나 목적론적 사용이 있을 수 있습니다. 그리고 이런 목적론적 사용은 삶과 세계 안에 그런 목적이 직접 현존한다고 말하지 않습니다. 구성적이지 않기 때문이죠. 대신 그런 목적의 관계를 상정할 수 있다고, 규제적인 목적일 수 있다고 말할 뿐입니다.

A. 제1유추. 실체 고정불변성(persistence)의 원칙 : 현상들의 모든 바뀜[轉變]에서도 실체는 고정적이며, 실체의 양은 자연에서 증가하지도 감소하지도 않는다.

간단한 비유로 시작해 보겠습니다. 두 사물이 동일한 속도로 같은 방향으로 움직인다면 두 사물은 서로가 정지해 있다고 생각하겠죠? 움직임(변화)은 있었으나 (공간적) 고정점이 없다 보니 변화가 없는 것처럼 되었습니다. 제1유추는 바로 이런 상황을 설명합니다. 물론 칸트는 공간이 아니라 시간 안에서의 변화를 이야기합니다. 모든 현상들은 시간 안에 있습니다. 그런데 만약 이 시간이 사물의 변화와 함께 흘러간다면 어떻게 될까요? 그렇게 되면 사물이 서로 잇따르는지 동시적인지 전혀 알 수 없겠죠? 모든 현상의 토대(기체)로서 시간은 머물러 있어야 하고 바뀌지 않아야 합니다.

그런데 시간 자체를 우리는 지각할 수 없습니다. 현상들 중에서 움직이지 않고 고정된 시간 일반을 표상하는 사물이 아니고서는 그런 시간을 느낄 수 없습니다. 그리고 모든 실재하는 것의 기체(토대)를 실체(substance)라고 합니다. 그리고 이 실체에서 변하는 것, 즉 현존은 규정(determination, 양태 혹은 우유성)이라고 부릅니다. 인간을 실체로 본다면 인간의 울음이나 웃음은 일종의 양태, 혹은 비본질적인 우유성이라고 철학적으로 말합니다. 칸트는 지금 '실체와 규정'이라고 표현하고 있습니다. 모든 변화에도 불구하고 언제나 동일자로 머물러 있는 것을 현상의 실재, 즉 실체라고 부릅니다. "이 실체는 현존에서 바뀔 수 없는 것이므로 자연에서 그 양은 늘어날 수도 줄어들 수도 없다"(B225). 자연을 생각하면 되겠습니다. 자연은 사시사철 변하지만 그래도 일정하죠? 이런 자연을 실체라고 하고 그 변화된 모습을 규정, 우유성, 양태 이렇게 다양하게 부릅니다.

우리의 경험 기초에 불변하고 고정적인 것이 없다면 우리가 포착하는 것이 동시에 존재하는 것인지 아니면 계기적으로 잇따르는 것인지 알 수 없을 것입니다. "그러므로 시간관계들은 고정불변적인 것에서만 가능"(B226)합니다. 실체는 고정된 시간의 경험적 표상이고, 이 실체 아래서만 모든 시간 규정이 가능한 거죠. 고정불변성(실체)이란 시간을 현상들의 변화의 항존적 상관자로서 표현하는 그런 것입니다. 그리고 고정불변하는 것은 공간적인 것이어야 합니다. 시간에서 내감은 언제나 흘러가는 계기적인 것의 상태일 뿐 고정적일 수 없습니다. 그런 연속적이고 계기적인 상태가 동시적인 상태로 표상되려면 (공간적 질서에 귀속된) 외감에서 발견되는 서로 곁하여 있음의 현상적 상태가 먼저 전제되어야 하지요(백승환, 「칸트의 관념론 반박과 의식의 초월성」, 96쪽). 이렇게 고정불변하는 실체가 존재함으로써 지각들은 잇따르는 시간, 혹은 동시적 시간으로 종합될 수 있고, 이를 통해 우리의 모든 경험도 가능합니다. 지금 잇따르고 있다고 말하는 것은 까마귀와 떨어지는 배처럼 아무런 상관도 없는 그런 사물들의 연속을 말하는 게 아닙니다. 물과 얼음처럼 (추위로 인해) 물 뒤에 얼음이 반드시 잇따르는 그런 필연적 관계를 말하는 것입니다.

그동안 '모든 변화에도 실체는 불변존속하며 우유성들만이 바뀐다'고 철학자들은 말해 왔지만, 이 명제를 아무도 입증하지 못했습니다. '실체는 고정불변적이다'는 명제는 동어반복입니다. 그러므로 이런 분석명제의 형태로는 실체의 불변과 우유성의 변화를 증명하지 못합니다. 그런데 이 명제는 사실 모든 경험의 기초에 놓여 있는 중차대한 것입니다. 경험이라는 것은 앞에서 말한 세 가지 시간 관계에 의해 대상을 종합하는 것입니다. 그런데 세 가지 시간 양태 중에서 첫번째인 이 고정불변성이야말로 나머지 둘에 있어서 필수적인 조건입니다. 고정된 것이 있어야만 시간의 잇따름이나 동시성을 설명할 수 있기 때문입니다. 그런데도 이 명제가 한 번도 증명되지 않았다는 사실을 아무도 깨닫지 못했다는 것은 놀랄 만한 일입니다(B228).

어떤 변화든지 변화라는 게 존재하려면 그것을 변화라고 인식해야 합니다. 그리고 변화라는 인식은 변화가 없었던 시점을 전제합니다. 만약 이 고정불변적인 지점이 없고 갑작스런 변화가 생긴다면 우리는 이 변화를 변화로 인식하지 못합니다. 이는 시간이 존재하지 않다가 갑자기 시간이 존재하게 된 상황과 마찬가지입니다. 갑작스런 시간의 탄생은 탄생(변화)으로 경험되지 않습니다. 왜냐하면 탄생 이전의 시간은 우리에게 없는(공허한) 시간과 마찬가지이기 때문입니다. 경험은 갑작스런 발생만으로는 성립하지 않습니다. 누누이 말하지만, 경험적 인식은 잡다의 시간 관계 속에서의 종합입니다. 즉 갑작스런 발생과 결합할 다른 표상(변하지 않는 실체)이 있어야 그것을 갑작스러움으로 인식할 수 있는 것입니다.

이 세계가 존재하지 않다가 갑작스레 존재하게 되었다고 해보겠습니다. 그렇다면 이 세계와 함께 출현하게 된 생물이 이 세계의 출현을 갑작스럽다고 느낄까요? 그렇지 않겠죠? 여기서 갑작스러움이라는 변화를 파악하려면 그것을 변화라고 만들어 줄 고정점이 있어야 합니다. 즉 이 생물은 이 세계의 출현 이전을 지각하고 있어야 하고, 그것도 변하지 않는 고정불변성의 것으로 지각하고 있었어야 합니다. 그런데 선행하는 공허한 시간은 지각의 대상이 아니기 때문에 이 세계의 출현

이전을 지각할 수 없습니다. 그러므로 갑작스러움이라는 변화는 경험되지 않습니다. 마찬가지로 기존의 고정불변하는 실체 대신 새로운 실체가 탄생할 수 있다고 해도 이는 모든 변화를 측정해 줄 일관된 통일성(실체 혹은 기체)의 소멸과 마찬가지이기 때문에 여기서도 경험의 통일성은 존재할 수 없습니다. 그런 점에서 칸트는 창조론을 인정하지 않습니다. 우리가 사물을 현존하고 있고 변화하고 있다고 표상하고 지각한다는 것 자체가 이미 고정불변성을 전제하는 것입니다. "고정불변성은 우리가 (현상에서) 사물들의 현존을 표상하는 방식 이상의 아무것도 아니다"(B229).

실체는 바뀔 수 없습니다. 대신 실체의 우유성이나 현존, 혹은 양태만이 바뀝니다. 이런 변화나 운동은 실체의 고정불변성을 전제합니다. 그런 점에서 실체라는 범주는 관계의 범주 안에 있는 하나의 항목이지만 사실 나머지 두 가지 관계 범주를 근거 짓는 조건이라고 할 수 있습니다. 변화는 실체의 상태의 변화입니다. 하지만 변화는 오직 실체를 근거로, 실체에서만 지각됩니다. 실체가 변하면 시간의 경험적 통일성은 사라집니다. 그러므로 경험이 통일되기 위해서 시간은 오직 하나만 존재해야 합니다. 이 하나의 시간 안에서 모든 시간들은 잇따르는 현상들로 경험됩니다.

B. 제2유추. 인과성의 법칙에 따른 시간 계기(sequence)의 원칙 : 모든 변화들은 원인과 결과의 결합 법칙에 따라 일어난다.

고막이 찢어질 듯한 포성을 들은 다음 날 파괴된 건물을 보았을 때 우리는 포탄에 의해 건물이 파괴되었다고 생각합니다. 파괴된 건물을 본 그 다음 날 포성을 듣더라도 우리는 어제 파괴된 건물도 이 포탄 때문이겠거니 하고 생각합니다. 처음 경우와 둘째 경우에서 우리가 경험한 표상의 순서는 서로 다릅니다. 이처럼 표상들이 주어지는 순서는 우리가 결정할 수 없습니다. 그러나 포탄에 의해 건물이 파괴되었다는 이 '연결'은 동일합니다. 이런 연결은 시간 관계와 관련해 내감을 규정하는 상상력이 가진 종합 능력의 산물입니다. 그런데 상상력이 만들어 내는 관계 중에서 '파괴된 건물→포성'의 순서는 불가능해도 '포성→파괴된 건물'의 순서는 가능합니다. 즉 상상력이 두 표상을 종합할 때 반드시 이런 순서여야 한다는 통일의 필연성을 가능케 하는 것은 상상력이 아니라 순수지성 개념, 그 중에서 원인과 결과의 관계 개념입니다.

순전한 지각만으로는 서로 잇따르는 현상들의 객관적 관계는 미정입니다. 이 관계가 확정적인 것으로 인식되려면 어느 것 하나가 먼저 발생하면 다른 것이 반드시 발생한다는 필연적 관계로 규정되어야 합니다. 이렇게 모든 변화에 대해 그 관계의 필연성을 만들어 감각 경험적 인식을 가능하게 하는 것이 바로 인과법칙입니다. 현상의 잡다를 포착할 때 이 포착은 항상 순차적입니다(successive). 집 한 채를 둘러보고 있습니다. 현관으로 들어가서 거실을 보고 2층의 방도 보고 내려와 건물 뒤도 살펴봅니다. 표상들이 순차적으로 우리의 내감에 나타납니다. 그렇다면 '현관→거실→방→뒤편'이라는 표상의 순서가 이 집을 구성하는 데도 필연적일까요? 집이 항상 저런 표상의 순서로만 결합되어야 하는 것일까요? '현관→2층→주방→거실'의 순서로 집을 구경한다면 집의 필연적 구성이 바뀌는 것일까요? 물론 이 집 자체의 잡다는 그러한 순차성을 필연성으로 갖고 있지 않습니다.

그러나 우리에게는 반드시 어떤 식으로만 그 순서를 결합해야지 객관적 인식이라고 인정되는 그런 대상들이 있습니다. 우리에게 주어지는 것은 그저 표상들의 잡다일 뿐이지만 그럼에도 특정한 연결을 필연적으로 만드는 규칙 아래에 있을 때만 진리에 합당하다고 여기게 되는 결합 방식이 있습니다. 인식과 객관의 일치를 진리라고 한다면, 이때 객관은 표상된 대상이 아닙니다. 칸트가 말하는 객관은 표상된 잡다들의 필연적 연결에 의해 구성된 것, 다시 말해 "현상에서 포착의 이 필연적 규칙의 조건을 함유하고 있는 것"(B236)으로서, 단순한 포착의 표상들과는 구별되는 것입니다.

액체가 고체가 되는 것처럼 무슨 일이 일어났다거나 변화가 발생했다는 것은 고체 이전의 액체라는 상태를 전제하지 않는 한 경험적으로 지각되지 않습니다. 그러므로 "한 사건에 대한 매 포착은 다른 지각에 뒤따르는 하나의 지각"(B237)입니다. 이는 위에서 예로 든 집에 대한 포착과는 다릅니다. 집에서는 한 표상에 "뒤따르는" 다른 표상에 대한 지각을 통해 어떤 변화나 발생을 포착하지는 못하기 때문이죠. 배 한 척이 강물을 따라 내려가는 것을 보고 있을 때, 하류에서의 그 배의 위치에 대한 지각은 상류에서의 그것의 위치에 대한 지각에 뒤따라 일어납니다. 그리고 이 현상의 포착에서 그 배가 먼저 하류에서 지각되고 그리고 나중에 상류에서 지각되는 일은 불가능합니다. 위에 인용한 표현으로 바꿔 보면 이렇게 됩니다. '배의 변화(사건)에 대한 매번의 포착은 상류에서의 지각에 뒤따르는 하류에서의 지각이다.'

그러므로 배의 경우 포착에서 지각들의 연결의 순서는 일정하게 규정되어 있습니다. 반면 집의 경우에는 집 꼭대기에서 시작할 수도 있고 오른쪽에서 시작할 수도 있습니다. 이 지각들의 계열에서는 그 출발점을 어디로 잡아야 하는지 필연적인 순서는 없습니다. 그러나 발생하는 것에 대한 지각에 있어서는 이 규칙이 항상 발견될 수 있습니다. 그리고 이 규칙이 서로 뒤를 잇는 지각들의 순서를 필연적이게 합니다. 그러므로 이런 사건과 변화의 경우 포착의 주관적 잇따름(sequence)을 현상들의 객관적 잇따름으로부터 도출할 수밖에 없습니다. 왜냐하면 주관적 잇따름은 전적으로 무규정적이고 임의적이어서 객관에서의 잡다의 연결에 대해 증명하는 바가 없기 때문입니다.

만약 선행하는 것과 후속하는 것의 필연적 연결, 즉 규칙이 존재하지 않는다면 "지각의 모든 잇따름은 오로지 단적으로 포착 중에 있을 것이고, 달리 말해 순전히 주관적일 것"입니다. 그러면 지각들 중에 어느 것이 원래 선행하는 것이고 어느 것이 후속하는 것인지 객관적으로 규정되지 않습니다. 그러나 "이런 식으로는 우리는 오로지 전혀 아무런 객관과도 관계하는 바 없는 표상들의 유희를 가질 뿐이며, 다시 말해 우리의 지각을 통해서는 한 현상이 여느 다른 현상과 시간관계상 전혀 구별되지 못할 터"(B239)입니다. 바로 이것이 인과에 대한 흄의 입장입니다. 그저 현상들의 반복되는 잇따름을 보고 거기서 인과라는 규칙과 개념을 만들어 냈다는 것이죠. 흄에게 인과 개념은 경험에 의해 인위적으로 만들어진 것으로 결코 선험적인 개념이 아닙니다. 그렇게 되면 이 인과 개념은 그저 경험적인 개념이 되고 말며, '일어나는 모든 것은 원인을 갖는다'는 인과 개념의 규칙도 경험과 마찬가지로 우연적인 것이 됩니다.

그러나 어떤 것이 시간 순서로 '잇따른다'고 말하기 위해서는, (고체가 액체가 된 게 아니라) 액체가 고체가 되었다고 말하기 위해서는 고체 이전에 언제나 액체가 선행한다는 규칙을 전제해야 합니다. 고체를 보고 나서 액체를 볼 수도 있고, 액체를 보고 나서 고체를 볼 수도 있지만(포착 자체로는 순전히 주관적) 그럼에도 우리의 포착의 이 주관적인 혼돈을 객관적인 인식으로 만드는 것은 (추위에서의) 변화가 액체에서 고체의 순서를 만든다는 일정한 규칙입니다. 이처럼 우리의 표상들은 언제나 우리 마음의 내적 규정들에 불과합니다. 그렇다면 이 내적이고 주관적인 실재성이 어떻게 객관적 실재성을 부여받을 수 있는 것일까요? 바로 표상들의 결합이 어떤 규칙에 종속되어 필연성을 띤 결합이 될 때만입니다. 이때 우리 표상들에게는 객관성이라는 새로운 성질이 부여되는 것입니다.

표상들이 잇따르지만, 그 잇따름에서 선행하는 상태와 후속하는 상태에 어떤 규칙적인 관계가 있다는 것을 지각할 때만 우리는 무엇인가가 실제로 일어났다고, 다시 말해 '사건'이라는 것이 일어났다고 표상합니다. 이렇게 선행하는 상태에 따라 다르게 부여될 수 없는 시간상의 일정한 위치에 어떤 대상을 놓을 수밖에 없다는 사실을 인식하는 것입니다. 그러므로 뭔가가 발생했다는 것을 우리가 지각하게 되면, 첫째 그 이전에 어떤 것이 선행했다는 사실을 전제하는 것이고, 둘째 이 순서를 바꾸어 다른 계열을 만들 수 없다는 것을 전제하는 것입니다. 순서가 생겨나고, 이 순서상에서 현재 발생한 것은 그 상관자로서(아직 규정할 수 없지만) 그 이전의 어떤 것을 필연적으로 지시하게 됩니다.

모든 경험과 그 가능성을 위해서는 지성이 필요합니다. 그리고 지성이 여기서 하는 일은, 대상들의 표상을 분명하게 하는 일이 아니라, 대상 일반의 표상을 가능하게 하는 일입니다. 그리고 이는 지성이 현상들에다 선험적으로 시간 순서를 부여하고 정해진 시간의 위치를 승인함으로써 가능합니다. 그러므로 경험이란 선행하는 것을 정립하면 그에 따라 다른 사건이 반드시 뒤따라야 한다는 규칙에 입각한 것입니다. 만약 그런 식으로 필연적인 순서에 따라 사건이 뒤따르지 않으면 그런 것은 그저 상상력의 주관적인 유희나 꿈과 같은 것에 불과하겠죠? 그러므로 "결과에 대한 원인의 관계는 지각들의 계열에 관련한 우리의 경험적 판단들의 객관적 타당성의 조건"이자 "경험적 진리의 조건"(B247)입니다.

그렇다면 이런 질문을 제기할 수 있겠습니다. 방 안이 따뜻하길래 둘러봤더니 가열된 난로가 있습니다. 그런데 온기의 원인인 난로는 그 결과인 방 안의 따뜻함과 시간상으로 동시적으로 존재합니다. 여기서는 시간적으로 원인과 결과 사이에 아무런 연속, 혹은 계열계기(succession)가 없습니다. 즉 지금까지 누누이 강조했던 그런 '잇따름'이 없는 것입니다. 그런데도 인과관계가 경험의 근본적 조건이라고 할 수 있을까요? 칸트는 그렇다고 말합니다. 자연에서 작용하는 원인은 대부분 그 결과들과 동시에 있으며, 결과의 시간적 후속은 원인이 전체 결과를 한 순간에 낳을 수 없는 데서 비롯하는 것일 따름이라고 합니다.

따라서 우리는 이제 '잇따름'이라는 것의 의미를 다시 규정할 필요가 있겠습니다. 아무리 원인과 결과가 동시적으로 있어도 결과가 처음으로 발생한 순간에 결과는 항상 그 원인의 작용에 의한 것입니다. 왜냐하면 저 원인이 한순간이라도 그 전에 있기를 중지한다면 그런 결과는 발생하지 않을 것이기 때문입니다. 그러므로 주목해야 하는 것은 '시간의 순서'이지 '시간의 경과'가 아닙니다. 시간이 경과하지 않았다 하더라도 그 관계는 변함이 없습니다. 즉 원인이 원인으로 작용할 때 그 결과와 시간적 간격이 없더라도(시간의 경과가 없더라도) 언제나 원인과 결과의 이 관계 자체는 시간적으로 규정될 수 있는 것으로 남습니다. 즉 동시적이라고 해서 원인과 결과의 관계를 뒤집을 수 있는 것은 아닙니다. 여기서 '잇따름'이란 시간이 얼마나 흘러서 결과가 발생했느냐를 묻는 게 아니기 때문입니다.

다시 칸트의 예를 보겠습니다. 방석 위에 볼링공이 있고 그래서 방석이 움푹 파여 있습니다. 이때 공을 원인으로 보면 그 결과는 공과 동시적으로 존재합니다. 하지만 그렇다고 그 순서를 바꿔서 움푹 파인 방석이 있었고 그래서 볼링공이 생겼다고 하지는 않겠죠? 볼링공과 오목하게 파인 방석을 우리는 역학적 연결의 시간관계를 통해 구별합니다. 선행하는 원인(볼링공)의 작용에 의한 결과의 발생(움푹 파인 방석)은 오직 이런 시간계기(sequence)에 의해서만 가능합니다. 컵은 물이 수평면보다 더 올라가는 원인입니다. 비록 컵과 볼록한 물은 동시적인 현상이지만, 그래도 표면장력이 컵의 원인이라고 하지는 않습니다.

어떻게 뭔가가 변하고 어떤 시점에서 어떤 상태에 이를지 우리는 선험적으로 알 수 없습니다. 이는 현실적인 힘들이 작용하는 구체적 과정에 대한 경험 사항일 뿐입니다. 그러나 어떤 상태들의 연이음이라는 모든 변화의 형식(오직 이 형식으로만 변화는 가능합니다)은 인과의 법칙과 시간 조건에 따라 선험적으로 고찰할 수 있습니다. 이것이 바로 제2유추에서 확인된 것입니다.

C. 제3유추. 상호작용 또는 상호성의 법칙에 따른 동시에 있음[동시성](simultaneity)의 원칙 : 모든 실체들은 공간상에서 동시에 지각될 수 있는 한에서 일관된 상호작용 속에 있다.

이 유추는 간략하게 설명할 수 있습니다. 달과 지구처럼 어느 한쪽의 일방적인 원인성이 아니라 상호적으로 영향을 주고받는 경우 우리는 동시적으로 실존한다고 말합니다. 다시 말해 동시적인 것으로 지각될 수 있으려면 모든 실체들은 서로 상호작용을 하고 있어야 합니다. 그리고 물론 이런 상호작용도 표상 자체로 가능한 것이 아닙니다. 이 둘을 상호작용하는 관계 속에 넣는 지성의 개념이 필요합니다. 그것이 관계 범주에서 세번째 있었던 상호성의 범주입니다. 공간상에 실체들이 동시에 있다고 전제하고 이들을 상호작용하는 것으로 연결하는 것은 지성 개념에 따른 것입니다.

제2유추에서 확인한 것이 한 가지 있습니다. 두 상태나 두 사물에 있어 시간상의 위치를 규정할 수 있는 것은 오직 인과 개념이라는 사실 말입니다. 인과는 시간의 잇따름을 만들어

냅니다. 그렇다면 동시적으로 존재한다는 것은 기본적으로 서로가 원인이 되고 있다는 사실을 보여 줍니다. 그래서 그 두 사물은 상호적 관계성 속에 있게 됩니다. 그러므로 아무런 관계도 없는 것들의 동시성은 여기서 말하는 상호성과는 관계가 없습니다. 즉 그저 함께 있다는 공동성(communio)으로서의 상호성이 아니라 역학적 상호작용(commercium)의 상호성이 관건입니다. 상호작용을 하는 한 현상들은 서로 바깥에 있더라도 연결이 되어 하나의 합성체를 이룰 수 있습니다. 유기체의 각 기관과 세포들이 바로 이런 합성체의 대표적인 사례라고 하겠습니다. 여기서는 일방적 인과관계가 아니라 상호적 역학 관계가 지배하기 때문이죠.

다시 자연에 대하여

이상으로 세 가지 경험의 유추가 무엇인지 확인했습니다. 시간의 세 양태에 따라, 각각 양으로서의 시간 자체(현존의 양, 즉 지속)에 대한 관계, 계열로서의 시간(서로 잇따름)상에서의 관계, 모든 현존재의 총괄로서의 시간(동시성)상에서의 관계에 따라 현상들의 현존을 시간상에서 규정하는 원칙들입니다. "시간 규정의 이 통일성은 철두철미 역학적"(B262)입니다. 이 시간들은 (절대적 시간처럼) 경험이 직접 우리에게 제시하는 것이 아닙니다. 지성의 규칙이 각 현상에 그 시간상의 위치와 시간의 관계를 규정하는 것입니다. 자연이란 법칙들에 따른 현존하는 현상들의 연관을 뜻합니다. 다시 말해 자연은 있는 대로 있는 것이 아니라 세 가지 시간의 연관 속에서 파악되는 현상들의 종합입니다. 자연은 위에서 말한 세 가지 시간의 연관 이외의 것으로 존재할 수 없습니다. 그리고 마찬가지로 우리의 경험도 저 세 가지 시간의 종합 위에서만 가능합니다.

자연을 가능하게 하는 그 선험적인 법칙은 바로 지성의 법칙입니다. 우리가 경험하는 모든 현상들은 날것으로 주어지는 게 아니라 일정하게 통일된 연관성으로 경험됩니다. 이 모든 통일을 가능하게 하는 것은 물론 통각의 통일성입니다. 그렇다면 세 가지 경험의 유추가 말하는 것이 무엇일까요? 우리의 경험 가능성은 오직 저 세 가지 유추의 방식뿐이라는 것, 그것입니다. 세 가지 역학적 경험을 넘어서는 그런 현상은 존재하지 않습니다. 따라서 이렇게 말할 수 있습니다. "모든 현상들은 하나의 자연 속에 있으며, 있어야만 한다. 왜냐하면 이 선험적인 통일성이 없다면 어떠한 경험의 통일성도, 그러니까 또한 경험에서 대상들의 어떠한 규정도 가능하지 않을 것이기 때문이다"(B263). 실체의 원리(지속적 존재)가 있어야 사물의 생멸을 인식할 수 있고, 인과의 원리(필연적 연속)가 있어야 비로소 사물의 변이를 인식할 수 있으며, 상호관계의 원리(동시적 공존)가 있어야 사물이 서로 연관되어 있음을 인식할 수 있습니다(리쩌허우, 『비판철학의 비판』, 164쪽). 자연은 이 세 원리에 의해 통일되어 있고, 이 세 원리의 통일은 관계 범주를 통합적으로 소유한 지성과 통각의 통일에 의해 가능한 것입니다.

④ 경험적 사고 일반의 요청들(postulates)

A. 경험의 형식적 조건들과 (직관과 개념들의 면에서) 합치하는 것은 있을 수 있다(possible)[가능적으로 실존한다].

양태 범주는 여타 범주들과 다른 자신만의 특수성을 갖고 있습니다. 가령 인과관계 속에 있는 사물들과 상호성의 관계 속에 있는 사물들은 그 성격이 서로 다르겠죠? 양적으로 규정되는 사물과 질적으로 규정되는 사물들도 서로 다릅니다. 그러나 어떤 사물에 대해 그것이 가능성이 있는지 현실성이 있는지 아니면 필연성이 있는지 하는 것은 사물의 성격을 바꾸지 않습니다. 질적인 규정(범주)은 양적인 규정과 그 성격을 완전히 달리합니다. 그래서 소리의 강도는 물체의 크기와 전혀 다른 사물에 대한 규정이 됩니다. 그러나 가능성이나 현실성, 필연성은 '동일한' 사물에도 적용됩니다. 다시 말해 얼음은 존재할 가능성이 있거나(영하로 떨어질 수 있다면), 존재하거나(지금 영하라면), 반드시(오직 영하의 조건만 있는 곳이라면) 존재합니다.

양태 범주는 이렇게 "객관의 규정을 조금도 증가시키지 않고, 단지 인식능력과의 관계만을 표현할 뿐"(B266)입니다. 얼음의 가능성이 있다는 것은 얼음이라는 사물의 개념에 대해 뭔가를 추가한 것이 아닙니다. 대신 우리가 그것을 가능적인 것으로 인식한다는 것만을 표시합니다. 얼음의 필연성도 우리는 필연성의 태도로 얼음과 관계한다는 그런 사실만을 표시합니다. 그래서 이 양태들의 원칙들은 초험적이지 않은 경험적인 대상들에 대해서만 사용될 수 있습니다. 우리는 경험적인 대상들에 대해서만 그 가능성이나 현실성을 논할 수 있는 것입니다.

그렇다면 사물들의 가능성은 어떤 조건을 요청할까요? 칸트는 "사물들의 개념이 경험 일반의 형식적 조건들과 합치"(B267)해야 한다고 합니다. 기존의 논리에서는 모순('사각의 원')이 없다면 그 사물은 가능성이 있다고 말합니다. 그럴까요? 칸트의 예를 보겠습니다. 두 직선으로 둘러싸인 도형이라는 개념 안에는 아무런 모순도 없습니다. 두 직선과 그것의 교차라는 개념은 도형의 부정을 함유하고 있지 않습니다. 그런데도 이런 도형은 불가능합니다. 왜냐하면 공간 규정에 대한 조건에 합치하지 않기 때문입니다. 공간은 최소한 세 개의 직선을 요구합니다. 바로 이 공간이 가능한 사물의 객관적 실재성에 대한 형식적 조건입니다. 어떤 개념이 가능하다는 것은 그 개념이 그저 논리적으로 모순적이지 않다는 것만을 의미합니다. 따라서 개념적 가능성은 논리적 가능성이고 그 최상의 원칙은 모순율로 족합니다. 그러나 사물의 가능성은 실재적 가능성이고, 따라서 경험적 조건("경험 일반의 형식적 조건")과 합치해야 합니다(이남원, 「칸트의 선험철학과 경험적 사고 일반의 요청」, 248쪽).

실체 개념만으로는, 그리고 인과 개념만으로는, 그리고 상호성 개념만으로는 그런 개념에 속하는 사물이 가능한지 알 수 없습니다. 예를 들어 공간을 채우지 않으면서도 공간상에 불변적으로 존재한다는 에테르 같은 실체나 현재를 바탕으로 미래를 직관하는 예지력(인과적 개념), 타인과 사상적으로 교류하는 텔레파시의 능력(상호적 개념)과 같은 개념들은 이 개념만으로는 그 존재 가능성을 확인할 수 없는 개념들입니다. 왜냐하면 이런 개념들이 아무런 모순도 함유하고 있지 않다고 하더라도 그런 대상이 실제로 가능하다는 객관적 실재성을 가능케 하는 경험의 법칙에 기초하지 않기 때문입니다. 실재성은 경험의 질료인 감각과만 관련을 갖습니다. 관계의 형식만 가지고는 객관적 실재성을 증명할 수 없습니다.

　삼각형과 같은 선험적 개념도 마찬가지입니다. 우리는 삼각형을 선험적으로 구성할 수 있으므로 그것이 가능하다고 말합니다. 그러나 삼각형이라는 개념은 아직 대상의 형식일 뿐입니다. 대상의 '가능성'은 그런 형식의 문제가 아닙니다. 가능성을 위해서는 경험 조건이 필요한 것입니다. 그렇다면 삼각형의 가능성을 위한 조건은 무엇일까요? 그것은 당연히 외적 경험들을 가능하게 하는 선험적 형식인 공간입니다. 개념적으로 모순이 없어야 하지만 동시에 직관의 형식에 일치해야 대상의 가능성이 주어질 수 있는 것입니다. '완전한 신은 존재할 수 있다'는 명제의 경우 그 가능성은 개념의 비모순(완전한 신의 존재성)에 의해 결정되는 게 아니라 직관의 형식으로 이런 개념이 주어질 수 있는가 하는 점이 핵심입니다. 이상이 경험적 사고를 할 때 요청되는 가능성과 관련한 원칙이었습니다.

B. 경험의 질료적 조건(즉 감각)과 관련되어 있는 것은 실제로(actual) 있다[현실적으로 실존한다].

가능성과 달리 사물들의 현실성을 인식할 때는 지각(의식된 감각)이 요청됩니다. 지각되는 것만이 현실적으로 존재한다고 말할 수 있는 것입니다. 아무리 완벽한 개념(완전한 신)이라도 그 개념만으로는 그 현존에 대해서 주장할 수 없습니다. 물론 개인적으로야 신을 지각하거나 경험했다는 분들도 있겠지만, 최소한 칸트의 철학 내에서 신은 지각되지 않기 때문에 개념만으로(데카르트) 현존한다고 할 수 없습니다. '유령은 죽은 자의 혼이다'는 명제는 개념적으로는 완벽합니다. 하지만 유령은 지각에 의해서 그 현존성이 부정되는 개념적 존재에 불과합니다.

이 현실성의 요청은 직접적 지각이 아닌 것에도 해당됩니다. 가령 자석에 철가루가 붙어 있다면 우리는 거기에서 자기장의 현존을 주장할 수 있습니다. 그러나 우리가 자기장을 직접 지각한 것은 아닙니다. 하지만 이때 우리가 사용할 수 있는 것이 바로 앞에서 다뤘던 인과적 유추입니다. 서로 떨어져 있던 자석과 철가루가 달라붙는 현상이 발생하면 우리는 자석이 원인이라고 규정합니다. 그리고 이때 원인으로서의 자석은 자기장의 표현이라고도 생각합니다. 따라서 인과의 유추를 이용하면 연결되는 지각들에 대해서는 지각에 앞서 선험적으로 그 현존을 인정할 수 있게 됩니다. 그런데 우리 외부 사물들의 현실성과 현존을 감각을 통해 증명하는 이런 규칙에 대하여 관념론이 이의를 제기합니다. 여기에 대해 반박해야 할 차례입니다.

관념론 반박

데카르트의 회의적 관념론은 우리 바깥에 있는 대상들의 현존을 의심스럽고 증명할 수 없는 것이라고 주장합니다. 외적인 사물에 대한 경험이란 없으며 그저 상상적인 것에 불과하다는 것이죠. 반면 우리의 내적인 경험(나는 생각한다)은 결코 의심할 수 없는 확실한 사실이라고 말합니다. 과연 그럴까요? 칸트는 외적 사물에 대한 경험이야말로 확실하며, 데카르트가 의심하지 않았던 내적인 경험조차도 오직 외적인 경험 아래서만 가능하다고 말합니다. "나 자신의 현존에 대한 순전한, 그러나 경험적으로 규정된 의식은 나의 밖 공간상의 대상들의 현존을 증명한다"(B275).

우리는 우리의 현존을 의식하고 있지만, 그렇다고 마구잡이로 의식하지는 않습니다. 일정한 시간적 조건에 의해 규정된 현존을 의식합니다. 그런데 앞에서도 지적했듯이 모든 시간 규정은 지각에서 고정불변적인 실체를 전제합니다. 고정적인 실체 없이는 시간의 변화나 흐름이 규정되지 않기 때문이죠. 그렇다면 이 고정불변적인 실체는 우리 자신 안에 있을 수 없습니다. 왜냐하면 우리는 시간적으로 계속해서 변하고 있는 우리의 현존을 의식하기 때문입니다. 따라서 이 고정불변적인 것에 대한 지각은 오직 우리 바깥의 사물을 통해서만 가능합니다. 그리고 이 바깥의 사물은 그저 우리에게 나타난 사물의 표상에 그쳐서는 안 됩니다. 그렇게 되면 그것은 이미 우리의 주관적인 요소에 그치기 때문입니다.

그러므로 시간에 있어 우리의 현존이 규정되는 것은 우리 바깥에서 지각하는 현실적인 사물들의 실존에 의해서만 가능합니다. 시간상으로 주어지는 우리의 의식은 이런 시간 규정을 가능하게 하는 의식과 결합되어 있을 수밖에 없습니다. 그러므로 그것은 시간 규정의 조건인 우리 바깥의 사물들의 실존과 필연적으로 결합되어 있습니다. 다시 말해 우리 자신의 현존에 대한 의식은 동시에 우리 바깥의 다른 사물들의 현존에 대한 직접적인 의식입니다.

회의적 관념론은 직접적인 유일한 경험은 내적 경험이고 따라서 외적인 사물은 단지 추론된 것일 뿐이라고 가정합니다. 그러나 외적 경험이야말로 직접적인 것이며, 그리고 이를 통해 우리 자신의 실존에 대한 규정, 즉 내적인 경험도 가능합니다. 데카르트가 말하는 내적 경험, 즉 모든 사고에 수반되는 '나는 있다'는 이 표상('~을 생각하는 나는 있다')은 주관의 실존에 대한 표현이지만 그러나 아직 주관에 대한 아무런 '경험적 인식'도 아닙니다. 왜냐하면 앞에서 누누이 얘기했듯이 경험을 위해서는 실존하는 어떤 것에 대한 사고(개념) 외에 (내적)

직관이 필요하기 때문입니다. 직관이 주어지지 않으면, 표상들을 종합하는 '나'에 대해 그것이 '있다'는 사실은 알 수 있어도 그것이 구체적으로 어떻게 실존하는지 인식할 수 없습니다. 직관이 없는 개념은 아직은 공허한 사고에 불과합니다.

그리고 (내적) 직관이 주어지려면 당연히 시간이라는 내적 형식이 필요하고, 따라서 시간과 관련하여 주관이 규정되어야 합니다. 또한 시간에 의한 주관의 규정, 즉 우리의 현존에 대한 의식은 고정된 외적 실체를 필요로 합니다. 그러므로 외적 대상 없이 주관적 경험, 즉 '나는 있다'는 표상은 불가능한 것입니다. "내적 경험 자체는 오직 간접적으로만 그리고 외적 경험을 통해서만 가능"(B277)합니다. 칸트는 지금 데카르트가 『성찰』에서 확립한 철학의 제1기초인 '생각한다 그러므로 존재한다'는 테제를 전복하고 있습니다. 생각하는 나(코기토)의 확실한 실존은 오직 외적인 대상과 외적인 것에 대한 경험에 의해서만 가능하다는 것입니다. 내적 경험(나는 생각한다)에 의해 외적인 사물이 추론되는 것이 아니라 오히려 외적인 사물에 대한 경험에 의해 코기토가 실존할 수 있다고 말하는 것입니다.

우리는 시간 규정을 어떻게 확립할까요? 그저 시간만으로 우리의 현존이 규정될 수 있을까요? 칸트는 시간 규정이야말로 공간적인 실체에 의존하고 있다는 사실을 거듭 주장합니다. 가령 우리는 지구를 중심으로 태양이 움직이는 궤도를 24시간 단위로 나눠서 시간 측정을 합니다(물론 이론적으로는 지구가 돌지만 경험적으로는 태양이 돌죠). 이렇게 우리의 시간 규정은 공간상의 고정불변적인 것(지구)에 대한 외적 관계들에서의 운동(태양의 궤도 운동)을 통해서만 선취됩니다. 이런 공간적 고정불변성 없이 시간의 흐름은 불가능합니다. 그리고 고정불변적인 실체는 물질의 형태가 아니고는 있을 수도 없습니다.

그런데 중요한 것은 이런 고정불변성이라는 것은 우리가 경험한 것이 아니라 선험적으로 시간을 규정하는 조건으로서 전제된 것이라는 사실입니다. 이런 고정불변적인 물질적 실체가 있어야 우리 자신의 현존과 관련해 우리의 내감이 가능할 수 있는 것입니다. (생각하는) '나'라는 표상에서 나 자신에 대한 의식은 직관이 아닙니다. 그것은 사고하는 주관의 자발성에 대한 지성적 표상에 불과합니다. 우리에게 경험적으로 주어질 수 있는 것은 내감인 직관적인 표상들입니다. 그러나 '나'는 그런 표상들을 종합하는 어떤 활동자이지만 아직 시간 규정자 역할을 할 수 있는 직관을 갖지 못합니다.

물론 그렇다고 외적 사물에 대한 우리의 직관적 표상만 있으면 그것으로 그 사물들이 실존한다고 말하는 것은 아닙니다. 그것은 그저 상상의 표현일 수도 있습니다. 중요한 것은 내적 경험이 오직 외적 경험에 의해서만 가능하다는 점입니다. 데카르트의 회의적 관념론은 이 순서를 뒤바꿨기 때문에, 그리고 내적 경험의 가능성의 조건에 대한 검토가 없었기 때문에 드러난 잘못된 '회의'였던 셈입니다. 칸트의 논법으로 하자면, 그 무엇보다 '생각하는 나'가 확실히 존재한다는 데카르트의 입장은 그런 주장을 통해 오히려 외적 경험과 외적 사물이 확실히 존재한다는 결론으로 뒤집어지고 맙니다. 회의적 관념론은 스스로 자신을 공격한 셈이 됩니다.

C. 현실적인 것과의 관련이 경험의 보편적인 조건들에 따라 규정되는 것은 반드시[필연적으로](necessarily) 있다(실존한다).

어떤 사물의 실존이 개념만으로 필연적일 수는 없습니다. 개념만으로는 개연적인 것에 그칠 수도 있고 아니면 지각될 때는 현실성을 띨 수도 있겠습니다. 그러나 필연성은 선험적으로 주장될 수 없습니다. 심지어 그 사물이 신일 때조차도 말입니다(완전한 신 개념의 실존은 아직 필연적이지 않다). 필연성을 인식할 수 있는 유일한 경우는 주어진 원인에 따라 결과들의 현존이 인과법칙에 의해 규정되어 있을 때입니다. 날씨가 추워지면 물이 얼음이 되는 것은 필연입니다. 다시 말해 물은 추위라는 원인에 따라 얼음이라는 필연적 상태에 있을 것이라고 선험적으로 인식할 수 있습니다. 필연성의 기준은 "일어나는 모든 것은 현상 중에 있는 그것의 원인에 의해 선험적으로 규정되어 있다"(B280)는 가능한 경험 법칙에 있습니다.

우리는 자연 안에서 오직 결과들의 필연성만을 인식하며, 이 인식은 가능한 경험의 분야를 넘어가지도 않으며, 발생하고 소멸할 수 없는 고정불변의 실체에 대해서는 이 필연성을 적용하지 않습니다. 필연성은 인과성의 역학적 법칙에 따르는 현상들에만 관계합니다. 바꿔 말하면, "발생하는 모든 것은 가언적으로(조건적으로) 필연적"(B280)입니다. 이는 세계의 변화를 나타내는 원칙입니다. 이 인과의 규칙에서 벗어나는 필연성이 없으므로 세계 안에 우연은 없습니다. 그리고 모든 필연성이 특정한 원인에 의해 규제되어 있으므로 이해할 수 없는 그런 맹목적인 필연성, 즉 숙명이 없습니다. 그러므로 당연히 세계 안에는 비약도 없고, 그 어떤 간격도 없습니다.

14강 _ 현상체와 예지체

지성의 땅과 가상의 바다

순수지성의 역할과 능력을 살펴보았습니다. 현상들과 만나 종합을 통해 대상에 대한 경험과 인식을 가능하게 하는 것이 지성의 기능이었습니다. 변증학으로 넘어가기 전에 지성에 대해 우리가 오해해서는 안 되는 사항들을 알아보겠습니다. 칸트가 특히 힘주어 강조하는 부분이자, 현상체와 예지체라는 새로운 구분법이 등장하는 흥미로운 부분입니다. 예지체는 무엇이고 또 무엇이 아닐까요? 칸트의 논의를 따라가도록 하겠습니다. 칸트는 분석학이라는 기나긴 과정을 하나의 여행에 비유하면서 이렇게 말합니다.

"우리는 이제 순수지성의 땅을 두루 여행하면서 각 지역을 주의 깊게 시찰하였을 뿐만 아니라 또한 이 땅을 측량하여

각 사물들에게 그것의 위치를 지정해 주었다. 그러나 이 땅은 섬으로서 자연 자신에 의해 불변의 경계로 둘러싸여 있다. 그 것은 (매력적인 이름인) 진리의 땅인데 폭풍우 치는 망망대해로 둘러싸여 있다"(B294). 공간적인 비유가 상당히 선명합니다. 매력적인 진리의 땅과 폭풍우 치는 망망대해. 지성의 땅이 진리의 공간이라면 지성 너머의 바다는 폭풍우 치는 비진리의 공간입니다. "이 대해는 두꺼운 안개와 이내 녹아 버리는 많은 빙산들이 새로운 땅인 양 속이는 가상(illusion)의 본래 자리로서, 발견을 위해 열심히 돌아다니는 항해자로 하여금 부단히 헛된 희망을 가지도록 기만하고, 중간에 그만둘 수도 없고 그렇다고 끝까지 해낼 수도 없는 수많은 모험에 얽어 넣는다"(B295).

칸트는 지성의 땅에서 벗어나면 새로운 땅인 것처럼 속이는 가상이 발생하기 쉽다고 말합니다. 가상이 가상인 줄 모르고 지성의 땅에서 무모하게 벗어나는 모험에 대한 감행, 바로 이것이 칸트가 지금까지 비판했던 당시의 형이상학적 상황입니다. 칸트는 지금 가상에서 벗어날 수 있다고 말하는 게 아닙니다. 가상은 어쩔 수 없습니다. 바다는 "가상의 본래 자리"입니다. 하지만 그것이 가상이라는 사실만은 분명히 확인할 수 있다는 것입니다. 가상임을 알고 모험하는 것과 모르고 모험하는 것은 다르겠죠? 칸트의 '비판'은 지성의 자리와 가상의 자리에 대한 명확한 구분에 기초합니다. 그리고 가상이라 할지라도 우리 삶에 분명히 중요한 역할이 있다는 인식에 기초합니다.

이제 이 지성의 땅을 떠나 다음 장의 변증학으로 접어들기 전에 확인해 두어야 할 것이 있습니다. 가상에 빠지지 않기 위해서입니다. "첫째로, 우리가 정주해 살 수 있는 토지가 그것밖에 더 없다면, 우리는 저 땅이 함유하고 있는 것에 아무튼 만족할 수 있지 않겠는가, 또는 부득이 만족해야 하지 않겠는가? 둘째로, 도대체 어떤 권리 근거를 가지고 우리는 이 땅이나마 소유할 수 있으며, 모든 적대적인 권리 주장에 맞서 우리의 안전을 지킬 수 있는가?"(B295) 우리가 지성의 영역에서 확보한 것에 만족한다면 어떤 한계 안에서일까요? 어떤 한계 바깥에서 지성의 주장이 무의미하고 공허해지는 것일까요?

개념의 경험적 사용과 초험적 사용

앞에서 다루었듯이 지성은 자신의 개념들(범주)과 선험적 원칙들을 경험적으로만 사용할 수 있을 뿐입니다. 지성이 경험을 초월한 초험적 영역에까지 자신의 개념들을 확장해서 사용하면 그 객관적 실재성을 확보할 수 없습니다. 개념의 초험적 사용은 개념이 사물들 자체에 관계되는 것이라면, 개념의 경험적 사용은 개념이 현상들(경험 가능한 대상들)에 관계되는 것입니다. 모든 개념은 자체적으로 사고의 논리적 형식이지만, 이 개념과 관계를 맺을 대상이 주어지지 않으면 언제나 내용상에서 공허한 것에 불과합니다. 그리고 대상은 오직 직관을 통해서만 주어집니다. 모든 범주들과 원칙들은 자신의 유일한 대상인 현상들에 그 사용이 제한되어야 합니다. 이 조건이 제거되면 객관과 관계를 맺을 수 없으며 따라서 범주와 원칙이 도대체 무슨 의미인지 알 수도 없습니다. 양이나 질, 인과나 필연성 등과 같은 범주들이 직관이라는 실례 없이 어떤 의미를 가질지 우리는 알 수 없습니다. 그것은 그저 공허한 형식일 뿐입니다.

우리는 앞에서 범주에 대한 정의를 생략했습니다. 그리곤 바로 범주가 종합의 기능을 한다는 사실을 연역하는 작업에 돌입했습니다. 이제 그 이유를 밝힐 때가 왔습니다. 우리가 직관과 아무런 관계없이 그저 범주를 정의하고자 했다면 그런 개념 규정만으로는 사실 아무 의미도 없습니다. "범주들을 가능한 경험적 사용의 개념들로 특징짓는 감성의 일체 조건들을 없애고, 그것들을 사물들 일반(그러니까 초월적 사용)의 개념들로 받아들인다면, 그것들은 판단에서 논리적 기능을 사상(事

象) 자체를 가능케 하는 조건으로 간주하는 것 이상의 아무것도 아닌 것"(B300)입니다. 직관적 자료 없는 범주에 대한 개념 규정은 논리적 규정에 불과한 것으로 기존의 형식 논리학과 아무런 차이도 없어집니다.

가령 크기라는 개념은 사물에서 하나(1)가 몇 번 정립되어 있는가 하는 점이 생각될 수 있는 사물의 규정이라고밖에는 논리적으로 설명할 수 없습니다. 그러나 이 몇 번이라는 것은 순차적인 반복, 즉 시간상에서 동종적인 종합에 기초합니다. 실재성과 부정성을 대립시켜 설명할 수 있는 것은 시간을 '~임'으로 채워져 있거나 텅 비어 있는 것으로 생각할 때뿐입니다. 모든 시간에서의 현존인 고정불변성을 제거하면 실체 개념에서 남는 것은 주어라는 논리적 표상뿐입니다. 논리적 표상에 불과한 실체 개념으로 무엇인가를 실재적으로 표상한다고 우리는 잘못 생각하는 것입니다. 이처럼 직관과 결합되지 않는 개념에 대한 정의는 "이 개념 사용의 객관이 전혀 규정되지 않으므로 도대체가 이 개념이 무엇인가를 의미하는지 어떤 지조차도 전혀 알지 못"(B301)합니다. 마찬가지로 원인 개념에서 어떤 것이 다른 어떤 것에 규칙적으로 뒤따르는 시간 순서를 제거한다면 이 개념만으로는 그것으로부터 다른 어떤 것의 현존이 추론된다는 것 이상의 말은 하지 못하고, 심지어 원인과 결과의 구분도 불가능해집니다.

　범주는 의미를 갖고 있습니다. 그러나 그 개념 자체로는 설명될 수 없는 개념입니다. 만약 개념만으로 설명하고자 하면 무의미하고 추상적인 규정에 그칩니다. "범주들은 보편적인 감성적 조건을 매개로 해서만 일정한 의미를 가질 수 있고 어떤 한 대상과 관계 맺을 수 있되, 이 조건이 순수 범주에서 제거된다면 잡다를 한 개념 아래 보내는 논리적 기능을 함유할 수 있을 따름이다"(B302). 개념의 형식이라는 이런 기능만으로는 아무것도 인식되지 않으며, 어떤 객관이 그에 속하는지 구별도 되지 않습니다. 그래서 범주들은 언제나 이 개념들을 감성 일반에 적용하는 규정들로서 도식을 필요로 합니다. 하나와 여럿, 긍정과 부정, 주어와 술어와 같은 범주들은 직관들이 결합되지 않는다면 하나가 아닌 여럿, 여럿이 아닌 하나, 긍정이 아닌 부정, 부정이 아닌 긍정과 같이 그저 순환논증적인 정의 방식밖에 있을 수 없습니다. 범주들은 직관 없이 자체적으로 정의될 수 없으며, 정의하더라도 그것은 무의미한 추상에 불과합니다.

　"이제 이로부터 거역할 수 없는 다음의 결론이 나온다. 곧, 순수지성 개념들은 결코 초월적으로[초험적이라는 의미] 사용될 수 없고 항상 경험적으로 사용될 수 있을 뿐이며, 순수지성의 원칙들은 단지 가능한 경험의 보편적 조건들과의 관계에서 감관의 대상들과만 관계 맺을 수 있되 그러나 (우리가 그것들을 직관할 수 있는 방식을 고려하지 않고서) 사물들 일반과 관계 맺을 수 없다"(B303). 초월적 분석학은 이로부터 중요한 결과를 얻습니다. 지성은 선험적으로는 가능한 경험 일반의 형식을 예취하는 것 이상의 것을 할 수 없습니다. 다시 말해 인과적이든 상호적이든 경험 가능하지 않은 것에 대해 선험적으로 그 예취의 능력을 보일 수 없습니다. 질적인 강도(강렬한 색채, 매서운 추위)를 경험하면 우리는 선험적으로 어떤 대상의 현존을 예취할 수 있습니다. 그러나 이 예취는 언제나 경험할 수 있는 질적인 사물에 한정되는 것입니다.

또한 현상이 아닌 것은 경험의 대상일 수 없으므로 지성은 감성의 경계를 결코 넘어설 수 없습니다. 지성의 원칙들은 현상들을 해설하는 원리들입니다. 그것은 현상을 넘어 사물 일반에 대해 종합적으로 인식할 수 있다고 말하지 않습니다. 그래서 그저 지성의 '분석학'이지 '존재론'이라는 거창한 이름을 쓸 수도 없습니다. 사고란 주어진 직관을 대상과 관계시키는 활동입니다. 만약 이런 직관이 주어지지 않는다면 대상은 초월적(초험적이라는 의미)일 수밖에 없고, 지성은 초월적으로 사용된 것입니다. 감성적 직관이라는 조건이 도외시되면 우리는 객관에 대해 아무것도 규정하지 않은 것이고 그저 그 객관에 대해 '사고'를 표현할 뿐이지 '인식'에 도달한 것이 아닙니다. 범주들의 초월적 사용은 사실 아무런 사용도 아니며 따라서 규정될 수 있는 대상도 갖지 않는 그런 무의미한 사용입니다. 범주에 의한 선험적 종합의 원칙은 오직 가능한 경험 분야 내에서만 적용된다는 점에 유의해야 합니다.

예지체에 대한 오해

감성적 직관에 의해 우리에게 주어지는 현상들이 범주들의 통일에 의해 대상들로 사고되는 한에서 그것들은 현상체(phenomena)입니다. 그렇다면 (인간과 같은) 감성적 직관의 대상이 아닌 그런 대상, 예지적 직관에 의한 대상이 있다면 그런 사물들은 예지체(noumena)라 부를 수 있습니다. 그러면 이 예지체라는 것을 어떻게 생각해야 할까요? 현상체에 해당하는 사물이 있고 예지체에 해당하는 사물이 있는 것일까요? 지금부터는 예지체에 대해 쉽게 빠지는 오해를 다뤄 보도록 하겠습니다.

'어떤 사물'이 있으면 우리는 그것을 감각을 통해 현상하는 대로(감성적 직관에 의해) 표상하고 지각합니다. 그런데 이 어떤 사물은 그 자체로 사물일 테니 감성적 직관에 의해 표상된 것 이상일 테고, 따라서 이런 부분은 감성적 직관에 의해서는 파악되지 않겠습니다. 그러므로 이런 비감성적 직관의 대상은 (직관을 거치지 않은) 지성의 대상이라고 하겠습니다. 아무런 감성도 마주쳐지지 않은 인식이 가능할 것이고 이런 인식만이 절대적으로 객관적 실재성을 가지며 이를 통해 대상들이 '있는 그대로' 표상된다면, 직관을 통한 지성의 경험적 사용을 통해서는 사물들이 '현상하는 바대로' 인식될 것입니다. 그렇다면 범주들의 (감성적 조건에 제한을 받는) 경험적 사용 외에 (감성의 제한을 받지 않는) 순수하면서도 객관적으로 타당한 사용이 있겠습니다.

이제 여기서 하나의 문제가 발생합니다. 순수한 지성 인식이란 현상의 해설 원리이기도 하지만 현상과 다른 저 '있는 그대로'의 사물의 해설 원리일 수도 있다는 주장이 대두되는 것입니다. "왜냐하면 여기에 하나의 전혀 다른 분야가, 말하자면 정신 안에서 생각된 (어쩌면 직관되기까지 한) 결코 적지 않게, 아니 오히려 더 고상하게 우리 순수지성을 차지할 수 있는 세계가 우리 앞에 열려 있는 것인지도 모르니 말이다"(A250). 지성은 현상체를 다루기도 하지만 예지체라는 대상을 다루기도 한다고 생각하게 됩니다. 과연 칸트는 이 예지체를 어떻게 생각하는 것일까요?

우리의 모든 표상들은 지성에 의해 어떤 객관과 관계를 맺습니다(객관은 인식 주관 바깥의 대상입니다). 현상들은 표상들이기 때문에 지성은 그것들을 종합하면서 감성적 직관의 대상으로 있는 '어떤 것'과 관계시킵니다. 이때 '어떤 것'은 초월적 통각이 감성적 직관의 잡다를 통일하면서 그 통일의 상관자로 '설정한' 초월적 대상입니다. 우리에게 실제로 존재하는 것은 표상들뿐이기 때문에 이 표상들의 종합에 있어 그 대상으로 삼고 있는 외부의 저 객관은 '초월적 객관'이라고 부릅니다(A250). 그러나 우리의 지성으로는 저 초월적 객관이 어떤 것인지 알 방법이 없습니다. 우리에게는 지성의 개념과 종합 활동 이외에 저런 대상을 포착할 장치나 '설비'가 없기 때문입니다. 그래서 칸트는 이런 대상을 '어떤 것=X'라고 부르기도 합니다.

우리는 여기서 사람들이 왜 현상체만으로 만족하지 않고 순수지성만이 생각할 수 있는 예지체를 부가했는지 알 수 있습니다. 감성은 사물들 자체가 아니라 우리 주관에 나타나는 방식에 제한되어 있습니다. 이것이 초월적 감성학 전체의 결론이었습니다. 그리고 현상에는 현상이 아닌 어떤 것이 대응해야 한다는 것은 현상 일반 개념에서 당연한 결론입니다.

이로부터 예지체라는 개념이 생겨납니다. 우리의 표상

에 대응하는 우리 바깥의 어떤 대상, 우리의 감성에 독립적인 대상, 그러면서 우리에게 현상으로 나타나는 그런 대상이 그 것입니다. 그러나 이 예지체라는 개념은 결코 적극적인 것이 아닙니다. 예지체에 해당하는 그런 사물이 있다고 우리는 말할 수 없습니다. 왜냐하면 이 개념은 어떤 사물에 대한 규정적 '인식'이 아니라 단지 어떤 것 일반에 대한 '사고'에 불과하기 때문입니다. 이런 '사고'에서는 당연히 감성적 직관의 형식 전체를 도외시합니다. 다시 말해 저 대상에는 감성적 직관이 전혀 결합되어 있지 않기 때문에 우리에게 인식될 수가 없는 것입니다. 하지만 예지체가 모든 현상체들과 구별되는 진정한 '대상'이 되기 위해서는 단순히 우리의 사유를 감성적 직관의 조건들로부터 해방시키는 것만으로는 충분하지 않습니다.

만약 우리가 저 예지체라는 것을 우리가 경험하는 그런 사물처럼 분명히 실재하는 것으로 간주하기 위해서는 우리의 감성적 직관과는 다르게 직관하는 어떤 지성을 가정해야 합니다. 우리의 감성적 직관은 예지체를 직관할 수 없습니다. 따라서 그것이 존재한다고 말할 수도 없습니다. 만약 그것이 진정한 대상이 되려면 당연히 감성적 직관이 아닌 지성적 직관 방식의 소유자를 가정해야 합니다. 우리는 감성적 직관이 유일한 직관임을 증명하지 않았습니다. 하지만 다른 방식의 직관이 가능하다는 것도 증명할 수 없습니다. 우리가 현상 일반을 관계시키는 객관은 초월적 객관입니다. 그러나 우리 지성의 사유물인 이 객관은 예지체가 아닙니다. 왜냐하면 우리는 이 초월적 객관이 어떻게 생기고 어떻게 직관될 수 있는지 알 수 없기 때문입니다. 단지 우리의 감성적 직관 일반의 대상이라는 것 이외에는 그에 대해 아무런 개념도 갖고 있지 않습니다.

예지체의 적극적 의미와 소극적 의미

범주들은 직관 형식들인 시공간처럼 감성에 기초하지 않습니다. 그래서 감관의 모든 대상들을 넘어 확대 적용될 수 있는 것처럼 보입니다. 다시 말해 범주가 직관 없이 '사고'한 그런 대상들이 실제로 존재할 수 있기나 한 것처럼 생각합니다. 그러나 범주는 사유 형식에 불과합니다. 다시 말해 직관을 제거한다면 범주는 저 순수한 감성 형식들보다 더 의미가 없을 수 있습니다. 감성 형식을 통해서는 적어도 객관이 주어지지만 저 직관 없는 지성의 범주는 아무런 의미도 없기 때문입니다. 그럼에도 우리가 감성적 존재자들인 현상들에 대립시켜 감관의 대상이 아닌 사물들을 지성에 의해 생각되는 대상들로서 예지적 존재자라고 한다면 이를 어떻게 생각해야 할까요? 순수지성 개념은 이 예지체에 대한 인식 방식일 수 있을까요?

지성은 현상과의 관계 바깥에서 대상 자체에 대한 표상을 만들고는 거기에 대상 개념을 부여하려고 합니다. 이렇게 감성 바깥의 어떤 대상에 대해 아무런 규정적인 개념도 갖고 있지 못하면서(직관이 없으므로) 지성은 그것을 규정적 개념으로 간주하는 유혹에 빠지는 것입니다. 만약 예지체가 우리의 감성적 직관의 객관이 아닌 한에서 하나의 사물을 의미한다면 이는 소극적 의미의 예지체입니다. 즉 그것이 무엇인지 규정한 게 아니라 우리 감성적 직관으로서는 그것이 무엇인지 모르겠다라고만 하는 경우에는 소극적인 규정이라는 뜻입니다. 반면에 하나의 "비감성적 직관의 객관"을 의미한다면 이는 특수한 직관 방식(지성적 직관)을 인정하는 것으로서 우리의 것은 아니지만 그럼에도 적극적 의미의 예지체가 되겠습니다. 우리의 감성으로 알 수 없는 무엇이라는 소극적 의미가 아니라, 우리 감성 바깥의 분명한 '객관'이라고 하면 다른 방식의 직관에 의해 규정될 수 있다는 적극적 의미를 띠게 됩니다.

그러나 감성에 대한 이론은 소극적 의미의 예지체에 대한 이론입니다. "시간 통일과 마주칠 수 없는 곳, 즉 예지체에서는 범주들의 전체 사용이, 그리고 일체 의미마저도 완전히 끝"(B308)납니다. 어떤 의미를 부여하고 경험할 수 있는 대상으로 규정하려면 범주에는 감성적 직관이 주어져야 합니다.

만약 그런 직관이 주어지지 않는다면 우리는 그런 대상에 대해 아무런 규정된 인식도 할 수 없습니다. 따라서 예지체에 대해서는 감성적 직관의 대상이 아니라는 소극적인 규정만 할 수 있는 것입니다.

하지만 범주들을 현상들이 아닌 예지체적 대상에 적용하고자 한다면 우리는 우리의 감성적 직관을 포기해야 하고, 우리의 직관과 다른 방식의 직관을 그 기초에 놓아야 합니다. 그리고 그런 직관이 현상들이 아닌 대상, 즉 예지체를 인식하고 규정한다고 말해야 합니다. 이때가 바로 예지체를 적극적인 의미로 사용하는 경우입니다. 그런데 그런 지성적 직관은 우리의 인식 능력 바깥에 있으므로 그런 대상에 대한 인식은 우리와 아무런 상관도 없는 그런 것이 됩니다. 우리의 범주는 우리의 직관에만 관계합니다. 따라서 지성적 직관에 대해서 범주는 자신의 종합적 활동도 진행하지 못합니다. 범주는 언제나 경험적 한계 안에 있어야 하고, 따라서 적극적 의미의 예지체는 우리 범주에게는 무의미한 대상일 뿐입니다.

범주들에 의한 사고를 경험적 인식에서 떼어 내면 대상에 대한 아무런 인식도 남지 않습니다. 다시 말해 순전한 직관에 의해서는 아무것도 사고되지 않습니다. 반대로 모든 직관을 제거해도 범주라는 사고 형식은 남습니다. 다시 말해 대상을 규정하는 양식(형식) 자체는 남습니다. "그래서 범주들은 이러한 한에서 감성적 직관보다 더 넓게"(B309) 미칩니다. 범주는 직관과 관계할 수도 있고 관계하지 않을 수도 있습니다. 하지만 직관이 없을 때 범주가 만드는 대상은 실제적인 대상이 아닙니다. 객관적 실재성은 인식될 수 없지만 그렇다고 모순이 있는 것도 아닌 개념이 있다고 칸트는 말합니다. 그것은 주어진 개념들의 한계를 정해 주는 개념으로서 '문제성 있는(problematic)(미정적) 개념'이라고 부릅니다.

예지체라는 개념은 감관의 대상이 아니고 사물 자체로서 순수지성에 의해 생각되는 사물이라는 점에서 모순적이지 않습니다. 왜냐하면 감성적 직관만이 유일한 직관이라고는 말할 수 없기 때문입니다. 예지체라는 개념을 적극적인 의미로 사용하면 그 대상의 객관적 실재성을 주장하는 것이므로 잘못입니다. 하지만 그렇게 하지만 않는다면 어떤 한계를 정해 주는 문제적 개념이라는 점에서 유용합니다. 그 존재 이유가 따로 있습니다. "이 개념은 감성적 직관을 사물들 그 자체 너머까지 연장하지 않기 위해서, 그리고 감성적 인식의 객관적 타당성을 제한하기 위해서 필요한 것이기도 하다"(B310).

예지체들의 가능성은 우리로서는 절대로 통찰할 수 없습니다. 그리고 현상들의 영역 바깥에 있는 예지체라는 범위는 우리에게는 사실 (적극적 의미에서) 아주 공허한 것입니다. 거기에 대해서는 확정적으로 사용할 수 있는 직관의 개념이 없습니다. "그러므로 예지체 개념은 순전히 감성의 참월(僭越)을 제한하기 위한 한계 개념이며, 단지 소극적 사용만을 갖"(B311)습니다. 예지체 개념은 감성적 인식의 영역이 지성이 생각하는 모든 것들에까지 도달하지 않는다는 사실을 지시하기 위해서 필요합니다. 지성의 한계는 예지계가 시작되는 곳입니다. 다시 말해 감성적 직관이 주어지지 않는 곳에서 지성은 자신의 입법 기능을 상실합니다. 그런데도 지성이 예지계에서 자신의 객관적 실재성을 주장하면 그것이 바로 가상에 빠지는 일입니다.

대상들을 현상체와 예지체로 분류하고 세계를 감성계와 예지계로 구분하는 것은 적극적인 의미로서는 절대로 허용될 수가 없습니다. 다시 말해 현상체의 세계가 실재하는 것처럼 그렇게 예지체의 세계가 실재하는 것이 아닙니다. 예지계는 우리 바깥의 사물의 세계가 아니라 우리 지성의 인식이 도달하지 못하는 어떤 한계 개념으로서만 소극적으로 사용될 수 있습니다. 그것은 우리 지성의 특수한 대상이 아닙니다. 예지체 개념을 통해 지성은 자신을 제한합니다. 사물들 자체를 범주를 통해 인식하는 것이 아니라 그런 것들을 그저 생각만 할 뿐이라고. 그리고 지성은 물자체라는 예지계를 통해 감성에 한계가 있음을 알려줍니다. 따라서 칸트에게 예지계는 이상적인 세계도, 물자체의 세계도 아니고 지성과 감성의 한계적 개념으로서만 존재하는 비실재적 세계입니다. 그 세계는 이 세계 바깥의 세계가 아니라 그저 생각만 할 수 있는(intelligible) 세계입니다.

라이프니츠 철학에서 반성 개념의 모호성

지성의 범주는 예지체가 아니라 현상들에만 적용됩니다. 만약 우리가 경험하는 현상들을 사물 그 자체라고 한다면 우리는 지성을 감성적 직관 그 이상으로 확장해 초험적으로 사용하는 셈입니다. 칸트가 보기에 이런 지성의 초험적 사용의 대표적 사례가 라이프니츠입니다. 라이프니츠는 개념들의 객관이 예지체로서의 지성에 속하는 것인지 아니면 현상체로서 감성에 속하는 것인지 구분하지 않았습니다. 그는 직관이라는 조건을 무시하고 모든 사물들을 그저 개념들에 의해서만 서로 비교하면서 사물들의 내적 속성들을 인식하려고 합니다. 라이프니츠에게 감성은 단순히 혼란스런 표상 방식이었을 뿐이었고, 표상들의 특수한 원천(칸트)이 아니었습니다. 그는 우리가 받아들이는 현상들이 곧 사물들 자체에 대한 규정이라고 생각했습니다. 로크가 지성 개념들을 경험적 개념이나 추상된 반성 개념으로 간주하면서 모두 감성화했다면, 라이프니츠는 현상들의 감성적 원천을 부정하고 완전히 지성화하고 맙니다.

그러므로 개념들이 어느 인식능력에 해당하는지, 다시 말해 순수지성을 위한 것인지 아니면 감성을 위한 것인지 구별하는 "초월적 반성"이 필요합니다. 라이프니츠는 감성을 무시하고 모든 현상을 지성적 범주에 해당하는 개념들로 다뤘기 때문에 그것들을 그저 논리적으로만 비교하면 충분했습니다. 이런 "논리적 반성"에서는 모든 사물들이 직관의 조건을 충족시키는지 아닌지는 완전히 무시된 채 개념적으로 서로 동종적인 것으로 취급되면서 지성적 객관과 현상을 혼동하는 사이비 종합적 원칙들이 생겨나게 됩니다. 이런 사례 몇 가지를 확인하는 것으로 칸트의 라이프니츠 비판을 살펴보겠습니다.

라이프니츠의 '구별 불가능자의 동일성 원칙'이라는 게 있습니다. 그는 현상을 물자체로 간주하기 때문에 현상에서 직관이라는 조건은 필요치 않습니다. 우리가 경험하는 것이 곧 사물 그 자체입니다. 감성적 직관이 무시되었기 때문에 사물 자체에 대해서 우리가 사용할 수 있는 인식능력은 당연히 지성의 범주입니다. 사물은 개념적으로만 구별되고, 만약 개념적으로 구별되지 않는다면 그 두 사물은 동일해야 하겠습니다. 이것이 구별 불가능자의 동일성 원칙이라는 것입니다.

　반면 칸트는 개념적으로 동일해도 직관의 구별이 있을 수 있다고 말합니다. 두 개의 물방울이 개념적으로는 더 이상 다른 속성을 부여할 수 없을 정도로 동일하다고 해도 그 물방울이 차지하는 공간이 다르면 서로 다르다고 봐야 한다는 것이죠. 칸트에게 시공간은 사물 자체가 아니라 현상을 규정하는 형식이며, 사고의 형식이 아니고 직관의 형식입니다. 따라서 지성적인 무구별자도 직관에 있어서는 구별되는 사물일 수 있습니다. "개념들의 초월적 장소는 전혀 안중에 없었기 때문에 그는 순전히 사물들 일반의 개념들에만 타당한 그의 무구별자의 원칙을 감관의 대상들(현상체 세계)에까지도 연장하였"(B327)던 것입니다.

　지성과 직관을 구별하지 않는 논리적 반성에 의한 오류는 또한 사물의 일치와 모순에 대한 사유에서도 문제를 일으킵니다. 라이프니츠에 따르면 한 사물의 개념에 부정과 긍정이 함께 있지 않는 한 모순은 없습니다. 그리고 두 개의 긍정적 개념은 서로 결합되어도 모순이 일어나지 않기 때문에 서로 무효("상충")가 되는 일은 없다고 말합니다. 그러나 "실제적 상충은 도처에서 일어"(B329)납니다. 고통은 만족을 상쇄시키고, 줄다리기에서 반대 방향으로 당기는 (실제적) 힘의 균형은 줄을 팽팽하게 만듭니다. 라이프니츠(와 볼프 학파)는 사물 개념 자체가 폐기되는 모순의 상충(네모난 원)은 알아도 실제적 사물의 상호 파괴는 모릅니다. 그리고 이런 실제적 "상충을 표상하는 조건들을 우리는 오직 감성에서만 마주"(B330)칩니다.

칸트에 따르면 라이프니츠의 단자론도 바로 이런 논리적 반성에 따른 잘못된 개념에 속합니다. 라이프니츠의 주장은 이렇게 정리할 수 있습니다. 실체라면 모든 외적인 관계에서, 즉 합성의 관계에서 자유로워야 하고, 따라서 전적으로 내적인 것이어야 합니다(합성된다는 것은 쪼개질 수 있다는 것이고, 이는 실체일 수 없습니다). 그래서 실체는 가장 단순한 것이어야 합니다. 모나드(monad)가 그것입니다. 모나드는 서로 외적인 것들이 갖는 장소나 형태나 자극이나 운동과 같은 그런 모든 관계에서 자유로워야 합니다. 그렇다면 모나드는 "표상들을 갖춘 단순한 존재자들"(B340)일 수밖에 없겠습니다. 다시 말해 영혼과 같은 존재입니다.

그렇다면 모나드는 어떻게 다른 모나드들과 관계를 맺을 수 있을까요? 모나드는 단순한 영혼이고 따라서 다른 존재와 외적인 상호 관계를 맺을 수 없는 실체로 규정되어 있습니다. 이 말은 결국 사물들이 서로 관계를 맺을 수 있는 바탕인 공간적 형식(직관)을 무시했다는 말이 됩니다. 직관을 무시했기 때문에 사물들이 공간에서 힘을 갖고 밀고 당기는 측면을 사상해 버립니다. 이제 남는 것은 관계를 맺는다는 그런 추상입니다. 실제적으로 다른 모나드와 관계를 맺을 수 없는 모나드는 그래도 다른 모나드와 관계 속에 있어야 하기 때문에 이런 추상적인 관계는 당연히 신을 필요로 하게 됩니다. 이것이 바로 예정조화(predetermined harmony)입니다. 모나드들은 서로 조화롭도록 신에 의해 규정되어 있습니다. 그러나 여기서는 물리적인 관계 자체가 사라져 버립니다.

라이프니츠의 모나드론의 문제를 잠깐만 더 살펴보겠습니다(박진, 「칸트의 라이프니츠 비판」 참조). 라이프니츠는 외부와 상관적인 경험적인 의미에서의 안과, 외부와 전혀 단절된 절대적인 의미의 안을 혼동하고 있다고 합니다. 그는 모나드 개념을 만들어 내기에 앞서 경험적 의미의 안, 즉 자아의 내감에 주어지는 소여들을 실질 내용으로 갖는 내적 현상의 경험에 기초하고 있습니다. 그러나 이런 현상적인 자아는 현실적으로 경험적 의미의 밖인 공간 안에 있는 외적 현상들과 영향을 주고받는 상호작용 속에 있습니다. 이런 현상적 자아의 내감 속에 있는 실질 내용들은 외감으로부터 주어진 영향의 결과이고 또한 스스로도 타자에 영향을 미칠 수 있는 상호작용 속에 있는 것입니다. 그럼에도 불구하고 추상적인 논리적 사고 공간 속에서 외부와의 연관을 배제한 채 외부와 단절된 절대적인 의미의 안을 지닌 가상체, 즉 모나드라는 개념을 만들어 낸 것이죠.

그러나 이런 절대적 의미의 안이란, 초월적 반성의 관점에서 볼 때, 인간의 능력이 접근할 수 있는 가능한 경험의 한계를 넘어서는 영역이고, 인식의 한계를 넘어선 초험적 의미의 밖일 수밖에 없습니다. 그러나 공간 안의 모든 현상들은 원래 관계들의 총괄입니다. "직관 중에는 사물 일반의 순전한 개념에는 전혀 들어 있지 않은 무엇인가가 포함되어 있"는데, 그것이 바로 "공간"으로서 이것은 "실재적인 관계들"(B340)로 이루어져 있습니다. 그런데도 라이프니츠는 공간을 실체들의 상호적인 질서, 시간을 실체들의 역학적 잇따름으로 생각했습니다. 그에게 시공간은 실체들 자체를 연결하는 예지적 형식이었던 것입니다. 그러면서도 이를 현상들에 타당한 것으로 만들려 한 것에 라이프니츠의 오류가 있었던 것입니다. 예지체에 해당하는 시공간적 관계를 현상적 관계라고 간주한 것, 그것이 바로 논리적 반성의 오류가 되겠습니다.

4부

초월적 논리학 2

:

변증학

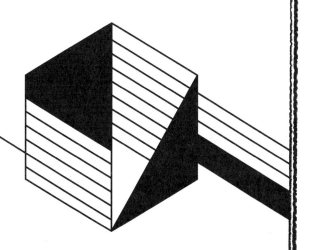

Kritik der reinen Vernunft

15강 _ 순수이성과 형이상학

초월적 가상에 대하여

우리는 이제 본격적으로 '형이상학'의 영역으로 넘어갑니다. 이제부터 우리는 '신, 자유, 영혼의 불사성'이라는 형이상학 본래의 연구 대상을 다루게 됩니다. 칸트는 이를 '변증학'(dialectic)이라 부릅니다. 변증학은 '가상(illusion)의 논리학'이라 할 수 있습니다. 변증학이 가상(환상)이라 불리는 까닭은 결함은 있어도 사기라고까지는 할 수 없는 개연성(probability)의 차원에도 미치지 못하는 것이기 때문입니다. 이때 가상은 그저 외견(appearance)을 지칭하는 것이 아닙니다. 다시 말해 우리 직관에 주어진 그런 측면에 있는 오류(감각적 착오)를 다루는 것이 아닙니다. 진리나 가상은 직관 대상이 아니라 대상에 대한 판단에 적용되는 개념입니다. '감관은 착오에 빠지지 않는다'고 하는 말은 옳지만, 이는 감관이 항상 옳게 판단하기 때문이 아니라 전혀 판단하지 않기 때문입니다. 변증학이 가상의 논리학인 이유는 그것이 우리 감관의 착각의 문제가 아니라 대상에 대한 지성의 판단에서 마주치는 착오와 관련되기 때문입니다. 잘못된 감각의 착오가 아닌, 우리 이성의 근본적인 지점에서 발생하는 어떤 착각, 그것과 관련된 것이 변증학이 되겠습니다.

그러므로 우리가 여기서 다룰 과제는 경험적 가상(착오)의 문제를 넘어섭니다. 다시 말해 상상력의 영향을 받아 발생하는 시각적인 착오와 같은 감각적 가상과는 관계가 없습니다. 이를 '초월적 가상'이라고 합니다. 경험적 가상이라면 경각심을 갖고 대하면 사라질 수도 있습니다. 그러나 초월적 가상은 비판적 경고에도 불구하고 범주들의 경험적 사용 너머로 우리를 이끌면서 거기서 순수지성의 확장이라는 환영(semblance)을 낳습니다. 초월적 가상은 지성으로 하여금 가능한 경험의 경계 안에 머무는 '내재적 원칙'에서 벗어나 경험 한계를 파기하고 새로운 땅을 월권적으로 차지하도록 강요하는 '초험적 원칙'을 따릅니다.

이성의 형식을 모방하면서 진리인 척 주장하는 논리적 가상은 논리적 규칙에 대해 주의하지 않아서 발생하는 일이므로 우리가 조심만 한다면 사라지게 할 수 있습니다. 예를 들어 다음과 같은 추리는 전형적인 거짓 추론의 가상입니다. '서울에 사는 사람은 모두 한국인이다. 철수는 서울에 살지 않는다. 따라서 철수는 한국인이 아니다.' 이성적인 추리처럼 보이지만 사실 잘 따져 보면 거짓이죠? '지구가 내일 멸망할 수 없다는 사실을 너는 증명할 수 없다. 따라서 지구가 내일 멸망한다는 믿음은 옳다'와 같은 명제도 마찬가지로 거짓된 추리입니다.

그러나 '세계는 시간상의 시초를 가진다'는 명제는 이런 논리적 가상과는 다릅니다. 초월적 비판을 통해 세계에 시초가 없다고 인식한다고 해서 이런 명제에 대한 주장이 사라지는 것이 아닙니다. 창조주를 가정하면서 세계를 통일적으로 설명하려는 사람들이 많은 것도 바로 이런 초월적 가상의 영향력을 설명해 줍니다. 칸트는 이런 환상(illusion)이야말로 우리가 결코 피할 수 없는 것이라고 주장합니다. 그 이유는 이렇다고 합니다. "우리 이성 안에는 완전히 객관적 원칙들의 모습을 가진 기본 규칙들과 그것들의 사용 준칙들이 들어 있어서 이로 인해 우리의 개념들을 일정하게 연결시키는 주관적 필연성이 지성에게 유리하도록 사물들 그 자체를 규정하는 객관적 필연성으로 여겨지는 데에 있다"(B353). 우리 이성은 주관적인 필연성에 따른 인식을 사물들 자체에 대한 인식이라고 생각하는 경향이 있습니다. 이런 이성적 착각은 달이 막 뜨기 시작할 때 더 크게 보이듯이 인간의 힘으로는 막을 수 없다는 것이 칸트의 주장입니다.

"초월적 변증학은 그러므로 초월적 판단들의 가상을 들춰내고, 동시에 그것이 기만하지 않도록 방지하는 것으로 만족할 것이다." 하지만 그 가상을 가상이 아니도록 하는 것에서는 성공할 수 없습니다. 왜냐하면 그 가상이 주관적 원칙이면서도 객관적인 것이나 되는 듯이 슬쩍 바꿔치기하는 아주 자연스러운 환상이기 때문입니다. "자연스럽고 불가피한 순수이성의 변증학이 있"다는 것입니다. 이는 "인간 이성에서 몰아낼 수 없게끔 부착되어 있어서, 우리가 그것의 환영을 들춰낸 후에도 이성 앞에서 요술 부리는 것을 중지하지 않고, 인간 이성을 끊임없이 순간적인, 항상 제거될 필요가 있는 혼란에 몰아넣는 그런 변증학"(B354)입니다. 그래서 비판 작업은 제거가 아니라 그 가상성에 대한 지적이고, 그것의 올바른 용법에 대한 제시에 그치게 됩니다.

초월적 가상과 순수이성

"우리의 모든 인식은 감관에서 시작해서 거기에서부터 지성으로 나아가고 이성에서 끝이 나는데, 직관의 재료를 가공하여 사고의 최고 통일로 보내는 일을 하는 것으로 우리 안에서 마주치는 것에 이성 이상의 것은 없다"(B355). 이처럼 칸트에게 이성은 그 무엇보다 통일의 기능을 갖는데, 그것도 최고 수준의 통일을 추구하는 것에 그 특성이 있습니다. 지성의 종합과 통일 기능 이상의 통일 기능에 이성의 능력과 역할이 있는 것이죠. 칸트는 앞에서 지성을 규칙들의 능력이라고 규정했습니다. 그에 대응해 이성은 "원리들의 능력"이라고 합니다. "지성을 규칙들에 의거해 현상들을 통일하는 능력이라 한다면, 이성은 원리들 아래에서 지성 규칙들을 통일하는 능력이다"(B359). 비유적으로 말하자면 이성은 지성 개념들을 전체적으로 통일해 주는 일종의 초점과 같은 기능을 합니다.

일종의 원리이기 때문에 이성은 경험이나 대상을 겨냥하지 않습니다. 대신 지성을 겨냥합니다. 지성 개념들은 자체적으로 종합적 사유를 만들어 낼 수 없습니다. 물론 현상들을 종합하는 것은 지성의 몫입니다. 그러나 인과적인 현상에 대해 규정할 뿐, 그런 개념을 가지고 자연 전체의 목적이 무엇인지, 세계의 원리가 무엇인지 하는 어떤 총괄적 사유에는 관심이 없습니다. 바로 이 원리와 관련된 인식이 이성의 몫입니다. 세계의 시초에 관한 질문이나 영혼의 불멸, 자유의 유무에 대한 물음은 경험 대상에 의해서는 확인될 수 없기 때문에 지성의 몫이 아닙니다. 이는 지성 개념을 경험의 한계 바깥으로까지 확장하는 이성의 초험적 관심 때문에 발생하는 문제들입니다. 이런 변증적 가상에 대한 사변에 관심을 갖는 것이 이성의 특징입니다. 여기서 '변증적'이란 기본적으로 객관적 실재성과 타당성이 부족한 궤변적인 성격을 갖고 있다는 의미입니다.

원래 이성은 추리하는 능력을 갖고 있습니다. 지성은 판단하는 능력을 갖고 있다고 했습니다. '모든 사람은 죽는다.' 이 명제에서 당연히 '약간의 사람은 죽는다'나 '죽지 않는 사람은 인간이 아니다'와 같은 명제가 직접적으로 귀결됩니다. 이런 명제들은 기본적으로 분석적이라 거의 추리할 필요가 없습니다. 이를 칸트는 '지성추리'라 부릅니다. 여기서는 매개되는 개념을 굳이 끌어들일 필요도 없이 최초의 판단에 이미 추론된 판단이 포함되어 있습니다. 그러나 '모든 학자는 죽는다'는 '모든 사람은 죽는다'에서는 곧바로 도출될 수 없습니다. 아직 학자라는 개념이 이 명제에 나타나지 않았기 때문에 매개념이 필요합니다. '모든 학자는 인간이다.' 이렇게 대전제 말고 매개념이 되는 소전제를 필요로 하는 것이 이성추리입니다. 그리고 이성추리에는 정언적 이성추리, 가언적 이성추리, 선언적 이성추리가 있습니다.

이런 추리의 본성 때문에 이성은 자신의 판단의 보편적

조건을 무한의 차원까지 확장하는 특성이 있습니다. '모든 학자는 죽는다'는 결론을 가능하게 하는 판단이 '모든 사람은 죽는다'(대전제)는 조건이었듯이, 이성은 모든 특수한 조건을 가능하게 하는 더 보편적인 조건으로 향해 갑니다. 다시 말해 무조건적인 것을 찾아가는 것입니다. 순수이성은 조건적인 것이 주어지면 조건들의 전 계열(무조건적인 것)도 주어진다는 것을 자신의 원리로 삼고 있습니다. 그래서 순수이성은 종합적이고 전체적입니다. 물론 그 종합은 결코 경험 가능성의 한계 안에 머무르지 않습니다. 이성은 단도직입적으로 무조건자(대표적으로 신)까지 도달해야만 만족합니다. 따라서 순수이성의 원리상 이성은 초험적일 수밖에 없습니다.

초월적 이념

순수지성이 자신의 개념으로 범주들을 갖듯이 순수이성도 자신의 개념을 갖습니다. 그것을 칸트는 '초월적 이념(idea)'이라고 부릅니다. 이데아라는 표현에서 보듯이 이 개념은 자신을 경험의 한계 안에 제한하고 싶어 하지 않습니다. 대신 이 무조건적인 이념 안에 모든 경험을 종속시키고자 하는 욕망은 아주 강합니다. 그 자신은 경험 대상이 아니면서도 경험 전체를 아우르고자 하는 것이죠. "나는 '이념'이라는 말로 그것에 합치하는 아무런 대상도 감관에 주어질 수 없는 필연적인 이성 개념을 뜻한다"(B383). 칸트는 이 이념이라는 표현을 플라톤에게서 빌려 쓴다고 명시적으로 말하고 있습니다. 따라서 플라톤의 이데아가 갖는 의미를 일정하게 포함하고 있다고 생각하면 되겠습니다. 플라톤의 이데아에는 사물의 본질적 형상이라는 의미 이외에도 경험 중에 그에 상응하는 것을 만날 수 없는 어떤 것이라는 의미도 있습니다. 칸트는 특히 이 후자의 의미에서 순수이성 개념을 초월적 이념이라고 부릅니다.

앞에서도 살펴봤듯이 초월적 이념은 이미 주어진 조건적인 것들을 위한 조건들 전체라는 개념을 품고 있습니다. '가이우스는 죽는다'는 판단의 대전제로 '모든 사람은 죽는다'는 명제를 만들듯이 죽음이라는 술어의 대상이 되는 것을 가이우스에서 모든 사람으로 확장하면서 이성적 추리가 구성됩니다. '가이우스'는 '모든 사람'에서 특정한 조건에 의해 제한된 대상이 되겠습니다. 이처럼 가이우스보다 더 넓은 개념, 가이우스보다 조건의 제한을 덜 받는 것, 즉 더 보편성을 띠는 외연 전체를 규정하고자 하는 것이 이성의 특성입니다. 그래서 초월적 이성 개념은 조건들 전체를 가능하게 하는 무조건자라는 개념을 통해 종합합니다. 그렇다면 무조건자에는 어떤 것이 있을까요? 칸트는 세 가지를 이야기합니다. 주관에서의 정언적 종합의 무조건자, 하나의 계열을 이룬 연쇄 항들의 가언적 종합의 무조건자, 하나의 체계에서의 부분들의 선언적 종합의 무조건자.

초월적 이성 개념은 오직 조건들의 종합에서 절대적 전체(무조건자)만을 향해 나아가고 이것이 완성되지 않으면 결코 멈추지 않습니다. 그러므로 이 초월적 이념에 일치하는 대상은 나타날 수 없습니다. 그래서 이 대상은 '이념'입니다. 감관에 주어지는 것들만이 아니라 감관에 주어질 수 없는 것들까지 포괄해 그 전체의 면모를 사유하려는 것이 이념이기 때문입니다. 그러나 이성의 이런 작업을 통해 구체적으로 어떤 객관이 규정되는 것은 아닙니다. 다시 말해 우리가 어떤 대상을 인식하게 되는 것은 아닙니다. 하지만 지성을 확장해서 지성 개념들에게 어떤 통일성을 제시한다는 점은 중요합니다. 물론 이 초월적 이념의 진면목은 다른 곳, 즉 도덕적 실천에 있습니다. "이 초월적 이성 개념들은 자연 개념들에서 실천적 개념들로 이행하는 것을 가능하게 해주고, 그렇게 해서 도덕적 이념들 자체에 지주를 제공하고 또 이성의 사변적 인식들과의 연관성을 제공하는 것인지도 모르겠다"(B386).

무조건자를 찾는 초월적 이념은 다시 이렇게 표현될 수 있습니다. 사고하는 주관의 절대적 통일, 현상의 조건들의 계열의 절대적 통일, 사고 일반의 모든 대상들의 조건의 절대적 통일. 사고하는 주관에서 무조건자를 찾게 되면 당연히 영혼의 문제를 다루게 되고, 이는 영혼론(심리학)의 대상입니다. 현상들의 계열에서 무조건자를 찾게 되면 이는 곧 우주(세계)라는 대상이 됩니다. 우리가 사고할 수 있는 모든 것을 가능하게 하는 최상의 무조건자를 찾게 되면 신학의 대상이 됩니다. 그러므로 순수이성은 초월적 영혼론, 초월적 우주론, 초월적 신학의 이념을 제공합니다. 이것이 바로 각각 영혼의 불사성, 자유, 신이라는 형이상학적 주제에 해당합니다. 이제부터 이 세 가지 무조건자가 갖는 오류들, 가상적 성격들을 밝혀 보도록 하겠습니다.

16강 _ 순수이성의 오류추리

'나는 생각한다'

무조건자를 추리하는 이성추리는 사실 궤변적인(sophistical) 추리입니다. 왜냐하면 우리의 지성 개념으로는 그런 무조건자를 그 객관적 실재성에서 확인할 수 없기 때문입니다. 하지만 이성의 자연적인 본성과 관련된 것이므로 아무리 현명한 사람이라도 여기서 벗어날 수 없고 소멸시킬 수도 없습니다. 칸트는 이런 변증적 이성추리를 세 가지로 나눠서 명명합니다. 먼저 '초월적 오류추리(paralogism)'가 있는데 이는 '영혼'처럼 아무런 잡다도 함유하지 않은 주관 자체의 절대적 통일성을 추리합니다. 다음으로 현상들의 절대적 계열, 즉 우주(세계)에 대한 잘못된 추리로 '순수이성의 이율배반(antinomy)'이라고 부르는 것이 있습니다. 가령 '세계에는 시간상 시초가 있다'는 무조건적 종합의 추리가 모순적이라는 이유로 '세계에는 시간상 시초가 없다'는 반대쪽 계열의 통일성을 추리하는데, 문제는 이 두 가지 통일성 모두에 대해서 우리가 그 어떤 개념도 가질 수 없다는 점에 있습니다. 그래서 궤변적인 추리이자 이율배반입니다. 마지막으로 우리에게 주어지는 대상들로부터 사물 일반을 가능하게 하는 조건들의 절대적인 종합적 통일성을 추리하는데, 이것이 바로 존재자 중의 존재자(신)에 대한 추리로서, '순수이성의 이상(ideal)'이라고 부르는 변증적 추리입니다.

먼저 순수이성의 오류추리를 살펴보겠습니다. 여기서 다루는 개념은 모든 사고에 나타나는 사고의 지배자로서 '나는 생각한다'입니다. 과연 이 '나는 생각한다'는 개념은 데카르트가 생각했던 것처럼 하나의 불변적 '실체'일까요? 칸트는 범주표를 응용해 다음의 도식을 만들고(여기서는 관계 범주가 맨 처음 등장합니다) 각각의 오류추리를 비판합니다.

① 영혼[마음]은 **실체**이다.
② 그것은 질적으로 **단순**하다.
③ 그것은, 그것이 현존하는 여러 시간상에서 수적으로 동일하다. 다시 말해 (다수가 아니라) **하나**(unity)이다.

④ 그것은 공간상에서 **가능한** 대상들과의 관계 속에 있다.

[*대상들의 현실성을 회의적으로 바라본다는 의미입니다.]

이 요소들의 합성을 통해 순수 영혼론의 모든 개념들(오류 추리)이 생겨납니다. 내감의 대상인 이 실체는 비물질성이라는 개념을 제공하고, 단순 실체로서 불후성이라는 개념을 제공하며, 지성적 실체로서 그 동일성은 인격성을 제공합니다. 그리고 이 세 요소가 결합하여 정신성을 제공하고, 공간상의 대상들과의 관계에 대해서는 회의적입니다. '나는 생각한다'는 생각하는 실체를 물질 안에서의 생명의 원리이자 생명성의 근거로 표상하며, 정신성에 한정된 이 생명성은 물질과 달리 (나뉘지 않는 단순성이 있으므로) 당연히 불사성을 가질 수밖에 없습니다.

그러나 이 초월적 영혼론의 기초에 놓여 있는 것은 완전히 공허한 표상인 '나'입니다. 이 '나'에는 아무런 내용도 없습니다. "이 표상에 대해서 우리는 결코 '그것은 하나의 개념이다'라고 말할 수가 없으며, 그것은 모든 개념들에 수반하는 한낱 의식일 따름이다"(B404). 모든 사고에 수반되는 이 '나'를 인식하고 경험하기 위해서는 당연히 경험 조건인 직관이 필요합니다. 내적 직관, 즉 내감의 표상의 형태가 아니고서는 우리는 아무것도 실존하는 무엇으로 경험할 수 없습니다. 그런데 이 사고들의 '초월적 주체=X'('나')는 자체적으로는 표상이 아니라 표상을 가능하게 하는 '의식', 즉 하나의 '형식'이기 때문에 인식될 수 없습니다. '나'에 대해 판단하려면 '나'에 의해 인식된 표상을 사용할 수밖에 없는데, 이 표상은 '나' 자체는 아닙니다. 표상을 가능하게 하는 것이 '나'라는 의식이지만 '나'를 경험하려면 다시 표상이 필요합니다. 의식 자체는 표상이 아니라 표상이 가능할 수 있는 조건이자 형식입니다.

실체성의 오류추리

대전제 그것의 표상이 우리 판단들의 절대적 주체이고, 따라서 여타 사물의 규정으로 사용될 수 없는 그런 것은 실체이다.
소전제 사고하는 존재자로서 나는 나의 모든 가능한 판단들의 절대적 주체이고, 나 자신에 대한 이 표상은 어떤 다른 사물의 술어로 사용될 수 없다.
결론 그러므로 사고하는 존재자(영혼)로서 나는 실체이다.

범주로서의 '실체'는 직관이 결합하지 않으면 아무런 내용도 없는 그저 판단의 기능일 뿐입니다. '그것은 실체다'라는 말은 직관이 없는 한 그저 '그것'은 술어가 아닌 주어로서의 실체라는 뜻입니다. 그런데 앞에서도 살펴봤듯 '나'(나는 생각한다)는 인식을 가능하게 하는 하나의 논리적 형식이었습니다. 그러므로 '나'는 모든 사고의 주어(주체)이지 실체라는 사물에 대한 규정으로 쓰일 수 없습니다. 나는 모든 표상들을 '사고하지만' 그저 사고의 주어로서 그 형식적 기능을 수행하는 초월적 주체=X입니다. 이 '나'라는 주어 개념에서는 발생도 소멸도 없이 계속 존속하는 그런 실체 개념을 추리할 수 없습니다. 실체는 원래 그렇게 고정불변성을 갖는 경험 대상입니다.

그러므로 이 실체성의 오류추리에서 핵심적 오류는 "사고의 항존하는 논리적 주관을 속성의 실제적인 주체에 대한 인식이라고 주장"(A350)한다는 것에 있습니다. '생각하는 나'를 실제적으로 이해하고 경험하려는 순간 우리는 그 생각하는 나가 아니라 생각하는 나에 의해 포착된 직관 표상들을 상대해야 합니다. 우리는 고정불변성이라는 속성을 갖는 실제적인 주체에 대해 최소한의 지식도 가질 수 없습니다. 모든 표상들을 우리의 사고로 만드는 의식('나는 ~을 생각한다')은 일종의 논리적 의미 이외에 실제적 의미를 지니지 않습니다. 설령 실재한다 하더라도 우리는 그에 대해 아무런 앎도 형성할 수 없습니다. 데카르트는 이 논리적이고 이념적인 주관을 연장적 실체처럼 실재하는 실체, 경험할 수 있는 고정불변적인 실체로 규정하고 있다는 점에서 실체 개념을 혼란스럽게 사용하고 있는 셈입니다.

데카르트에 대한 칸트의 비판은 이렇게 정리할 수 있겠습니다(문성학, 「선험적 자아론과 순수이성의 제1오류추리」, 88~89쪽). 사고의 항존적인 논리적 주어는 선험적 통각으로서의 '나는 생각한다'에서 '나'입니다. 그런데 이 '나'는 오직 어떤 경험적인 것과 연관되어 있을 때에만 생각하는 작용을 하며, 그것과 연관되어 있지 않을 때에는 생각하는 작용을 하지 않는다는 것입니다. 이처럼 경험적인 것과의 연관성이 단절된 '나'는 "'물자체'로서의 자아이기 때문에" 우리는 이것에 대해서는 아무런 인식도 형성할 수 없다는 것입니다. 그런데 데카르트는 방법적 회의 도중에 단지 '물자체로서의 자아'(이 자아가 과연 물자체인지에 대해서는 논의의 여지가 있다)를 발견했을 뿐인데도 불구하고 불법적인 절차를 통해 그것을 속성을 갖는 실제적 주어로서의 자아로 오해했다는 것입니다.

단순성의 오류추리

대전제 그것의 작용을 결코 작용하는 많은 사물들의 합작으로 볼 수 없는 그러한 사물은 단순하다.

소전제 그런데 영혼, 바꿔 말해 사고하는 '나'는 그러한 것이다.

결론 그러므로 영혼은 단순하다.

칸트는 이 오류추리의 문제점에 대해 두 가지로 나눠서 살펴보고 있습니다. 먼저 '단순성'의 의미의 차원에서 무엇이 문제인지 알아보겠습니다. 이 오류추리의 논리는 비유적으로 표현할 수 있습니다. 한 편의 시에 들어 있는 모든 낱말들 전체를 무작위로 모은다고 해서 한 편의 시가 되지 않듯이 여러 개로 나뉘어 있는 표상들은 하나의 전체적인 사고를 형성할 수 없습니다. 따라서 사고 내용은 다수 실체의 집합(합성)이 아니라 단적으로 단순한 하나의 실체라 하겠습니다. 여기서 증명의 핵심은 하나의 사고 내용을 형성하기 위해 다수의 표상들은 사고하는 주체의 절대적 통일성(단일성) 안에 포함되어야 한다는 것입니다. 그런데 '하나의 사고 내용'은 주체의 절대적 통일에 의한 것일 수도 있지만 함께 작용하는 실체들의 집합적 통일에 의해서도 가능합니다(부분들의 합에 의해 전체적 단일성이 주어질 수도 있다). 다시 말해 '하나의 사고 내용'과 '사고하는 존재자의 절대적 통일성(단순성)'은 분석명제처럼 주어-술어 관계에 있을 수 없습니다. 하나의 사고 내용을 분석한다고 해서 영혼의 단순성이 도출되지는 않습니다.

그렇다고 이 주체의 필연적 단일성을 (필연성을 갖지 못한) 경험에서 이끌어 낼 수도 없습니다. 따라서 사고 내용 전체가 분할되어 있다고 하더라도 '나는 생각한다'고 말할 수 있기 위해서는 주체인 '나'는 분할될 수 없다고 전제해야 하겠습니다. 그러므로 여기서 핵심은 실체성의 오류추리와 마찬가지로 '나는 생각한다'는 통각의 형식에 있습니다. 수많은 표상들의 종합은 통각의 단일성에 의해서만 '나'의 의식으로 통합됩니다. 따라서 이 통각은 인식의 주관적 조건으로서 우리에게 필연적으로 전제된 그런 형식입니다. 하지만 우리는 그 통각을 대상에 대한 인식을 가능하게 하는 객관적인 존재로 만들 수 없고 경험할 수도 없습니다.

사실 영혼으로서의 주관의 단순성(단일성)은 '나는 사고한다'에서 추리된 것이 아니라 통각의 직접적인 표현으로 보아야 합니다. 이 '단순한' '나'(통각)는 논리적인 측면에서 절대적 단일성이라는 것 이외에 아무것도 의미하는 게 없습니다. 통각이 절대적으로, 그리고 논리적으로 단일하다고 해야 사고의 통일과 인식이 가능하기 때문입니다. 이때의 단순성과 단일성은 어떤 질료를 가진 그런 것이 아닙니다. 우리는 통각에 대해 그것이 절대적으로 단일하다는 것 이외에 그 어떤 것도 인지할 수 없습니다. 다시 말해 통각의 단일성은 인식의 가능성을 위해 전제된 형식의 단일성이지 우리가 확인할 수 있는 실제적 단일성이 아닙니다. 그러므로 이 오류추리는 형식과 기능으로서의 단순성을 실제적으로 경험하고 표상할 수 있는 단순성으로 착각한 것에서 성립하는 것이라 할 수 있습니다.

다음으로 물질과 구별되는 영혼의 특성의 차원에서 발생하는 문제를 알아보겠습니다. 영혼의 단순성에 대한 주장은 영혼이 소멸되는 물질과 구별되기 때문에 가능합니다. 영혼은 단순하기 때문에 소멸되지 않는다는 것이죠. 그렇다면 영혼과 물질이 구별되지 않는다면 이 오류추리는 성립할 수 없겠습니다. 물질은 무엇입니까? 우리가 경험할 수 있는 것들은 현상입니다. 물자체가 아니죠. 그런데 이 현상은 우리에게 존재하는 표상들입니다. 만약 물질이 사물 자체라면 그것은 현상의 기초에 놓여 있는 예지적인 것일 터이고, 우리는 이 예지적인 것에 대해 아는 바가 없으므로 영혼이 이것과 다르다고 말할 수도 없습니다.

그런데 우리가 알 수 있는 것은 우리에게 표상으로 존재하는 것들입니다. 이 표상들이 저 물자체인지 우리는 확인할 수도 없습니다. 인간의 영혼은 표상의 차원에서는 저 사물들의 현상(이것도 우리에게 표상으로 주어짐)과 충분히 구별될 수 있는 것이 아닙니다. 물질은 그저 우리에겐 외적인 현상입니다. 그러므로 사고하는 존재자로서 영혼이 사물 자체가 아니라 우리 안에 있는 표상들로 존재하는 물질과 동종적인가 아닌가 하는 물음은 그 자체로 적절하지 않습니다. 물론 물질(예 지계적인 것)은 영혼과 이종적이지만 우리는 그런 이종적인 것에 대해서는 아무런 지식도 형성할 수 없기 때문에 구별 자체가 무의미하기 때문입니다. 따라서 영혼이 단순한 본성을 갖고 있다는 것은 그 어디에서도 확인할 수 없는 개념에 불과합니다.

인격성의 오류추리

대전제 서로 다른 시간상에서 자기 자신의 수적 동일성을 의식하는 것은 그런 한에서 인격이다.

소전제 그런데 영혼은 그러한 것이다.

결론 그러므로 영혼은 인격이다.

우리 바깥에 존재하는 대상의 수적인 동일성을 인식하자면 그 대상이 시간의 변화 속에서도 고정불변하다는 사실을 알아야 합니다. 마찬가지로 우리 영혼의 수적 동일성을 인식하려고 해도 영혼의 고정불변성을 파악해야 합니다. 그런데 우리는 의식하는 모든 시간 속에서 우리 자신을 통일성 속에서 의식합니다. '나는 나'라는 이 자기의식의 동일성은 통각의 통일성에 대한 의식입니다. 그런데 이런 나를 타자가 관찰한다고 해보겠습니다. 외적인 관찰자는 우리를 시간상에서 고찰합니다. 그리고 그는 자신의 감성을 통해 우리 자신의 변하는 모습을 관찰하게 됩니다. 우리가 우리 자신을 변하는 시간 속에서도 동일성으로 의식할 수 있었던 데 비해 외적인 관찰자는 자신의 시간 속에서 우리를 관찰하는 것이기 때문에 우리의 객관적인 고정불변성을 추리하지는 못합니다.

"그러므로 서로 다른 시간상에서의 나 자신에 대한 의식의 동일성은 오직 나의 사유들과 그것들의 연관성의 형식적 조건일 뿐, 나의 주관의 수적 동일성을 전혀 증명하지 않는다"(A363). 우리 주관에 주어지는 표상들은 우리의 논리적 동일성에 의해 모두 우리의 표상들이 될 것이고 이에 따라 그 모든 주관에 대해 언제나 동일한 의식이 부여된다고 해도 표상의 수준에서는 계속해서 변전하는 주관일 수밖에 없습니다. 우리가 마주치는 것은 다양한 표상들을 연결하는 '나'라는 표상이지 고정불변적인 현상이 아닙니다. 이때 '나'는 표상들을 통일하는 논리적인 사유 형식일 뿐입니다. 따라서 거기서 실체적인 수적 동일성을 추리할 수는 없습니다. 따라서 우리의 영혼을 인격성이라는 실체적 성격을 가진 것으로 생각하는 것은 오류추리입니다.

(외적 관계의) 관념성(ideality)의 오류추리

대전제 그것의 현존이 주어진 지각들의 원인으로서만 추리될 수 있는 그런 것은 의심스런 실존만을 갖는다.

소전제 그런데 모든 현상들은 그것들의 현존이 직접적으로 지각될 수는 없고, 주어진 지각들의 원인으로서만 추리될 수 있는 그런 종류의 것이다.

결론 그러므로 외감의 모든 대상들의 현존은 의심스럽다. 이 불확실성을 나는 외적 현상들의 관념성이라 부르고, 이 관념성의 이론을 관념론이라 일컫는다. 이에 비하여 외감의 대상들이 확실할 수 있음에 대한 주장은 이원론이라 일컬어진다.

우리는 당연히 우리 자신에게 나타나는 것만 직접 지각할 수 있고, 우리 바깥에 있는 현실적 대상의 현존에 대해서는 확신하지 못합니다. 대신 우리 지각에 뭔가가 나타났다면 우리는 그 원인이 우리 외부에 존재하는 대상일 것이라고 추리할 뿐입니다. 따라서 데카르트가 가장 좁은 의미에서 지각을 '생각하는 존재로서 나는 있다'는 명제에 국한시킨 것은 옳은 일입니다. 외적 사물은 우리 안에 있지 않으므로 그 현존은 추리될 뿐이고, 추리되는 것은 항상 불확실합니다. 원래 결과란 항상 한 가지가 아니라 다양한 원인에서도 생겨날 수 있기 때문입니다. 다리 위로 뱀이 지나갔나 화들짝 놀랐더니 꿈일 수도 있습니다. 외적 지각이 우리 내감의 유희에 불과한 것이나 아닌지 언제나 의문인 것이죠.

칸트는 관념론자를 감관 바깥의 외적 대상들의 현존을 부정하는 게 아니라 우리 지각을 통해서는 외적 대상들의 현존을 확실히 인지할 수 없다고 추리하는 자라고 규정합니다. 그러고는 이 네번째 오류추리를 분석하기 위해 초월적 관념론과 경험적 관념론을 구별합니다. 초월적 관념론은 현상들을 사물들 자체가 아니라 순전한 표상으로 보고, 시공간을 우리 직관의 감성적 형식으로 간주하지 사물 그 자체의 조건이나 규정이 아니라고 생각하는 이론입니다. 이와 반대되는 것이 초월적 실재론으로, 시공간을 우리 감성에 독립적인 어떤 것으로 보고는 외적 현상들을 우리 감성에 독립적인 사물 자체라고 표상합니다.

초월적 실재론은 나중에는 경험적 관념론이 되는데, 이들은 감관의 대상들에 대해 감관 없이도 실존하는 것이라 전제했기 때문에 우리의 모든 감관의 표상들이 저 대상들의 현실성을 확신하기에는 불충분하다고 봅니다. 반면 초월적 관념론은 나중에 경험적 실재론이 되는데, 이들은 우리 안의 표상들의 확실성 이상을 상정하지 않고서도 물질의 실존을 인정합니다. 이들은 물질과 물질의 내적 가능성조차 우리 감성을 떼어놓고서는 아무것도 아닌 현상으로 간주하기 때문에 물질은 우리에겐 표상들이 됩니다. 이때 표상들은 외적인 것이라 일컬어지는데 이는 그 표상들이 그 자체로 외적인 대상들과 관계를 맺고 있어서가 아니라, 지각들을 공간과 관계시키고 있기 때문이고 공간 안에서는 모든 것이 서로 바깥에 있기 때문입니다. 그러나 공간 자신은 우리 안에 있는 것입니다. 만약 공간이 우리 바깥에 있는 것이라면 저 외적 대상들은 우리에게 결코 주어지지 않을 것입니다.

초월적 관념론 아래에서는 생각하는 존재자로서의 우리의 현존과 마찬가지로 물질의 현존을 우리의 자기의식에 근거해 받아들이는 데 아무런 의구심도 있을 수 없습니다. "왜냐하면 나는 나의 표상들을 의식하고 있으므로 이 표상들과 이 표상들을 가지고 있는 자인 나 자신은 실존한다. 그러나 무릇 외적 대상들(물체들)은 한낱 현상이고, 따라서 다름 아니라 일종의 나의 표상들이기도 하며, 그것들의 대상들은 오직 이 표상들에 의해서만 어떤 무엇이고, 이것들을 떠나서는 아무것도 아닌 것이다"(A370). 표상들이 있고, 이 표상들을 의식하는 우리가 있으므로 우리가 실존하듯이 그렇게 저 외적 사물(우리에겐 표상)도 반드시 실존합니다. 하지만 사고하는 주체로서의 나 자신의 표상은 순전히 내감이지만 연장적인 존재자(외부 대상들)라고 칭하는 표상들은 외감과도 관계를 맺고 있다는 점이 차이이겠습니다. 그러나 내감의 대상이든 외감의 대상이든 그 모든 것들은 표상이기 때문에 표상들에 대한 나의 지각(의식)은 외적 대상들의 현실성에 대한 충분한 증명이 됩니다.

그러므로 초월적 관념론자는 경험적 실재론자이며, 현상으로서의 물질을 추론 없이 직접 지각되는 현실성으로 인정합니다. 반면 초월적 실재론자는 곤경에 빠져 경험적 관념론에 자리를 내줄 수밖에 없습니다. 외감의 대상들을 감관 자신과 구별되는 것으로, 다시 말해 현상을 우리 바깥에 있는 독자적인 존재자로 보기 때문에 이 사물에 대한 표상을 아무리 잘 의식한다 해도 이 표상의 실존이 그에 상응하는 대상의 실존을 조금도 보장하지 못하는 것입니다. 초월적 관념론하에서는 외적인 사물들, 즉 물질은 한낱 현상들, 다시 말해 우리 안의 표상들이고 그 현실성을 우리는 직접 의식합니다.

순수 영혼론의 결산

'나'는 직관도 아니고 어떤 대상에 대한 개념도 아니며 그저 의식의 순수한 형식입니다. 경험의 영역을 벗어나 있는 영혼론은 변증적 추리에 불과합니다. 하지만 순수이성 원리에 근거한 영혼론도 의미는 있습니다. 그것은 생각하는 자아를 유물론의 위험으로부터 안전하게 지켜 주기도 합니다. 유물론은 이렇게 주장합니다. 우리가 물질을 제거하면 사고와 사고하는 존재자들의 모든 실존도 폐기된다고 말입니다. 그러나 우리는 우리와 관계없는 물질을 알지 못합니다. 우리에게 물질은 외감의 표상이거나 내감의 표상일 뿐입니다. 따라서 유물론의 우려는 불필요합니다. 오히려 반대로 이야기해야 합니다. "만약 내가 사고하는 주관을 제거한다면 우리 주관의 감성 내의 현상이고 우리 주관의 표상의 일종일 따름인 전 물체계가 상실될 수밖에 없음이 지시되니 말이다"(A383).

영혼론의 초월적 가상에서 세 가지 변증적 물음, 다시 말해 대답하기 어렵고 힘들게 해답을 찾아야 하는 거짓 물음이 등장합니다. 영혼과 신체의 상호작용에 관한 물음, 인간이 탄생하기 전 영혼의 상태에 대한 물음, 죽은 후의 영혼에 관한 물음. 탄생 이전의 영혼이나 죽은 후의 영혼에 대해서 우리는 아무것도 말할 수 없다는 것은 확실합니다. 생 이전이나 이후는 우리가 경험할 수 없는 것이기 때문입니다. 칸트는 늘 우리의 인식을 경험의 한계 안에서 작동하는 것으로 제한합니다. 그런 점에서 이런 물음에서 발견되는 '난점들'은 그저 망상에서 기인하는 것에 불과합니다. 난점이 아닌데도 난점이라고 여기는 것은 경험할 수도 없는 것들에 대해 무언가 실체적 인식에 의해 접근할 수 있다고 생각하는 망상에서 비롯된 것일 뿐입니다.

이들은 그저 생각 속에서만 실존하는 것을 실체화하고는 그저 '현상'일 따름인 연장성(신체의 특징)을 우리 감성 없이도 실재하는 외적 사물의 속성으로 여깁니다. 그리고 이런 전제 아래 외적 사물들의 작용에 의해 운동이 발생한다고 말합니다. 그래서 이들은 깜짝 놀랍니다. 연장성과 같은 실체가 어떻게 그 성질이 완전히 다른(연장성이 없는 게 영혼이므로) 영혼과 상호작용할 수 있단 말인가? 칸트에 따르면 물질이란 내감의 대상(영혼)과 완전히 구별되는 이종의 실체가 아니라 그저 외적인 표상, 다시 말해 외감에 불과합니다. 그런데 그 외적 표상이 공간의 대상들로 표상되기 때문에 우리 마음 바깥의 실체인 것처럼 착각하는 것뿐입니다. 따라서 문제는 영혼과 우리 바깥의 다른 실체와의 상호작용이 아니라, 내감의 표상들과 외감의 변양들의 연결에 관한 것으로, 이것이 어떻게 경험 중에서 연관될 수 있는 것인가 하는 점입니다. 그리고 우리는 이런 문제에 대해 종합과 통일에 관한 장에서 충분히 살펴본 바 있습니다.

　외적 현상들을 물자체로서 실체화하고는 그것을 표상이 아니라 우리 안에 있는 것과 똑같은 질로 우리 바깥에서도 독자적으로 존립하는 사물들이라고 간주하면, 그리하여 그런 사물들을 생각하는 우리 주관과 관련시키면, 우리는 작용 원인이라는 성격을 우리 바깥에 갖게 되는데 이때 저 바깥의 원인은 우리 안의 결과와 잘 화합하려 하지 않습니다. 왜냐하면 주관과 외적 대상이 그 실체적 성격에 있어 너무나 다르다고 애초에 전제해 놓았기 때문입니다. 그러나 이는 저 작용의 원인도 그렇고 작용의 결과도 그렇고 모두 그저 표상이라는 사실을 놓치게 되는 순간 발생하는 잘못된 규정입니다. 외적 현상들을 주관에 속하는 표상이 아닌 객관으로 우리 바깥에 놓고 그것과 분리해 생각하는 주체의 상호작용을 생각하게 되면 영혼과 신체 사이의 잘못된 이론들이 등장하게 되는 것입니다. 이들은 "현상들의 이 객관적 실재성이 도대체 그토록 온전히 맞는지 어떤지에 대해서는 한 번도 묻지 않고, 이 실재성을 인정된 것으로 전제하고, 이 실재성이 어떻게 설명되고 파악되어야 하는가의 방식에 관해서만 궤변을 늘어 놓"(A389)는 것입니다. 그런 대표적인 설명 방식이 바로 예정조화와 같은 이론입니다.

생각하는 실체와 연장적인 실체로 분리된 상황에서는 독자적으로 존립하는 두 개의 실체가 서로 영향을 주고받는 데 있어 초자연적인 어떤 조력체계나 신에 의한 예정조화를 받아들일 수밖에 없을 것입니다. 그러나 생각하는 것과 연장적인 것의 상호작용에 관한 악명 높은 물음은 연장적 실체와 생각하는 실체와 같은 모든 상상적인 것을 제거하고 나면 오로지 사고하는 주관 일반에서 어떻게 외적 직관이(공간의 직관이) 가능한가 하는 물음으로 귀착됩니다. 그러나 이는 우리가 대답할 수 없는 물음입니다. 우리는 시공간이라는 선험적 형식을 갖고 있습니다. 그리고 그에 따라 내감과 외감이라는 독자적 표상들의 원천이 생겨나게 되었습니다. 하지만 왜 우리가 시공간을 갖게 되었는가 하는 것은 우리가 해결할 수 없는 물음입니다. 우리는 그렇게 태어났을 뿐입니다. 더 이상 물을 수 없는 질문이 있는 것이죠.

생각하는 존재자의 본성과, 생각하는 존재자와 물체 세계와의 연결의 본성에 관한 모든 논쟁은 순전히 사람들이 아무것도 아는 바 없는 것에 관해 그 빈틈을 이성의 오류추리들에 의해 메운 결과에 불과합니다. 그래서 생각하는 존재자에 대해 실체이니 단순하니 인격적이니 하는 오류추리들을 남발하는 것입니다. 그리고 내감의 표상과 외감의 표상을 실체적으로 분리시키면서 생각하는 나와 물체의 연결을 고민하면 당연히 경험적 관념론과 같은 오류에 빠져들게 됩니다. 가능한 경험의 한계를 넘어 그 빈틈을 망상으로 채울 때 이런 오류추리들이 나타납니다. "이성은 그의 '월경(越境) 금지'라는 경구를 최대의 확신을 가지고 자연 자신이 세웠던 헤라클레스의 기둥에 달아매는데, 그것은 우리 이성의 운행을 부단히 연속되는 경험의 해안이 이르는 곳까지만 계속하기 위함이다"(A395).

'나'(영혼)의 속성과 범주의 관계

"모든 가상은 사고의 주관적 조건을 객관의 인식으로 간주하는 데에 있을 수 있다"(A396). 그렇다면 사고를 위한 조건은 무엇일까요? 그것은 바로 '생각하는 나'입니다. 표상들의 잡다를 범주에 의해서 통일하는 통각의 통일성은 곧 생각하는 나의 동일성이었습니다. 그런데 이성은 이 조건 자체를 무조건적인 전체로 사유하고자 하는 본성이 있다고 했습니다. 그래서 이성은 모든 사고 내용의 '논리적 통일성'으로 존재하는

'생각하는 나'를 다룰 수밖에 없고 이 '나' 자신의 무조건적인 통일성을 표상하려고 합니다. 단순히 논리적인 조건이 아니라 실체적인 인격성을 가진 영혼으로 사유하는 것이 이성의 관심입니다.

그런데 도대체 생각하는 사물이란 어떤 성질을 가진 것인가 하는 물음을 던진다면 우리는 선험적으로 거기에 대답할 아무것도 가지지 못합니다. 직관이 도외시된다면 우리는 생각하는 사물에 대해 알 수 있는 바가 없습니다. 마찬가지로 움직이는 것이 어떤 종류의 사물이어야 하는가 하는 물음에 대해서도 우리는 보편적으로 답할 수 없습니다. 왜냐하면 움직이는 사물의 직관이 주어지지 않는 한 그 사물에 대해 우리가 파악할 수 있는 것이 없기 때문입니다. 이처럼 보편적인 물음에는 답하지 못해도 개별적인 경우에 나는 생각한다는 자기의식을 표현하는 명제의 경우에는 답을 줄 수 있는 것처럼 보입니다. '나'는 제일의 실체이자 단순한 것이고 동일성의 인격성을 갖는다고 할 수 있을 것 같기 때문입니다.

그러나 생각하는 나에게 부가하고 있는 이런 실체성이나 단일성과 같은 것들의 근원이 무엇인지 탐구하게 된다면 우리는 오류를 찾아낼 수 있습니다. "이 본질적 속성들은 순수범주들 이상의 것이 아닌바, 이를 통해 나는 결코 하나의 규정된 대상을 생각하는 것이 아니라 그 대상을 규정하기 위한 표상들의 통일만을 생각한다"(A399). 기초에 놓여 있는 직관 없이 범주만으로는 우리는 대상에 대해 아무런 개념도 형성할 수 없습니다. 그런데 생각하는 나의 본질적 속성들은 그런 직관의 기초 없이 그저 순수한 범주에 불과합니다. 범주는 직관의 잡다를 통일하는 형식적 기능을 하는 지성의 개념일 뿐입니다. 따라서 생각하는 나의 본질적 속성들은 형식적 기능을 실체 있는 영혼과 같이 내용적 실재성으로 전환하고 있다는 점에서 오류라고 하겠습니다.

우리가 어떤 사물을 현상 가운데서 실체라고 선언할 때는 그 사물에 대한 직관이 미리 주어져야 합니다. 그래야 이 직관에 입각해 고정불변하는 것과 변하는 현상들을 구별하고 기체와 거기에 종속된 것을 구별합니다. 현상에서 어떤 사물이 단순하다고 칭할 때 우리는 그 사물에 대한 직관이 현상의 일부이기는 하지만 분할될 수는 없다는 것을 뜻합니다. 그러나 이 현상에서가 아니라 개념에서 단순한 것으로 인식된다면 이를 통해 우리는 대상에 대한 아무런 인식도 가지지 않으며 그저 개념에 대한 인식을 가질 뿐입니다.

순전한 통각(나)은 '개념상' 실체이고 '개념상' 단순한 것이며 '개념상' 인격성을 갖습니다. 그러나 이를 통해서는 영혼에 관해 원래 알고 싶어 하는 아무것도 인식되지 않습니다. 직관이 없으니 그저 공허한 개념의 나열일 뿐이기 때문입니다. 실체라는 저 공허한 개념은 영혼이 그 자체로 존속한다든지 영혼은 외적 직관들의 한 부분이지만 이 부분은 더 이상 분할될 수 없고 자연의 어떤 변화에 의해서도 발생하거나 소멸할 수 없다는 것을 가르쳐 주지 않습니다. 앞에서도 지적했듯이 범주는 직관이라는 종합의 조건 없이는 자체적으로는 정의되지 않습니다. 따라서 범주만으로 우리는 아무것도 인식한 것이 없는 셈입니다.

매개념 다의의 오류

칸트는 오류추리론 재판(再版)에서는 이 오류추리가 '매개념 다의의 오류'에 빠져 있음을 비판합니다. 매개념 다의의 오류란 대전제에서 사용된 개념과 소전제와 결론에서 사용된 개념이 서로 다른데도 불구하고 동일한 것으로 간주할 때 발생하는 거짓 추리의 한 형태입니다. 간단히 두 가지만 살펴보겠습니다. 먼저 모든 판단에서 '나'는 모든 것을 규정하는 주관입니다. '나는 생각한다'는 명제에서 '내'가 사고의 주관이라는 것은 생각한다는 개념 안에 들어가 있는 분석적 명제입니다. 사고가 가능하기 위한 조건은 여러 표상들이 '나'의 것이어야 한다는 것이었습니다. 하지만 그렇다고 그것이 '내'가 하나의 '객관'으로서 독자적으로 존립하는 존재자나 실체임을 뜻하는 것은 아닙니다. 사고의 규정적 주관이 객관적으로 실재하는 실체는 아닙니다. 실체의 차원은 분석명제만으로는 부족한 직관을 요구하는 종합명제에 해당합니다.

또한 통각의 '나'는 모든 사고에서 단수이고 논리적으로 단순한 주관입니다. 이는 생각한다는 개념 안에 이미 포함되어 있는 분석명제입니다. 그러나 이것이 '사고하는 나는 단순한 실체이다'라는 뜻은 아닙니다. "그러므로 사고 일반에서의 자기의식의 분석에 의해서는 객관으로서의 자기에 대한 인식과 관련해 얻는 것이 조금도 없"(B409)습니다. 사고나 개념만으로 규정되는 것이 단순한 실체이자 그 자체로 인격성을 부여받는다면 우리는 감성세계를 넘어선 예지계로 들어가는 셈이 됩니다. 그러나 사고하는 주관(통각)의 단일성은 실체적 단일성이나 인격성을 뜻하지 않습니다. 앞에서 보았던 영혼에 대한 네 가지 오류추리는 다음과 같이 하나로 통합해서 정리할 수 있습니다.

대전제 주체(주관)로서밖에 생각될 수 없는 것은 또한 다름 아니라 주체로서만 실존하고 그러므로 실체이다.

소전제 그런데 사고하는 존재자는 그것이 순전히 그러한 것으로 고찰된다면 주체로밖에는 생각될 수 없다.

결론 그러므로 그것은 또한 그러한 것으로서만, 다시 말해 실체로서만 실존한다.

여기서 바로 매개념 다의의 오류가 발견됩니다. 대전제에서 얘기되는 실체는 직관에 주어질 수 있는 객관입니다. 그러나 소전제와 결론에서 말하는 주체나 실체는 그저 자기의식에 불과한 것이라 아무런 객관도 사고되는 것이 없습니다. 대전제에서 주체(실체)로 존재하는 사물들이 언급되었다면 소전제와 결론에서는 사물이 아니라 사고작용으로서의 의식의 주체(나)가 언급되고 있습니다. '나는 나의 실존을 사고함에 있어 오직 나를 판단의 주체로서 사용할 수 있다'는 것만이 결론일 수 있는데, 이는 사고에서 분석되는 명제로서 동일명제이며 아무런 종합적 결론도 포함하지 않습니다. 따라서 이 명제만으로는 사고하는 나의 현존 방식에 대해 아무것도 알 수 없습니다. 그런데도 이런 공허한 분석명제를 선험적인 종합명제인 것처럼 사용하는 거짓 추리를 행하고 있는 것입니다.

훈육으로서의 이성적 영혼론

이성적 영혼론은 우리의 자기인식에 무엇인가를 덧붙이는 이론이 아니라 그저 훈육적 기능만을 갖습니다. 즉 사변이성에게 경험의 영역을 넘어서지 말라는 그런 훈육입니다. 그리하여 우리의 자기인식을 결실 없는 초험적 사변에서 결실이 많은 '실천적 사용'으로 전환하라는 이성의 신호로 보도록 우리의 주의를 환기시킵니다. 탄생 이전의 영혼이나 죽은 이후의 영혼에 대해 이성적 영혼론은 아무것도 인식하게 하는 것이 없습니다. 그러나 실천적 이성 사용과 결합된 이성적 영혼론은 이제 내세를 받아들일 권한을 갖게 됩니다. 원래 이성은 인과적 자연 질서보다는 합목적적인 자연 질서에서 자신의 고유 영역을 발견합니다. 쉽게 말해 사변적인 차원을 넘어서면 저 자연의 목적과 인간 삶의 목적에 대해 알고자 하는 그런 갈망이 생겨납니다. 이 차원이 바로 지성 너머 이성의 영역이자 도덕의 질서입니다.

사변적 관심이 지성의 입법 아래 있었다면 실천적 관심은 철저히 이성의 입법 아래 있습니다. 실천 능력으로서의 이성은 자연 질서의 조건에 구애받지 않고 경험의 한계를 넘어 목적들의 질서로 자신의 실존을 확장하게 됩니다. 이성의 관심 속에서 자연의 그 어느 것도 불필요하거나 불균형적이거나 비

합목적적인 것은 없습니다. 자연의 모든 것들은 인간이라는 궁극 목적을 통해 그 합목적적인 본성을 여실히 보여 줍니다. 인간은 이런 목적들의 질서 속에서 수많은 이익을 포기한 채 자신이 이상으로 삼고 있는 더 좋은 세계의 시민이 되는 것을 자신의 소명이라고 내적으로 강하게 느낍니다. 인간의 소질은 재능이나 충동의 측면이 아니라 도덕법칙의 차원에서 강하게 나타납니다. 이는 이론적 인식에 의해서는 결코 확보될 수 없는 전망이자 시선입니다. 하나의 실체이자 인격으로서의 우리 실존의 필연적인 지속은 사변적인 차원이 아니라 바로 이런 도덕적인 차원, 실천적인 차원에서만 통찰됩니다.

17강 _ 순수이성의 이율배반

순수이성의 안락사

순수이성의 오류추리에서는 영혼의 무조건적인 통일과 관련하여 모두 네 가지 잘못된 원리가 비판되었습니다. 그런데 여기 이율배반의 장에서는 새로운 현상이 나타나는데요. 바로 정립(thesis)과 반정립(antithesis)이라는 팽팽한 이론적 대결입니다. 이 정립과 반정립의 상충이 바로 이율배반입니다. 이율배반(antinomy)의 어원을 분석해 보면 'nomos', 곧 '법'에서 왔다는 사실을 알 수 있습니다. 법 조항끼리의 충돌을 의미하는 것이죠. 지난번 순수지성 개념의 '연역'(deduction)도 법적인 개념이었지요. 여기서는 하나의 테제(정립)를 내세우면 거기에 대해 반테제(반정립)가 맞서는 방식으로 논의가 전개됩니다.

순수이성의 오류추리에서는 정립(테제)만 있었습니다. 그것도 실체성, 단순성 등 네 가지 정립만 있었지요. 정립에 맞서는 반정립이 없었기 때문에 무비판적으로 정립 자체의 확신에 빠져들 수밖에 없는 구조를 갖고 있었습니다. 하지만 이율배반에서는 네 가지 정립에 맞서는 각각의 반정립이 자리합니다. 그런 점에서 칸트는 이율배반은 이성의 가상이 일으킨 상상적 확신의 졸음을 방지하는 측면에서 일정한 의미가 있다고 인정합니다. 하지만 정립과 반정립이 팽팽하게 맞서게 되면 어느 하나의 입장도 자신감 있게 주장할 수 없다는 점에서 오히려 더 커다란 문제를 일으킬 수 있다고 말합니다.

"이성은 자신을 회의론적 절망에 내맡기거나 또는 교조주의적 고집을 세워 반대편의 근거를 듣지도 않고 공평하게 취급하지도 않은 채 완고하게 일정한 주장만을 앞세우려는 유혹에 빠진다. 양자 모두 건전한 철학의 죽음이며, 그 중에서도 전자는 경우에 따라서는 순수이성의 안락사라고 불릴 수도 있을 것이다"(B434). 자신의 주장만 교조적으로 앞세우는 것은 비판 정신의 소멸이라는 점에서 "철학의 죽음"이라 할 수 있습니다. 하지만 아예 주장조차 없이 모든 확신의 장 자체를 부정하는 회의주의적 태도는 "순수이성의 안락사"라고 합니다. 그런 점에서 이율배반에 대한 분석은 이 철학의 죽음과 안락사로부터 이성을 구출하기 위한 시도가 되겠습니다.

참고로 이 부분에서 이성이 전체성을 구사하는 대상은 '현상'입니다. 하나의 현상이 주어지면 그 현상을 가능하게 하는 조건들 전체를 구성하려는 것이 이성의 이념입니다. 그래서 칸트는 "현상들의 종합에서 절대적 전체성과 관련된 것"을 "세계개념들"(world-concepts)(B434)이라고 부릅니다. 이율배반 이후에 세번째로 살펴볼 이념이 '순수이성의 이상'인데, 이때도 물론 전체성이라는 이념을 추구하지만 경험 가능한 현상에 제한된 그런 전체성이 아니라는 점에서 지금 세계 개념들과는 다릅니다. 전체성으로서의 세계 개념은 오직 경험 가능한 현상들의 종합과만 관계합니다.

우주론적 이념들의 체계

이성은 아무런 개념도 산출하지 않습니다. 대신 지성 개념을 경험의 제한에서 해방시켜 무조건자에까지 종합을 계속하기 때문에 범주를 초월적 이념으로 만들고 맙니다. 이성이 이런 것을 요구하는 것은 조건적인 것(conditioned)이 주어지면 조건들(conditions)의 전체, 그러니까 저 조건적인 것을 가능하게 했던 단적인 무조건자(unconditioned)도 주어진다는 원칙에 따른 것입니다. 그러므로 초월적 이념은 무조건자에까지 확장된 범주이므로 범주표에 따라 정리할 수 있습니다. 특히 조건과 조건적인 것의 계열을 이루는 범주들이 이 이율배반의 장에서 다룰 대상이 되겠습니다. 이성은 조건적인 것이 주어지면 당연히 그것을 규정하는 다른 조건 쪽으로 무한한 계열을 추구합니다. 조건적인 것에 의해 나타날 결과들 쪽으로 그 전체성을 추구하지 않습니다.

주어진 현상에 대해 가까운 조건에서 더 먼 조건들로 나아가는 조건들 쪽에서의 계열의 종합을 '배진적(regressive) 종합'이라고 하고, 조건 지어진 것의 가까운 결과에서 가장 먼 결과들로 나아가는 계열의 종합을 '전진적(progressive) 종합'이라고 합니다. 하나의 현상이 주어졌을 때 그 현상을 조건 짓는 조건 쪽으로 나아가면 배진적 종합, 그 파생 결과 쪽으로 나아가면 전진적 종합이라고 하는 겁니다. '우리'에서 시작해 '조상' 쪽으로 가면 배진적 종합, '우리'에서 '후손' 쪽으로 확장하면 전진적 종합인 거죠. 배진적 종합은 '전제' 쪽으로 나아가는 것이고, 전진적 종합은 '귀결'로 나아가는 것입니다. 그러므로 우주론적 이념들은 배진적 종합의 전체성에 관여하는 것이라 할 수 있습니다.

이념들의 표를 작성하기 위해 계열을 형성할 수 있는 것들을 찾아보겠습니다. 먼저 시간은 자체적으로 계열적입니다. 주어진 조건적인 것에 대한 조건들의 계열의 전체성이라는 이념은 오직 지나간 시간과만 관계하는 법이니까요. 공간은 어떨까요? 물론 공간은 시간과 달리 조건과 조건적인 것의 관계 속에 있지 않고 그저 부분들의 병렬과 집합으로 구성되어 있습니다. 하지만 공간은 일정한 부분의 한계를 넘어서야 다른 공간으로 나아가는 것이므로 공간에 대해서도 배진과 같은 종합이 가능합니다. 주어진 공간의 한계를 넘어 더 이상 넘어설 수 없는 어떤 절대적 크기의 공간에 대한 상상도 전체성의 이념일 수 있습니다.

물질은 부분들로 이루어져 있습니다. 우리는 이 부분보다 더 작은 부분, 그리하여 가장 단순한 부분까지 찾아들어갑니다. 그런 점에서 물질에서의 절대적 전체성은 단순한 것으로의 완전한 분할의 차원으로 나아가는데, 이것도 무조건자(가장 단순한 것)에 이르는 배진의 과정이라 할 수 있습니다. 인과성의 범주도 결과에 대해 그 원인들의 계열을 소급적으로 찾아가는 것이므로 이성의 물음에 합당한 범주입니다. 마지막으로 우연적인 것은 이것을 낳는 상위의 조건을 지시하게 되고, 이성은 이 계열의 전체성에서 무조건적인 필연성을 추구하기에 이릅니다. 따라서 다음과 같은 네 개의 우주론적 이념이 생겨납니다.

① 모든 현상들의 주어진 전체의 합성(composition)의 절대적 완벽성

② 현상에서 주어진 전체의 분할(division)의 절대적 완벽성

③ 현상의 발생(arising)의 절대적 완벽성

④ 현상에서 가변적인 것의 현존의 의존성(dependence)의 절대적 완벽성

이성이 조건들의 계열에서 배진적으로 진행된 종합에서 찾는 것은 오직 무조건자입니다. 그런데 이 무조건자는 두 가지 방식으로 생각할 수 있습니다. 먼저 무조건자가 계열 전체에서 성립하는 경우입니다. 여기서는 계열 안의 모든 항들이 조건 지어져 있고 오직 그 항들의 '전체'만이 절대적으로 무조건적이라고 할 수 있습니다. 이때 배진은 무한합니다. 다시 말해 그 어떤 시초도 없고 하나의 항을 조건 짓는 다른 항이 배진적으로 무한히 나타납니다. 그리하여 무조건자가 그저 계열 전체라고밖에는 말할 수 없는 상황이 되는 것이죠. 다음으로 무조건자가 다른 모든 항들이 종속되는 하나의 항으로 존재하는 경우입니다. 여기서는 계열의 맨 처음이라는 것이 존재할 수 있습니다. 그래서 이런 시초(무조건자)는 시간의 관점에서는 세계의 시초가 되겠고, 공간적으로는 세계의 한계라 할 수

있겠습니다. 물질적 부분들과 관련해서는 단순한 것이라 칭할 것이고, 원인과 관련해서는 그 항 이전에 다른 규정적 원인이 존재할 수 없으므로 그 시초의 항은 절대적 자기활동성(자유)이라고 말할 수 있겠습니다. 마지막으로 가변적인 사물들의 현존과 관련해서는 사물들의 현존을 결정하는 궁극적 이유로 작동할 것이므로 절대적 자연필연성이라고 말합니다.

지금 '세계'와 '자연' 개념이 혼용되어 사용되어 전체적으로 혼란스런 느낌입니다. 이제 우주론적 이념을 살펴보는 마당이므로 이를 정리해 보도록 하겠습니다. '세계'란 모든 현상들의 수학적 전체와 이것들의 종합의 전체성을 의미합니다. 반면 '자연'은 세계가 역학적인 전체로 고찰될 때를 말합니다. 이때 우리는 세계의 양이 아니라 현상들이 인과적 통일성과 같은 차원에 존재하는 그런 현존을 다룹니다. 여기서 발생하는 것의 조건을 '원인'이라 하고, 현상에서 원인의 무조건적 원인성은 '자유'라고 하며, 조건적인 원인성은 '자연원인'이라고 합니다. 자유는 원인을 더 이상 규정하는 것이 없는 그런 원인에 해당하기 때문에 자연원인에 대비해서 '자유원인'이라고도 할 수 있습니다. 조건에 따라 현존하는 것은 우연적이라 불립니다. 예를 들어 우리는 일정한 조건이 맞아야 존재하는 우연적 존재입니다. 그러나 조건과 상관없이 무조건적으로 실존하는 것은 필연적이라 합니다. 이렇게 현상들의 무조건적 필연성은 자연필연성이라 부르고, 이는 신을 대상으로 한다고 보면 되겠습니다. 수학적 무조건자는 세계 개념들과, 역학적 무조건자는 자연 개념들과 각각 관련을 갖습니다.

이성을 경험의 한계를 넘어 확장하고자 하면 경험 중에서는 그 확증을 기대할 수도 없고 그 반박을 두려워할 필요도 없는 궤변적인(sophistical) 정리들(theorems)이 생겨납니다. 그런데 재미있는 것은 이런 정리들이 그 자체로는 아무런 모순도 없고 그 필연성의 조건들을 이성의 본성 중에서 발견하기까지 한다는 사실입니다. 가령 '세계에 시초가 있다'는 명제는 그 자체로만 봤을 때 그 오류를 지적할 수 없는 주장이라는 것이죠. 하지만 불행한 것은 반정립의 주장 역시 타당하고도 필연적인 근거를 갖는다는 사실입니다. '세계에 시초는 없다'는 명제는 정립의 주장만큼이나 근거 있는 이론입니다.

그러므로 순수이성의 변증학에서 자연스럽게 제기되는 물음은 다음과 같습니다. ① 순수이성은 어떤 명제들에서 이율배반에 빠져드는가? ② 이 이율배반은 어떤 이유 때문에 발생하는가? ③ 이 모순 가운데서 어떤 방식으로 이성에게 확실성의 길이 열리는가? 첫째 질문과 관련하여, 이율배반은 자의적인 물음이 아니라 인간 이성이 진행하다 보면 필연적으로

부딪칠 수밖에 없는 그런 물음, 즉 신의 존재, 자유의 유무와 같은 물음과 관련된다는 것입니다. 그래서 이는 올바른 통찰에 따라 사라지는 기교적인 가상이 아니라 속지 않을 때조차 근절시킬 수 없는 자연스럽고 불가피한 가상이라는 사실입니다. 둘째로, 변증적 이론은 경험 개념들에서의 지성 통일과 관계하는 것이 아니라 순전한 이념들에서의 이성 통일과 관계한다는 점입니다. 이 이념들의 조건은 규칙들에 따르는 종합으로서는 지성에 부합해야 하지만 그 종합의 절대적 통일로서는 이성에 부합해야 합니다. 그러다 보니 "그것이 이성 통일에 합치하면 지성에 대해서는 너무 크고, 지성에 알맞으면 이성에 대해서는 너무 작게 될 것"(B450)입니다. 그래서 모순이 생길 수밖에 없고, 그래서 아무리 노력해도 이율배반을 피할 수가 없는 것입니다.

  세번째로, 이 궤변적 주장들은 변증적 싸움터를 여는데, 이 싸움의 격렬함이 오히려 해결책입니다. 여기서는 공격하도록 허가받은 편이 우위를 차지하고 방어하려고만 하면 확실히 패배합니다. 왜냐하면 경험의 한계를 벗어나 있는 이성 통일에 있어 강력한 주장만큼 확실한 승리의 조건이 없기 때문입니다. 칸트는 이 싸움터 한가운데서 중립을 지키고 있지 않습니다. 대신 두 편이 서로 격렬하게 맞붙어 싸우도록 응원합니다. 이는 어느 한편의 우월성을 결정하기 위한 것이 아닙니다. 그것은 "싸움의 대상이 어쩌면 한낱 환영, 즉 각자가 그것을 헛되이 붙잡으려 애를 쓰지만, 설령 아무도 그에게 반대하지 않더라도 그로서는 거기에서 아무것도 얻지 못할 환영이 아닐까 어떨까를 탐구하기 위한 것"(B451)입니다. 이것이 바로 칸트가 말하는 "회의적 방법"입니다. 이는 모든 확실성의 토대를 무너뜨리는 흄과 같은 회의주의와는 다릅니다. 회의적 방법은 각 주장이 공격하는 상대방의 핵심이 사실 가상에 기초한 것이라는 점을 보여 줌으로써 이성의 확실성을 확보하는 비판의 한 방법입니다.

이성은 기본적으로 추상적인 사변입니다. 그래서 이성은 자신의 착오를 쉽사리 발견하지 못합니다. 하지만 각 주장이 첨예하게 맞붙는 이율배반 속에 있음을 알려주면 이성은 자신의 한계와 착오를 깨닫게 됩니다. 정립 쪽이 자신의 이론의 모순 없음을 주장하면 반정립 쪽도 모순 없음을 동시에 주장하게 됩니다. 이렇게 서로가 자기주장의 확실함을 경쟁적으로 확보하려고 노력할수록 이성은 자신이 이율배반에 빠져 있음을 알게 됩니다. 우리 입장도 옳고 저쪽 입장도 옳다면 어딘가 문제가 있다, 이렇게 생각하게 되는 것이죠. 모두 다 옳다면 옳다고 생각되는 두 주장 안에 분명히 뭔가 잘못된 점이 있다고 생각하게 된다는 그런 논리입니다. 그런 점에서 이율배반을 이용하는 회의적 방법은 우리의 제한된 지혜에서는 법칙을 정립하는 최선의 시험대이고, 초월철학에서는 본질적인 방법입니다. 그러면 이제부터 그 유명한 이율배반에 대해 살펴보겠습니다.

첫번째 이율배반

> **정립** 세계는 시간상 시초를 가지고 있으며, 공간적으로도 한계로 둘러싸여 있다.
>
> **반정립** 세계는 시초나 공간상의 한계를 갖지 않으며, 오히려 시간적으로나 공간적으로 무한하다.

정립에 대한 증명

정립에 대한 증명은 우선 세계가 시간상으로 시초가 없다고 가정을 해보자는 것에서 시작합니다. 시초가 없다, 그러면 주어진 어떤 시점에서 이미 영원이 경과했겠죠. 다시 말해 세계에서 사물들이 연이어 잇따른 상태들의 무한 계열이 흐른 셈입니다. 현재를 기준점으로 잡아서 생각해 보면, 현재 이전에 무한이 있습니다. 그렇다면 이 무한이 현재까지 도달할 수 있을까요? 현재 이전에 어떤 영원이 있다면 현재는 결코 시작할 수 없습니다. 다시 말해 이 현재 이전의 영원은 결코 지나가기를 다 완료할 수 없습니다(B460).

앞에서 우리는 '세계'란 모든 현상들의 수학적 전체와 이것들의 종합의 전체성을 의미한다고 규정했습니다. 수학적 전체('세계')가 형성되려면 계열 전체를 종합해야 합니다. 그런데 시초가 없어서 주어진 시점에 이미 무한 계열이 있다면 이 영원 전체를 우리는 종합할 방법이 없습니다. 따라서 이런 조건에서라면 '무한히 흐른 세계 계열'이라는 것 자체가 불가능합니다. "그러므로 무한히 흐른 세계 계열은 불가능하며, 그러니까 세계의 시초는 세계 현존의 필연적 조건이다"(B454).

공간에 대해서도 같은 식으로 말할 수 있습니다. 직관에 있어 일정한 한계 안에 주어지지 않은 양적인 크기는 부분들의 종합에 의해서만 하나의 전체('세계')로 만들 수 있습니다. 그러므로 모든 공간들을 채우는 세계를 하나의 전체로서 생각하기 위해서는 무한한 세계의 부분들의 순차적 종합이 완결된 것으로 간주해야만 합니다. 다시 말해 동시에 실존하는 모든 사물들을 낱낱이 헤아리는 데 무한한 시간이 경과한 것으로 간주해야 합니다. 그러나 이렇게 무한히 종합해야 한다는 것은 사실 어느 시점에서도 종합이 완료될 수 없다는 뜻에 불과합니다. 따라서 세계는 공간적인 측면에서 연장적으로 무한하지 않고 한계에 둘러싸여 있다고 해야 합니다.

반정립에 대한 증명

시초가 없다고 생각하는 반정립을 증명하기 위해서 먼저 세계가 시초를 갖는다고 가정해 봅니다. 시초란 그 이전에는 사물이 있지 않았으므로 세계가 있지 않았던 시간, 다시 말해 빈 시간이 선행했을 수밖에 없습니다. 그런데 빈 시간 속에서는 어떤 사물도 발생할 수 없습니다. 왜냐하면 어떤 것이 현존하게 되었다는 것(발생, 변화)을 보여 주려면 앞선 시간과의 차이가 있어야 하는데 시간 자체가 없으니 그런 구별이 불가능하기 때문입니다. 그러므로 세계 안에서 사물들의 많은 계열이 시작할 수는 있지만 세계 자신이 시초를 가질 수는 없고 지나간 시간과 관련해서 무한하다고 말해야 합니다.

    이는 앞에서 경험의 제1유추에서 다뤘던 내용과 비슷합니다. 이 세계가 존재하지 않다가 갑작스레 존재하는 경우 우리가 이 세계의 발생을 경험할 수 없는데, 까닭은 변화에 대한 파악은 그 전에 변화를 느끼게 해줄 고정적 실체를 전제하기 때문입니다. 그런데 선행하는 공허한 시간은 지각의 대상이 아니기 때문에 거기서 어떤 것이 발생했다고 하더라도 우리는 아무것도 지각할 수 없게 되는 것입니다. 설령 갑작스레 고정불변의 실체가 탄생한다고 해도 그것은 우리가 변화를 느낄 고정된 실체와 관련이 없기 때문에 우리에겐 변화로 경험되지 않습니다. 변화는 어쨌든 그 변화를 측정해 줄 일관된 고정된 실체를 전제하는 것입니다.

공간의 관점에서도 마찬가지로 유한한 한계를 먼저 가정해 봅니다. 그러면 세계는 한계가 없는 빈 공간 안에 있는 셈이 겠습니다. 그런데 세계란 절대적 전체이죠. 다시 말해 이 세계 바깥에서는 직관에 의해 마주칠 수 있는 어떤 대상도 없어야 하는 것입니다. 그렇다면 이 세계 바깥의 빈 공간과 마주친다는 것은 무슨 뜻일까요? 그것은 세계 바깥에 세계가 관계할 아무런 대상도 없다는 뜻입니다. 그러므로 빈 공간을 통해 세계를 한계 짓는 것은 결국 아무것도 아닌 것입니다. 따라서 세계는 공간적으로 한계가 전혀 없습니다.

두번째 이율배반

정립 세계 내의 모든 합성된 실체는 단순한 부분들로 이루어져 있고, 어디에서나 단순한 것이거나 이것으로 합성된 것만이 실존한다.

반정립 세계 내의 어떤 합성된 사물도 단순한 부분들로 이루어져 있지 않고, 세계 내 어디에서도 단순한 것은 실존하지 않는다.

정립에 대한 증명

합성된 실체가 단순한 부분들로 구성되어 있지 않다고 가정해 봅니다. 그리고 우리의 생각 속에서 모든 합성을 폐기해 버립니다. 그러면 합성된 부분이 없어졌습니다. 합성된 게 해체되었으니까 단순한 것들이라도 남아야 하는데, 그 합성된 실체가 단순한 것들로 구성되어 있지 않다고 가정했으므로 이제 아무것도 남지 않게 됩니다. 합성이 해체되는 순간 아무것도 없고 실체도 사라졌습니다. 그런데 실체가 사라지게 되면 실체일 수 없겠죠? 그렇다면 우리는 이렇게 생각해야 합니다. 우리의 생각 속에서 합성을 폐기한다는 것이 불가능하거나 아니면 합성된 것의 폐기 후에도 단순한 것이 남을 수밖에 없다고.

먼저 합성을 폐기한다는 것이 불가능하다는 생각을 검토해 보겠습니다. 합성된 것이 폐기불가능하다면 그 말은 합성된 것이 하나의 실체라는 뜻입니다. 그런데 실체는 합성 없이도 자체적으로 고정불변하게 존속할 수 있습니다. 따라서 실체에게 합성은 우연적인 것에 불과합니다. 합성된 것은 그 자체로 실체가 아니라 실체들의 우연적 결속인 것이죠. 그렇다면 이 단락 첫 문장에서 합성을 폐기하는 것이 불가능하다고 한 전제와 모순되지 않나요? 폐기할 수 없는 합성된 것이란 그 자체로 실체라는 말인데, 실체에게 합성은 그 본성이 아니라 우연적 관계일 뿐이니 말입니다. 따라서 합성을 폐기하는 게 불가능하다고 생각할 것이 아니라 단순한 것이 있다고 해야 합니다. 결국 세계 내에서 실체적으로 합성된 것은 단순한 부분들로 이루어진 것이겠습니다.

이제 이런 결론이 나옵니다. 세계의 사물들은 모두 단순한 존재자들이고, 합성은 오직 이 단순한 것들의 외적인 상태라는 것입니다. 우리가 요소 실체들을 결합된 상태에서 온전히 떼어 내지 못한다 해도 이성은 이 요소 실체가 모든 합성체의 제일의 주체들이라고 생각할 수 있다는 것입니다.

반정립에 대한 증명

합성물이 실체로서 단순한 부분들로 이루어져 있다고 가정해 봅니다. 모든 외적인 관계는 오직 공간에서만 가능하므로 합성된 것이 차지하는 공간도 합성된 수만큼 있어야 합니다. 그런데 공간은 아무리 작은 공간이라도 단순한 부분들로 이루어진 것이 아니라 무수한 공간들로 이루어져 있습니다. 점과

점 사이에 점이 무한히 있는 것과 마찬가지입니다. 그런데 합성된 것의 각 부분은 한 공간을 차지해야 합니다. 그리고 이 각 부분은 단순하다고 우리가 가정했습니다. 그러면 이 가장 단순한 것이 자기 안에 잡다(무수한 공간)를 내포하고 있는 셈이 됩니다. 이는 단순한 것이 실체적 합성체라는 말이 되므로 모순입니다. 세계 내에서는 단순한 것이 전혀 실존하지 않는다는 이 반정립은 단적으로 단순한 것의 현존은 경험에 의해 밝혀질 수 없는 순전한 이념이라는 주장입니다. 이 반정립의 관점에서 단순한 것은 전 자연으로부터 제거되어야 합니다. 이 반정립은 라이프니츠식의 단자론을 부정하는 이론들에 해당합니다.

세번째 이율배반

정립 자연의 법칙에 따르는 인과성은 그로부터 세계의 현상들이 모두 도출될 수 있는 유일한 것이 아니다. 현상들을 설명하기 위해서는 자유에 의한 인과성 또한 반드시 받아들여야 한다.

반정립 자유는 없다. 오히려 세계에서 모든 것은 오로지 자연법칙들에 따라서 발생한다.

정립에 대한 증명

일단 자연법칙적 인과성만 있다고 가정해 봅니다. 그러면 발생하는 모든 것은 그 발생을 규정하는 어떤 앞선 상태를 전제해야 합니다. 이 앞선 상태는 또 다시 더 앞선 상태를 전제하고요. "그러므로 만약 모든 것이 자연법칙에 따라서만 발생한다면 항상 단지 제2의 시작이 있을 뿐 제1의 시작은 없"(B472)습니다. 따라서 연이어 뒤따라 나오는 원인들 쪽 계열에서 완결성은 있을 수 없습니다. 그런데 자연법칙이 뭔가요? 선험적으로 충분히 규정된 원인 없이는 아무것도 발생하지 않는다는 것 아닌가요? 원인이 충분히 규정될 수 없다면 자연법칙은 정립될 수 없습니다. 따라서 모든 인과성이 자연법칙에 따라서만 가능한 것처럼 말하는 명제는 원인 쪽 계열의 무한성으로 인해 성립할 수 없습니다.

자연법칙에 따르는 인과성만이 유일한 것이라고 할 수 없게 되었습니다. 그러므로 선행하는 원인에 의해 규정되는 것이 아닌 다른 원인성을 받아들여야 합니다. 다시 말해 자연법칙들에 따라 진행하는 현상 계열을 선행 상태가 아니라 자기 자신으로부터 시작하는 원인들의 절대적 자발성을 인정해야 합니다. 현상의 계열이 원인들 쪽에서 볼 때 완결될 수 있게 하는 그런 자유원인, 즉 초월적 자유를 받아들여야 합니다. 세계에는 자연인과만이 아니라 자유인과도 존재합니다.

이 '자유'에 대해서 조금 더 설명을 해보겠습니다. 칸트는 자유라는 초월적 이념을 우리가 흔히 생각하는 심리적이고 경험적인 것으로 이해하려고 하면 그것이 무엇인지 결코 통찰할 수 없다고 말합니다. 경험은 자연인과, 즉 시간의 지배 아래 있는 현상의 영역이기 때문입니다. 자유는 경험할 수 없습니다. "여기서 우리는 시간상의 절대적 시초가 아니라 인과성에서 절대적 시초를 말하고 있으니"(B478) 말입니다. 칸트는 이런 예를 들고 있습니다. 만약 우리가 완전히 자유롭게 아무런 자연적 원인의 영향력도 없이 의자에서 일어설 때, 우리가 일어섰다는 것은 시간상으로 보았을 때는 선행하는 계열의 계속으로 보입니다. 그러나 그런 시간의 측면이 아니라 인과의 측면에서 보면 그 행위는 새로운 계열의 시작입니다. 일어서는 데 있어 우리가 원인이라 하더라도 그때의 시간은 이미 선행하는 시간의 지배를 받는 것이지만 의자에서 일어나겠다는 결심은 자연의 작용 안에는 없었던 것입니다. 다시 말해 우리의 결의와 행동을 규정하는 자연적인 원인은 우리의 행위 이전에는 정지하고 있었던 것입니다. 따라서 하나의 사건은 시간적으로는 자연적 작용(앉아 있음)의 다음에 생겨난 것이지만 그런 작용에서 나온 것이 아닙니다.

반정립에 대한 증명

초월적 자유가 있다고 가정해 봅니다. 그러면 어떤 계열은 자신의 절대적 시작을 자유의 인과성 속에서 가지겠죠. 이제 여기서 발생하는 활동을 항구적인 법칙들에 따라 규정하는 그 어떤 것도 선행하지 않습니다. 그러나 활동하는 시작은 아직 활동하지 않은 원인의 상태를 전제하고, 활동의 역학적 시작은 그 선행하는 상태에서 나온 것이 아닌 어떤 상태를 전제합니다. 뭔가가 시작하려면 그 시작을 가능하게 하는 선행 상태가 있어야 하는데 지금 전제된 역학적 시작은 선행 상태를 인정하지 않는 시작입니다. 이는 인과법칙에 어긋납니다. 인과법칙은 작용하는 원인들의 순차적인 상태들의 결합인데, 선행 원인과 관련을 갖지 않는 어떤 시작 상태는 이런 결합 자체를 불가능하게 만듭니다. 아무런 제약이 없는 원인, 다시 말해 무조건적인 원인이란 원인들의 연쇄를 중지시키는 그런 것입니다. 그런 점에서 여기서는 경험의 통일이 불가능해집니다. 경험의 통일이란 이미 순차적 상태들의 결합과 종합이어야 하기 때문입니다. 따라서 자유란 그 어떤 경험에서도 발견되지 않으며 공허한 사고의 산물에 불과합니다.

설령 자유의 초월적 능력이 세계의 변화를 개시하기 위해 승인된다고 하더라도 이런 능력은 세계 외부에만 있어야 됩니다. 만약에 그런 자유가 이 세계 내에 있게 되면 우리가 자연이라고 부르는 현상들의 필연적 연관이 사라지게 될 것이고, 경험과 꿈을 구별하는 경험적 진리의 징표도 사라지게 될 것입니다. 자유라는 무법칙적인 능력과 병립하는 자연은 아예 생각할 수 없는 그런 것입니다. 거기서는 자연의 규칙적인 현상들이 자유에 의해 혼란에 빠지게 되고 서로의 연관성을 상실하게 되는 일이 발생할 것입니다.

네번째 이율배반

> **정립** 세계에는 그것의 부분으로서든 그것의 원인으로서든 단적으로 필연적인 존재자인 어떤 것이 있다.
> **반정립** 단적으로 필연적인 존재자는 세계 안이든 세계 밖이든 어디에도 그것의 원인으로서 실존하지 않는다.

정립에 대한 증명

모든 변화는 시간적으로 앞선 조건을 바탕으로 이뤄집니다. 그리고 주어져 있는 모든 조건적인 것은 단적으로 무조건적인 것에 이르는 조건들의 완전한 계열을 전제합니다. 이 완전한 계열이 가능하려면 절대적으로 필연적인 어떤 것은 반드시 실존해야 합니다. 그리고 그 실존은 감성세계에 속해야 합니다. 시간계열의 시초는 시간상 선행하는 것에 의해서만 규정될 수 있으므로 변화들의 계열의 시초는 이 계열이 아직 있지 않았던 시간에 실존해야 합니다. 만약 그것이 감성세계 바깥에 있다고 한다면 이 시간 바깥에 있는 것이 시초로 작동하는 셈이 되므로 이는 불가능합니다. 그러므로 변화들의 필연적 원인은 현상들의 시간에 속해야 합니다. 이 단적으로 필연적인 것은 전체 계열이든 그 일부든 어쨌든 세계 안에 포함되어 있어야 합니다.

반정립에 대한 증명

세계 자신이 필연적 존재자이거나 세계 안에 필연적 존재자가 있다고 가정해 봅니다. 그러면 변화들의 계열 중에 무조건적으로 필연적인 존재, 다시 말해 원인이 없는 시초가 있거나 그 계열 자체가 (필연적 존재자이니) 일체의 시초가 없는 그런 것이 될 것입니다. 그런데 원인이 없는 시초가 있다는 것은 자체적으로는 우연적이라는 말일 텐데 그러면서도 전체적으로는 필연적이라는 것은 모순적입니다. 그리고 계열 전체가 시초도 없이 우연적이라면 그것이 어떻게 필연성을 가질 수 있겠습니까. 따라서 이런 경우도 모순입니다. 왜냐하면 다수의 현존은 그 어떤 부분도 자체적으로 필연적인 현존을 가지지 못한다면 필연적일 수 없기 때문입니다.

반대로 필연적인 세계 원인이 세계 바깥에 있다고 가정해 봅니다. 그러면 이 세계 원인은 변화들의 원인들의 계열에서 최상의 항으로서 그 다음 항의 시작을 결정할 것입니다. 그렇다면 다음 항의 시작을 가능케 한 이 최상의 항은 이미 현상들의 총괄, 즉 이 세계 안에 있는 것이라 해야 합니다. 그러므로 바깥에 있어야 한다는 전제와 모순됩니다. 따라서 단적으로 필연적인 존재자는 세계 안에도 세계 바깥에도 존재하지 않습니다.

에피쿠로스주의와 플라톤주의의 대립

지금까지 살펴본 네 가지 이율배반들은 다음처럼 간략하게 정리할 수 있겠습니다. "과연 세계는 시작을 가지며, 공간상에서 그것의 연장이 어떤 한계를 갖는가. 과연 어디엔가에, 어쩌면 나의 사고하는 자아에 분할될 수 없고 파멸될 수 없는 단일체가 있는가, 아니면 분할되고 소멸적인 것 말고는 아무것도 없는가. 과연 나는 나의 행위들에 있어서 자유로운가, 혹은 다른 존재자들과 마찬가지로 자연 및 운명의 실에 이끌리는가. 마지막으로 과연 최상의 세계원인이 있는 것인가, 아니면 자연물들과 그것들의 질서는 우리가 우리의 모든 고찰에서 거기서 멈추어 설 수밖에 없는 최후의 대상을 이루는 것인가"(B491).

만약 이성이 이런 질문들, 다시 말해 모든 경험의 한계를 넘어서 있는 고귀한 이념들에서 자신의 위엄을 과시할 수만 있다면 다른 모든 학문의 가치를 훨씬 능가할 수도 있을 것입니다. 왜냐하면 이때 철학은 이성의 궁극 목적들에 대한 우리의 기대와 전망을 약속해 주기 때문입니다. 그런데 불행히도 사변의 영역에서 이성은 이런 기대 속에서도 결국 정립과 반정립이 충돌하는 난관에 사로잡히고 말았습니다. 이 분쟁의 한가운데서 양편의 평화를 명령할 수도 없습니다. 이 싸움의 대상이야말로 이성의 가장 큰 관심사이기 때문입니다. 이성에게 남은 일은 이런 분열이 어떤 오해에 근거한 것은 아닌지 숙고하는 일입니다.

이를 위해 먼저 양쪽의 성격을 분석해 보도록 하겠습니다. 가만히 보면 반정립 쪽의 주장들은 경험주의(empiricism)의 원리를 바탕으로 하고 있음을 알 수 있습니다. 세계에는 자연의 인과법칙만 존재한다든지 시간의 시초는 없다든지 하는 것은 경험에 입각한 이념들입니다. 반면 정립 쪽 주장들은 자유나 시초를 주장한다는 점에서 경험적이기보다는 지성적이고 그래서 교조주의(dogmatism)라 부를 수 있습니다. 정립 편의 교조주의는 도덕과 종교의 초석이라 할 수 있는 논의들, 즉 세계의 시초와 영혼의 불멸, 그리고 근원적 존재자에 대한 인정과 같은 실천적 관심을 보이는 주장들이 중심입니다. 그런 점에서 정립 편의 주장은 대중적입니다. 상식은 조건적인 것에서 조건으로 쉼 없이 올라가는 경험주의적 원리보다는 절대적 시초에서 그 결과를 따라 내려오는 것에 더 익숙하기 때문입니다.

반면에 반정립 쪽의 경험주의에서는 도덕적 관심이나 종교적 관심이 보이질 않습니다. 하지만 우리의 인식을 조건들 쪽으로 끊임없이 확장해 가려는 지성의 사변적 관심은 매우 뚜렷합니다. 그러나 이 경험주의가 이념들과 관련하여 자신이 교조적인 철학이 되어 직관적 인식들의 영역 너머에 있는 것까지를 모두 부정한다면 이는 불손하다 할 것입니다. 왜냐하면 이렇게 함으로써 이성의 실천적 관심에 대해 보상할 수 없는 막대한 손실을 초래하기 때문입니다. 이것이 에피쿠로스주의와 플라톤주의의 대립입니다. 양자 모두 그들이 알고 있는 것 이상을 말하고 있습니다. 에피쿠로스주의(반정립)는 실천적인 것이 손실을 입는데도 불구하고 지식을 장려하며, 플라톤주의(정립)는 실천적인 것을 위한 탁월한 원리들을 제공하기는 하지만 물리적 탐구를 소홀히 하는 일을 허용하고 있습니다.

칸트의 유명한 규정이 있습니다. "인간 이성은 그 자연 본성상 건축술적이다"(B502). 다시 말해 이성은 모든 인식들을 가능한 한 하나의 체계에 속하는 것으로 고찰하고, 그래서 하나의 기획된 인식을 어떤 체계 안에서 다른 인식들과 어울리도록 하는 원리들만을 승낙합니다. 그런데 반정립의 명제들은 인식이라는 건물의 완성을 전적으로 불가능하게 만드는 그런 것입니다. 이에 따르면 세계의 상태 위에는 다른 앞선 상태가 있고, 각 부분 안에는 또 다른 부분이 있으며, 모든 사건 앞에는 타자로부터 생겨난 다른 사건이 있습니다. 그러므로 반정립은 최초의 것을 승인하지 않으며 인식이라는 하나의 완벽한 건물을 축조하지 못합니다. 그래서 이성의 건축술적인 관심은 정립 쪽의 주장들을 자연스럽게 추천하게 됩니다.

이율배반의 이유와 비판의 척도

이성은 왜 이율배반에 빠지는 것일까요? 그것은 바로 '세계'라는 개념 때문에 발생하는 문제입니다. 먼저 세계가 시초를 가지지 않는다고 해보죠. 그러면 세계는 우리의 지성 개념에 비해서는 너무 크게 됩니다. 왜냐하면 순차적인 배진을 통해 성립하는 지성 개념은 아무리 배진을 계속해도 시초가 없는 저 흘러간 영원에는 도달할 수 없기 때문입니다. 지성이 배진적 종합에 의해 구축한 세계보다 시초를 가지지 않는다는 우주론적 이념의 세계가 더 큰 것입니다. 하지만 세계가 시초를 갖는다고 전제하면, 이때는 세계가 지성 개념에 비해 너무 작게 됩니다.

공간의 경우도 마찬가지입니다. 세계의 크기가 무한하다고 하면 가능한 경험 개념에 비해 너무 크게 되고, 세계가 유한하다고 하면 지성 개념에 비해 너무 작게 됩니다. 공간상의 모든 현상이 무한히 많은 부분들로 이루어져 있다면 분할의 배진은 이 많은 부분들을 다 종합할 수 없습니다. 반면에 공간의 분할이 단순한 것에서 그친다면 그 이념은 경험적 배진에 비해 너무 작게 됩니다. 세계의 모든 발생이 자연의 법칙만을 따른다면 자연은 원인을 계속 추적해야 하는 지성의 배진보다 더 크게 됩니다. 반면 자유에 의한 산출을 선택하면 그런 자연은 경험의 인과법칙에 따라 그 원인을 끝없이 추구하는 경험적 자연의 개념에 비해 너무 작게 됩니다. 이는 필연적인 존재자에 대해서도 동일합니다.

이 모든 경우들에서 우리는 세계 이념이 경험적 배진에 대해 너무 크거나 너무 작다고 말해야 합니다. 경험적 개념이 이념에 대해서 항상 크거나 작은데 이를 경험적 배진의 탓이라고 말해서는 안 됩니다. 가능한 경험은 우리의 개념들에게 유일하게 실재성을 줄 수 있는 것으로서, 이 경험이 없으면 모든 개념은 그저 관념일 뿐 진리가 아닙니다. 다시 말해 대상과 관계하지 않는 그런 공허한 관념일 뿐입니다. 그래서 가능한 경험적 개념은 이념이 한낱 관념인지 아니면 세계 안에서 그 대상을 만날 수 있는지를 판정하는 척도입니다.

만약 공이 구멍을 통과하지 못할 때 우리는 어떻게 말해야 할까요? 공이 너무 큰 것일까요, 아니면 구멍이 너무 작은 것일까요? 이 물음에서는 공과 구멍 중에서 어느 것이 다른 것을 위해 현존하는지 알지 못하기 때문에 아무것이나 택해도 상관이 없습니다. 하지만 그 사람은 옷에 비해 너무 길다고 말하지 않고 옷이 그에 비해 너무 짧다고 말합니다. 사람의 탓이 아니라 옷의 잘못이지요. 그러므로 바로 이런 방식으로 이 이율배반의 문제를 풀어가야 합니다. 우주론적 이념들 및 궤변적인 주장들이 이 이념의 대상이 우리에게 주어질 수 있다는 공허하고 상상적인 개념에 기초하고 있는 것은 아닌지 하는 의심을 갖고 문제를 해결해야 합니다. 우리의 경험과 달리 공허한 관념에 불과한데도 우리의 경험을 의심해서는 이 궤변적인 주장들 앞에서 한 치도 나아갈 수 없게 되는 것입니다.

변증학 해결의 열쇠로서의 초월적 관념론

우리에게 가능한 경험 대상들은 우리에겐 그저 표상들 외엔 없습니다. 우리의 사유 바깥에 있는 대상들에 대해서 우리는 그 실존에 대해 아무것도 알지 못합니다. 이것이 바로 앞에서 초월적 관념론이라 불렀던 것입니다. 반면에 초월적 실재론자들은 우리가 사유 속에 갖는 표상들이 우리와 아무런 관계도 없이 그 자체로 존재하는 물자체라고 생각합니다. 초월적 실재론자들은 경험적으로는 다시 관념론자가 되는데, 이들은 공간을 우리 주관과 독립해서 존재하는 것으로 받아들이면서 공간 안의 연장적 존재자들의 현존을 부정하고는 우리의 관념과 우리의 꿈 사이에 아무런 차이도 없다고 주장합니다. 하지만 초월적 관념론은 외적 직관 대상들이 공간상에서 직관되는 그대로 현실적으로 있다고 생각하는 경험적 실재론자가 됩니다.

모든 현상들은 그 자체로는 사물들이 아니고 그저 표상들이며 우리 마음 밖에서는 전혀 실존할 수 없습니다. 그리고 우리 마음의 내적 직관도 그 자체로 실존하는 본래적 자아나 초월적 주관이 아니라 우리의 감성에 주어진 현상입니다. "그에 따라 경험의 대상들은 결코 그 자체로 주어져 있지 않고, 오직 경험 중에서 주어져 있으며, 경험 바깥에서는 전혀 실존하지 않는다"(B521)고 할 수 있습니다. 달에 사람이 있을 수 있습니다. 하지만 이는 우리가 경험의 가능한 전진을 통해 그들을 만날 수 있다는 사실을 의미할 뿐입니다. 경험 진행의 법칙에 따라 지각과 부합하는 모든 것은 현실적인 것이니 말입니다. 그러므로 그들이 우리의 현실적 의식과 경험적으로 연관되어 있으면 그들은 현실적인 것입니다. 그러나 그들이 우리의 경험의 전진 밖에서 그 자체로 있는 것은 아닙니다.

우리에게 현실적으로 주어져 있는 것은, 지각 그리고 이 지각에서 다른 가능한 지각들로 경험적으로 전진하는 과업뿐입니다. 한낱 표상들로서 현상들은 오직 지각에서만 현실적이고, 지각은 경험적 표상의 현실성, 즉 현상입니다. 현상이 우리의 감관과의 가능한 경험적 관계 없이 그 자체로 실존한다는 것은 사물 그 자체가 화제라면 물론 그렇게 말할 수도 있겠습니다. 그러나 우리의 화제는 시공간 안의 현상이고, 시공간은 사물들 그 자체의 규정이 아니라 우리 감성의 규정일 따름입니다. 따라서 현상들은 물자체가 아니라 표상들이며, 우리에게 지각을 통해 주어지지 않는다면 그 어디에서도 만날 수 없는 것입니다.

우리에게 표상으로 주어지는 것의 비감성적 원인(물자체)은 우리에게 전혀 알려져 있지 않기 때문에 우리는 이것을 객관으로 직관할 수 없습니다. 왜냐하면 시공간 안에서 표상되지 않는 것에 대해서 우리는 전혀 직관할 수 없기 때문입니다. "그럼에도 우리는 현상들 일반의 한낱 예지적 원인을 초월적 객관이라고 부를 수 있는데, 그것은 순전히 우리가 수용성인 감성에 대응하는 어떤 것을 갖기 위해서"(B522)입니다. 우리의 경험에 앞서 초월적 객관은 자체적으로 주어져 있을 수도 있겠습니다. 그러나 현상들은 이 초월적 객관에 맞춰 자체적으로가 아니라 오직 경험 중에서만 주어집니다. 이런 표상들이 경험 통일의 규칙들에 따라 연관되면 하나의 현실적 대상이 됩니다.

그렇다면 지나간 시간의 현실적 사물들에 대해서는 어떻게 말할 수 있을까요? 우리의 지각들의 배진적 계열이 역사나 원인의 발자취를 따라 경험적 법칙을 통해 현재적 시간의 조건인 흘러간 시간 계열에 이른다고 표상하게 된다면 그것은 우리에 대해 하나의 대상("경험의 초월적 대상")이 됩니다. 하지만 흘러간 시간 계열은 그 자체로가 아니라 가능한 경험의 연관 속에서만 현실적인 것으로 표상되고, 그래서 태고로부터 나의 현존에 앞서 흘러온 모든 사건들은 현재적 지각에서 출발해 과거의 조건들로 올라가는 경험 연쇄의 연장 가능성을 의미합니다. 그리하여 우리가 감관의 모든 실존 대상들을 시공간적으로 모두 합해서 표상한다면, 이 표상은 경험에 앞서 미리 시공간에 들어 있는 것이 아니라 절대적 완벽성으로 존재하는 가능한 경험이라는 사유물입니다. 이 가능한 경험 가운데서만 그저 표상들일 뿐인 우리의 저 초월적 대상이 주어지는 것입니다.

따라서 무엇이 우리의 모든 경험에 앞서 실존한다고 말한다면 그것은 우리가 지각을 통해 그쪽으로 전진하지 않으면 안 되는 경험의 일부분으로서만 마주칠 수 있다는 것을 의미할 뿐입니다. 우리가 이 배진에서 어떤 항과 얼마나 멀리서 마주칠 수 있는가는 우리에게는 초월적인 차원의 것이며 당연히 필연적으로 알려져 있는 것이 아닙니다. 아무리 대단한 사물이 저 멀리에 있다고 하더라도 우리 경험과 관계를 맺을 수 없다면 그것은 아무것도 아닌 것입니다. 절대적 전체라는 우주론적 이념을 다루기 위해서는 우리 감관의 대상들이라는 것의 현실성을 언제나 이렇게 경험적 배진의 계열 속에서 생각해야 합니다.

우주론적 논쟁에 대한 비판적 판결

전체 이율배반은 다음과 같은 변증적 논증에 의거하고 있습니다. '만약 조건적인 것이 주어져 있으면 그 모든 조건의 전체 계열도 주어져 있다, 그런데 우리에게 감관의 대상들이 조건적인 것으로 주어져 있다, 따라서 조건의 전체 계열도 주어진다.' 조건적인 것이 주어지면 조건에 이르는 배진은 당연히 부과되는 것입니다. 한 개념(예를 들어 원인)과 그 조건들(선행하는 원인들)과의 연결을 지성을 통해 가능한 지점까지 추적하는 것은 이성의 논리적 요청이기 때문입니다. 그런데 저 절대적 전체성으로서의 무조건적인 것이 우리에게 미리 주어질 수는 없습니다. 하나의 '현상'으로서 조건적인 것이 주어지면 조건에 이르는 종합은 오직 배진 중에서만 생기고 이 배진이 없으면 결코 생겨나지 않습니다. 현상의 경우 계열의 전체성은 추리되는 게 아니라 경험되어야 하는 것입니다. 그러나 만약 우리가 물자체를 다룬다면 그것은 우리의 배진과 상관없이 자체적으로 무조건적인 것까지 주어져 있겠습니다. 그러나 그런 물자체를 우리가 알 도리도 없고 그래서 상관할 일도 없습니다. 따라서 우리에게는 현상의 계열을 경험적 배진을 통해 추적하는 일만 남습니다.

그러므로 우주론적 이성추리의 대전제(조건적인 것이 주어지면 조건의 전체 계열도 주어진다)는 경험적 의미가 아니라 순수 범주의 초월적 의미에서 쓰였지만(물자체의 논리), 소전제(감관의 대상들이 주어지면 조건의 전체 계열도 주어진다)는 지성 개념의 경험적 의미에서만 사용되었습니다(경험적 배진의 논리). 그런 점에서 이는 매개념 다의의 오류라는 변증적 속임수를 쓰고 있습니다. 그러나 이 속임수는 조작된 것이 아니라 보통의 이성이 갖는 자연스러운 착각입니다. 이런 착각으로 인해 대전제에서 뭔가가 조건적인 것으로 주어지면 전체 계열로서 조건이 논리적으로 당연히 동시에 주어진 것으로 전제됩니다. 나아가 소전제에서 현상들을 사물들 자체로 보는 일도 자연스러운 착각입니다. 대전제에서처럼 직관의 조건을 도외시하는 것입니다.

그러나 여기서 우리는 개념들 일반(전체성)의 중요한 차이를 간과했습니다. 대전제의 경우, 조건적인 것과 조건의 전 계열은 시간의 제한 없이, 다시 말해 시간적 연속이라는 의미 없이 그저 전체적인 논리로 주어집니다. 반면 경험적 종합과 현상에서의 조건들의 계열은 반드시 시간상에서만 주어지는 연속적인 것입니다. 따라서 이 경험적 종합의 경우에는 계열의 절대적 전체성을 대전제의 경우처럼 전제할 수가 없습니다. 여기서는 (시간 조건에 의해) 순차적인 배진에 의해서만 계열의 전체성이 가능하기 때문입니다. 물론 이런 과오의 지적으로 이 분쟁이 종식되는 것은 아닙니다. 어느 한쪽은 정당성을 가져야 하는 것처럼 보이기 때문에 세계가 시초를 갖든가, 아니면 세계는 무한해야 하겠습니다. 따라서 싸움은 끝날 기미가 보이지 않습니다. 이제 평화를 이끌어 내는 방법은 그들이 모종의 초월적 가상을 위해 헛된 싸움을 계속하고 있다고 하는 사실을 밝혀내는 길밖에는 없겠습니다. 이제부터 그것을 해보도록 하겠습니다.

이율배반의 가상적 상충

플라톤은 섬세한 변증가인 엘레아학파의 제논을 악의적인 궤변론자라고 강하게 비난했습니다. 그런데 칸트는 제논의 입장을 충분히 이해할 수 있겠다고 하면서 이를 통해 이율배반의 상충이 진정한 대립이나 모순이 아니라 그저 가상적인 것에 불과하다는 사실을 밝힙니다. 제논은 신(칸트의 의미로는 세계)은 유한하지도 무한하지도 않고, 운동 중에 있지도 정지해 있지도 않으며, 다른 사물과 비슷하지도 비슷하지 않은 것도 아니라고 말합니다. 이에 대해 제논을 비판했던 사람들은 두 개의 서로 '모순'되는 명제들을 모조리 부인한다는 것은 불합리하다고 말합니다. 유한하지 않으면 무한하든가, 정지해 있지 않으면 운동 중에 있든가 해야 한다는 것이죠. 그런데 칸트가 보기에 이런 비판들에 대해 제논이 부담스러워했을 것으로 보이지 않는다고 합니다.

만약 제논의 신이 '우주'(세계)라면 우주는 그 장소에 정지해 있지도 운동하고 있지도 않다고 말해야 합니다. 왜냐하면 모든 장소들이 우주 안에 있다면 이 우주 자신은 그 어떤 장소에도 있지 않아야 하기 때문입니다. 그 어떤 장소도 갖지 않은 우주가 어떻게 정지하거나 운동하거나 할 수 있겠습니까. 마찬가지로 우주가 실존하는 모든 것을 자신 안에 포함하고 있다면 이 우주는 다른 사물과 비슷하지도 않고 다르지도 않습니다. 왜냐하면 모든 것을 담고 있기 때문에 이 우주와 비교할 수 있는 다른 사물이 없기 때문입니다. 이제 이 제논의 논리를 일반화해 보겠습니다.

우주가 정지한다거나 운동한다는 것은 분명 대립되는 개념입니다. 즉 모순의 관계에 있습니다. 그런데 그 어떤 장소에도 있지 않은 우주는 정지하거나 운동할 수 없습니다. 다시 말해 정지와 운동이라는 모순 개념이 성립하기 위해서는 장소 개념이 전제되어야 합니다. 그렇다면 서로 양립하는 판단들이 가능하기 위한 조건이 없다면(여기서는 장소) 서로 상충하는 두 판단(우주의 정지와 운동)은 모두 거짓이 됩니다. 칸트의 표현으로는 이렇게 됩니다. "만약 두 개의 서로 대립하는 판단들이 허용되지 않는 조건을 전제하고 있다면, 그것들은 그들의 상충 — 이것은 그럼에도 진정한 모순은 아닌데 — 과는 상관없이 둘 다 탈락한다. 왜냐하면 그 아래에서만 이 각각의 명제가 타당할 것인 그 조건이 탈락하기 때문이다"(B531).

다른 예를 들어 보겠습니다. '모든 물체는 좋은 냄새가 나거나 좋지 않은 냄새가 난다'는 명제는 언뜻 보면 모순적인 판단처럼 보입니다. 좋은 냄새와 좋지 않은 냄새라는 실질적인 대립이 있으니까요. 그런데 이 두 판단을 무효화시키는 것이 있으니, 바로 아무 냄새도 나지 않는 물체라는 판단입니다. 물체에 냄새가 아예 없다면, 좋은 냄새든 좋지 않은 냄새든 모두 잘못된 판단이 되는 것입니다. 반면에 '물체는 향기가 나거나 향기가 나지 않는다'는 판단은 '물체는 냄새가 나지 않는다'는 판단이 있어도 폐기되지 않습니다. 이런 대립(향기가 나거나 안 나거나)을 칸트는 '분석적 대당'(analytical opposition)이라고 하고, 앞의 대립(좋은 냄새가 나거나 좋지 않은 냄새가 나거나)은 '변증적(dialectical) 대당'이라고 부릅니다. 여기서 알 수 있듯이 변증적 대당이라고 부르는 것은 어떤 조건에서는 모두 다 거짓일 수 있습니다. 하지만 분석적 대당은 그렇지 않습니다.

이제 이런 논의를 이율배반의 상충에 적용해 보겠습니다. '세계는 공간적으로 무한하거나 무한하지 않다'고 말하면 이는 분석적 대당에 해당합니다. 여기서는 공간의 무한성이 거짓이라고 공간의 무한하지 않음까지 거짓이 되는 것은 아닙니다. 반면에 '세계는 무한하거나 유한하다'고 말한다면 두 명제는 다 거짓일 수 있습니다. 여기서 우리는 세계를 무한한 크기와 유한한 크기로 규정하고 있습니다. 이 명제는 변증적 대당에 해당한다는 말입니다. 그 이유는 이렇습니다.

세계에 대해 크기 개념을 통해 규정할 수 없을 때 위의 두 번째 대립 명제는 어떻게 될까요? 당연히 무한한 크기나 유한한 크기는 모두 다 거짓이 됩니다. 다시 말해 세계가 결코 무한한 사물 자체나 유한한 사물 자체라고 우리가 말할 수 없다면 (물론 우리는 세계가 유한한 크기인지 무한한 크기인지 그 사물 자체에 대해서는 모릅니다) 크기에 대한 두 규정은 모두 거짓이 됩니다. "왜냐하면 한 쪽이 다른 쪽과 모순될 뿐만이 아니라, 모순에 필요한 것 이상의 어떤 것을 말하고 있기 때문이다"(B532). 즉 무한과 무한하지 않음은 모순적인 분석적 대당이지만, 무한과 유한은 크기에 대한 것까지 말하는 가상적인 변증적 대당에 해당합니다.

세계의 무한한 크기나 세계의 유한한 크기는 세계에 대한 물자체적인 규정입니다. 왜냐하면 여기서는 우리가 현상들의 계열에서 무한한 배진을 중단하든 유한한 배진을 중단하든, 어쨌든 세계가 유한한 크기라거나 무한한 크기라고 하는 그런 세계를 전제했기 때문입니다. 다시 말해서 우리가 경험적 배진을 해나가는 만큼의 세계만 우리에게 알려질 수 있기 때문에 그 이상의 것, 즉 무한한 크기나 유한한 크기에 대해서 우리는 단정적으로 규정할 수 없습니다. 우리가 이런 초월적인 가상을 버리고 세계가 사물 그 자체라는 것을 부인하게 되면 이 무한한 크기와 유한한 크기라는 모순적인 상충은 그저 변증적인 상충에 불과하게 됩니다. "세계는 자체적으로는 (곧 나의 표상들의 배진적 계열에 독립해서는) 전혀 실존하지 않으므로, 세계는 자체적으로 무한한 전체로서도 또한 자체적으로 유한한 전체로서도 실존하지 않는다"(B533). 즉 물자체라는 조건을 배제하면 (제논의 논법처럼) 세계는 무한하지도 유한하지도 않습니다.

세계는 현상들의 계열의 경험적 배진에서 마주칠 수 있을 뿐입니다. 우리는 세계 자체를 그 유한성이든 무한성이든 어쨌든 독립적인 실체로 마주칠 수 없습니다. 배진이 도달하는 만큼만 세계가 경험되지만 우리는 그때에도 세계가 유한하다든지 무한하다든지 그렇게 규정할 수 없습니다. 유한한 크기든 무한한 크기든 세계는 결코 무조건적인 전체로서 주어질 수 없습니다. 그것은 언제나 우리의 경험적 배진이라는 조건에 의존하는 것이며, 어느 경우에도 완전한 형태로 주어질 수 없는 그런 이념적인 것입니다. 이 논리는 우주론적 이념들 모두에 대해 타당합니다. 분할의 배진도 유한한 것으로나 무한한 것으로 단적으로 주어질 수 없고, 원인들의 계열이나 필연적인 존재의 계열도 배진의 과정 없이 단적으로 주어질 수 없습니다.

"이렇게 해서 순수이성의 우주론적 이념들에 있는 이율배반은 한낱 변증적이요, 가상의 상충임이 밝혀짐으로써 제거된다. 이 가상으로 말하자면 사람들이 오로지 사물들 그 자체의 조건으로서 타당한 절대적 전체성의 이념을 오로지 표상에서만 실존하고 한 계열을 이룰 때는 순차적인 배진에서 실존하되 그밖에는 어디서도 실존하지 않는 현상들에 적용함으로써 생긴 것이다"(B534). 결국 현상들은 우리의 표상들 밖에서는 아무것도 아닙니다. 우리의 표상들 밖에서는 그것이 자체적으로 유한한지 혹은 무한한지 알 수 없습니다. 만약 세계가 우리와 관계없이 자체적으로 실존하는 전체라면 그것은 유한한 크기이거나 무한한 크기이겠습니다. 그러나 그런 유한한 크기나 무한한 크기는 우리와는 아무런 상관이 없는 세계입니다. 따라서 모두 다 거짓이 됩니다. 세계는 우리가 배진적으로 경험하고 종합하는 계열들로만 주어지는 현상일 뿐입니다. 이런 점에서 우리는 다시 초월적 관념론을 주장하는 셈입니다.

순수이성의 규제적 원리

우주론적 원칙에서 말하는 전체성(시초가 있는 세계, 무한한 세계 등등)은 사실 감성세계 안에서 현실적으로 경험할 수 있는 것이 아니라 조건적인 것을 규정하는 조건을 계속해서 찾으라는 배진에 대한 요청일 뿐입니다. 그런 점에서 이 이성의 원칙은 하나의 '규칙'으로서 작동한다고 보아야 합니다. 다시 말해 그 것은 지성의 원칙이 아닙니다. 지성의 원칙이라면 우리는 그 전체성의 세계를 경험의 한계 내에서 마주칠 수도 있는 것이 기 때문입니다. 하지만 우리는 조건들의 계열에서 그 끝에 결 코 도달할 수 없습니다. 무조건적인 것이라고 간주되는 것조 차 다시 그것을 규정하는 새로운 조건이 있을 것이기 때문에 배진에서는 무조건적인 것에 머물 수가 없습니다.

그런 점에서 이 우주론적인 이성의 원칙은 경험 가능성의 한계 너머에서까지 우리에게 객관적으로 어떤 '세계'가 주어 져 있다고 말하는 그런 '구성적 원리'로 사용될 수 없습니다. "이 원칙은 규칙으로서 무엇이 우리에 의해 배진에서 일어나 야만 하는가를 요청하는 것이지, 무엇이 객관에서 모든 배진 에 앞서 그 자체로 주어져 있는가를 예취하지 않"(B537)습니 다. 현상들의 차원에서 조건들의 계열의 절대적 총체성을 찾 게 되면 이는 이 원리를 구성적으로 사용한 것입니다. 무조건자를 찾는 배진의 노력을 계속하는 것밖에 우리에게 요구되는 것은 없습니다. 그런 점에서 이는 이성의 '규제적 원리'라고 부를 수 있습니다. 배진을 계속하라는 규칙이자 요청의 원칙으로 쓰이는 전체성이라는 이념에 객관적 실재성을 부여하는 초월적 절취(subreption)를 조심해야 합니다.

"그러므로 사람들은 그와 함께 결코 어떤 주어진 조건적인 것에 대한 조건들의 계열이 그 자체로 유한하다 또는 무한하다는 것을 말하고자 하는 의도를 가질 수 없다"(B538). 만약 유한함과 무한함을 말하게 된다면 그저 이념에 불과해 경험적으로는 주어질 수 없는 절대적 전체성을 하나의 대상으로 생각하고는 현상들의 계열에 대해 경험적 종합에 의존하지 않는 어떤 객관적 실재성을 부여하게 되는 것입니다. 무조건적인 것에 도달하지는 못하더라도 그 배진의 종합을 계속하라는 것, 그것이 바로 이성의 이념입니다. 세계의 끝이나 인과의 시작, 세계 분할의 종착점은 하나의 목표이지 세계의 실제적 구성이 아닙니다. 이 규제적 원리를 구성적 원리로 오해한 것에 바로 이율배반이 있습니다. 한쪽에서는 한계가 정해진 '세계'를, 다른 쪽에서는 한계가 없는 '세계'를 각각 주장한 것인데, 모두 '세계'에 대한 구성적 적용입니다.

수학적 이율배반의 해결

이성의 규제적 원리에 따르면 경험적 배진을 통해서는 절대적 한계에 대한 어떤 경험도 불가능합니다. 다시 말해 배진을 계속하다 보면 어느 순간 더 이상 나아갈 수 없는 끝과 마주쳐서 그 앞에 무나 공허만 있는 경험은 불가능하다는 것입니다. 언제나 한 계열의 마지막 항보다 더 상위의 항을 물어야 한다는 것이 이 규제적 원리의 핵심입니다. 그렇다면 첫번째 이율배반의 경우, 시공간의 측면에서 세계 전체의 무조건적인 크기에 이르려는 배진이 한계가 없는 무한한(infinite) 배진인지 아니면 무한정한(indefinite) 배진인지를 결정해야 하겠습니다.

'세계 전체'라는 것은 언제나 개념 안에만 있으며 직관 속에 있지 않습니다. 따라서 세계 전체의 크기(유한과 무한)를 정해 놓고 거기에 맞춰 배진의 크기를 추리할 수는 없습니다. 대신 경험적 배진의 크기에 따라 세계의 크기를 이해해야 합니다. 그런데 경험적 배진에 대해 더 상위의 항으로 경험적으로 나아가야 한다는 규제적 원칙 이상을 우리는 알지 못합니다. 따라서 이 경험적 배진을 통해서는 현상들의 전체적 크기를 단적인 방식으로 규정할 수가 없습니다. 그렇다고 배진이 '무한히' 진행된다고 미리 말할 수도 없습니다. 이런 표현은 배진에 앞서 세계의 크기를 '무한하다'고 소극적이나마 규정한 것이기 때문이고, 이런 규정 자체가 경험적 배진에 대해서는 불가능하기 때문입니다. '전체적 세계'는 우리의 직관에 대해서는 결코 주어질 수 없으며 그 크기도 배진에 앞서 주어져 있지 않습니다. 그래서 세계의 크기에 대해서는 아무런 말도 할 수 없고 거기에서는 배진이 무한히 일어난다는 말조차 할 수 없습니다.

배진의 규칙이 말하는 것은, 우리가 경험적 조건들의 계열에서 아무리 멀리까지 나아간다 해도 결코 절대적 한계를 가정해서는 안 되고, 조건 지어진 각 현상을 그 조건인 다른 현상에 계속해서 종속시켜야 한다는 것입니다. "이런 일은 무한정한(indefinite) 배진으로서 객관에서 어떠한 크기를 규정하는 것이 아니므로, 무한한(infinite) 배진과는 분명하게 충분히 구별되어야 한다는 것"(B548)입니다. '무한한 배진'이 아닌 이유는 그것이 이미 무한하다는 크기를 전제하기 때문입니다. 배진은 어떤 크기 속에서 이뤄질 수 없습니다. 세계의 크기는 경험적 배진, 즉 직관에 주어질 수 있는 것이 아닙니다. 따라서 우리에겐 규정되지 않은 계속되는 배진, 즉 무한정한 배진만이 요구될 뿐입니다.

그러므로 '세계는 지나간 시간의 측면에서나 공간의 측면에서 무한하다'고 말할 수 없습니다. 규정된 크기로서의 무한성은 경험적으로는 불가능합니다. 그렇다고 '세계는 유한하다'고 말할 수도 없습니다. 유한하든 무한하든 그런 정해진 크기나 절대적 한계는 경험 불가능한 것입니다. 그러므로 우리는 경험의 전체 대상에 대해서는 아무 말도 할 수 없습니다. 대신 우리 경험이 그런 대상에 대해 어떤 자세를 취해야 할지(이성의 규제적 원칙) 그런 규칙에 대해서만 말할 수 있습니다. 세계는 하나의 '전체'로서 주어질 수 없습니다. 현상들만이 한계 지어질 수 있을 뿐, 세계 자체는 조건적이든 무조건적이든 한계 지어질 수 없습니다.

이런 원리는 두번째 이율배반에도 적용할 수 있습니다. 직관에 주어진 전체가 무한히 많은 부분으로 이뤄졌다거나 단순한 부분으로 이뤄졌다고 단적으로 말할 수 없는 까닭은 이 분할이 오직 배진 중에서만 실현되기 때문입니다. 하나의 전체 속에는 물론 모든 부분들이 포함되어 있을 것입니다. 그러나 그래도 그 안에 '전체적 분할'이 포함되어 있다고는 할 수 없습니다. 왜냐하면 전체적 분할은 계속해서 분할해 가는 배진의 계열만을 요청하기 때문입니다. 따라서 분할의 전체 계열은 하나의 크기나 수량으로 규정할 수 있는 그런 것이 아닙니다.

첫번째와 두번째 이율배반은 수학적 이율배반이라고 부

릅니다. 전체성의 계열에서 조건적인 것이나 조건 모두 동일한 시공간 안에 있다는 점에서 종합이 동종적이기 때문입니다. 수학적 이율배반에서는 양쪽(정립과 반정립)이 모두 잘못된 전제 위에 세워져 있기 때문에 거짓으로 기각됩니다. 유한한 세계든 무한한 세계든 배진의 원리에 맞지 않으므로 단적으로 거짓입니다. 수학적 이율배반은 사실 거짓된 상충인 셈입니다. 조건적인 것에서 조건으로 배진하면서 종합을 할 때 수학적 이율배반에서는 언제나 감성적 조건을 벗어나서는 안 됩니다. 그런데 감성적 조건에서는 종합은 언제나 경험적이어야 하기 때문에 여기서는 무한한 크기나 유한한 크기처럼 물자체에 해당하는 것들에 대해 얘기하는 순간 이미 각 주장은 오류가 되는 것입니다. 그러나 남은 두 개의 이율배반, 즉 역학적 이율배반은 모두 참일 수 있다는 것이 칸트의 주장입니다.

역학적 이율배반의 해결

역학적 이율배반에서는 종합이 굳이 동종적일 필요가 없습니다. 인과의 결합이나 필연-우연의 결합에서는 이종적인 것도 허용될 수 있는 것입니다. 가령 어떤 결과에 원인으로 작용할 수 있는 것은 경험적 현상만이 아니라 예지적인 것(자유)일 수도 있습니다. 이것이 바로 통상 우리가 자유의지라고 부르는 그런 것입니다. "감성적 조건들의 역학적 계열은 그 계열의 일부가 아니라 한낱 예지적인 것으로, 그 계열 밖에 놓여 있는 이종적인 조건도 허용하며, 이로써 이성을 만족시키고, 무조건적인 것이 현상들 앞에 놓"(B558)입니다. 시간의 시초는 동종적인 시간의 계열 안에 있으며, 공간의 분할도 동동적인 공간의 계열 안에 있습니다. 그런 점에서 첫번째와 두번째 이율배반은 수학적입니다. 그러나 원인은 결과와 다른 계열 안에 있을 수 있고(여기서는 예지계), 우연과 필연도 서로 다른 계열 안에 있을 수 있습니다. 그런 점에서 세번째와 네번째 이율배반은 역학적입니다.

그러므로 여기서는 양쪽의 변증적 주장들이 모두 거짓이라고 말할 수 없게 됩니다. 제약된 것은 감성적 현상들에, 조건들은 비감성적 예지계에, 그래서 한편으로는 지성을, 다른 한편으로는 이성을 만족시킬 수 있게 됩니다. 현상계 내에서 조건의 무한성(전체성)을 추구하는 것이 거짓으로 판정이 되었다면 예지계를 도입하는 역학적 이율배반에서는 양쪽 모두 참일 수 있게 됩니다. "지성은 현상들 가운데서는 그 자신 경험적으로 무조건적인 것일 조건은 허락하지 않는다. 그러나 한 예지적인 조건이, 그러므로 현상들의 계열 중에 한 항으로 함께 속하지 않을 예지적인 조건이 (현상 중의) 조건적인 것에 대해 생각되고, 그러면서도 그로써 경험적 조건들의 계열을 조금도 중단함이 없다면, 그러한 조건은 경험적으로 무조건적인 것으로 허용될 수 있겠고, 그 때문에 경험적인 연속적 배진에서는 아무 데서도 중단이 일어나지 않을 것이다"(B559).

그러면 이런 관점에서 세번째 이율배반을 해결해 보도록 하겠습니다. 원인은 자연적 원인이거나 자유 원인입니다. 자연적 원인이란 시간 조건들 안에 있는 현상들을 규정하는 원인이고, 이 원인은 당연히 또 다른 원인에 의해 규정되게 됩니다. 반면 자유 원인이란 한 상태를 자신으로부터 시작하는 능력을 뜻합니다. 따라서 이 원인을 규정하는 다른 원인은 있을 수 없습니다. 그렇다면 경험의 보편적 법칙은 무엇인가요? 발생하는 모든 것은 원인을 가져야 하고, 그 원인도 또한 자신을 규정하는 원인을 가져야 한다는 것입니다. 경험의 전 영역은 언제나 이런 인과적 자연의 총괄입니다.

자신으로부터 시작하는 능력으로서의 자유는 그런 점에서 순수한 초월적 이념일 수밖에 없습니다. 다른 원인을 갖지 않는 순수한 자유는 우리 경험에 있어서는 결코 주어질 수 없기 때문입니다. 하지만 자유를 인정하지 않으면 인과관계의 측면에서 조건들의 절대적 총체성을 이끌어 낼 수도 없습니다. 따라서 이성은 자신으로부터 활동을 개시할 수 있는 자발성의 이념을 만들어 냅니다. 그것이 바로 이 초월적 이념으로서의 자유입니다. 초월적 자유가 있어야 실천적 자유도 가능해집니다. 우리가 순전히 감성적 충동(정념)에 촉발되는 기계적이고 동물적인 존재라면 우리는 도덕적일 수도 없습니다. 감성적 충동에 의한 강요가 있더라도 우리의 의사를 독립적으로 선택할 수 있을 때 우리는 실천적으로 자유롭다고 말합니다.

"그러므로 여기서 가능한 경험의 한계를 넘어서기를 감행하는 이성의 자기 상충에서 마주쳐지는 것[자유]이 생기는데, 곧 과제는 본래 생리학적인 것(physiological)이 아니라 초월적이다"(B563). 자유는 자연학적인 경험이 아니라 그 경험의 한계를 넘어 예지적인 차원에서 성립하는 초월적인 대상입니다. 이제 정말 이런 자유가 가능한 것인지 해결하지 않으면 안 되겠습니다. 감성세계의 사건들은 불변의 자연법칙에 의해 일관되게 연관되어 있습니다(인과관계). 그렇다면 이런 자연의 법칙에 의해 규정된 '결과'가 또한 자유에 의해서도 가능한 것인가 하는 물음이 핵심이 되겠습니다.

만약 시공간적 현상들이 우리와 관계없이 자체적으로 실재하는 것이라면, 다시 말해 초월적 실재론을 주장한다면 자유는 사라집니다. 왜 그럴까요? 우리가 경험하는 현상이 (우리와 독립적으로 존재하는) 사물 자체라고 해봅시다. 자연은 정확히 인과의 법칙에 따라 작동합니다. 그리고 이때 하나의 사건 (현상)은 자연법칙의 계열 속에서 자신을 규정하는 원인의 지배를 받게 됩니다. 이때 자유가 들어설 여지는 없습니다. 현상들을 사물 자체라고 했으므로 인과의 지배를 받는 현상들이 곧 인과의 지배를 받는 사물 자체가 되기 때문입니다. 현상이든 물자체든 모두 인과의 지배 속에 있게 되고, 그에 따라 자유를 위한 자리가 사라진 것입니다. 그러나 현상들이 경험적 표상이라면(초월적 관념론) 이런 현상들도 당연히 자연법칙의 지배를 받게 됩니다. 하지만 현상들이 물자체는 아니기 때문에 예지계의 차원은 살아 있습니다(현상들은 자연의 법칙 속에 있고, 물자체는 예지계의 법칙 속에 있을 수 있다). 그래서 예지계적인 원인, 즉 자유는 다른 현상적 원인을 가질 필요가 없습니다. 그래서 하나의 '결과'는 두 가지 원인에서 비롯될 수 있습니다. 예지적 차원에서는 자유라는 원인에, 그리고 현상적 차원에서는 자연필연적인 원인에.

이를 칸트는 다음처럼 표현합니다. "모든 현상들의 일관된 연관성은 자연의 맥락에서 예외 없는 법칙이므로, 만약 우리가 현상들의 실재성을 끝까지 고집하려고 한다면, 이것은 일체의 자유를 전복시키고 말 것이다. 그래서 이 점에서 상식을 따르는 사람들은 결코 자연과 자유를 상호 합일시키는 데에 결코 이를 수가 없었던 것이다"(B565). 여기서 상식을 따르는 사람들이 고집하는 "현상들의 실재성"이란 현상들이 우리와 관계없이 실재한다, 즉 물자체로서 절대적으로 실재한다는 뜻입니다. 우리가 경험하는 현상이 우리의 주관적 표상이 아니라 객관적 실재성이 되면 여기서는 예지적 자유의 영역이 있을 수 없게 됩니다. 자연의 법칙은 주관의 인과법칙입니다. 그러나 이 인과법칙은 우리에게 표상으로 주어지는 현상들에만 적용됩니다. 이 현상이 아닌 것에 대해 인과법칙은 의미가 없죠. 따라서 인과법칙이 적용되지 않는 영역, 즉 예지계는 초월적 관념론에서만 가능하게 됩니다.

"감관의 대상에서 그 자신 현상이 아닌 것을 나는 예지적이라(intelligible) 일컫는다"(B566). 그러므로 하나의 원인은 현상적 측면과 예지적 측면을 갖습니다. 예지적 측면의 원인은 '현상'이 아니므로 당연히 시간의 조건 안에 있지 않습니다. 현상은 오직 시공간 안에서만 현상이기 때문입니다. 따라서 예지적 원인은 '발생하는 모든 것이 앞선 상태의 현상 안에 그 원인을 갖는다'는 자연의 법칙에도 종속되지 않습니다. 물론 우리는 현상들만을 지각하기 때문에 이런 예지적인 것에 대해 그것이 어떤 것인지 직접 알 수는 없습니다. "자유와 자연은 각기 그 완벽한 의미에서, 동일한 행위들에 있어 사람들이 그 행위들을 예지적 원인에 대조하느냐 감각적 원인에 대조하느냐에 따라 동시에 그리고 아무런 상충 없이 만나지겠다"(B569).

이제 이를 인간의 경우에 적용해 볼 시간입니다. 인간은 감성세계의 현상들 중 하나이고, 그런 한에서 다른 자연물과 마찬가지로 경험적 성격을 갖습니다. 물질이나 동물적 자연에서는 모든 것이 감성적으로 조건 지어질 수밖에 없습니다. 그러나 인간은 전 자연을 감관을 통해 경험하면서도 자기 자신을 통각을 통해 인식하는데, 그것도 감관의 인상들에 속하는 것으로 볼 수 없는 종합과 통일의 작용 속에서 그렇게 합니다. 이 지성과 이성의 영역이야말로 인간을 감성 이상의 것으로 만드는 것으로서, 특히 이성은 예지적 차원의 대상이라고 할 수 있습니다. 이 이성이 자연적 원인을 떠나 자유로운 원인을 갖는다는 것은 실천적 명령이나 도덕적 당위(ought)를 보면 알 수 있습니다. '무엇이 있는가'의 차원이 아닌, '무엇이 있어야 한다'는 차원, 그런 당위는 자연 속에서는 확인할 수 없는 것입니다.

아무리 감성적 조건에 지배받더라도 이성은 우리로 하여금 이런 모든 조건을 뛰어넘어 완전한 자발성을 갖고 뭔가를 실현하라고 명령합니다.『실천이성비판』의 사례를 옮겨 보면, 인간은 아무리 목숨이 위태롭다 해도 위증이나 거짓을 말하라는 압력에 굴복하지 않고 차라리 자신의 목숨을 바치는 어떤 자유의 정신을 갖고 있습니다. 이성은 자연의 질서와는 다른 고유의 질서를 만듭니다. "이성은 이 질서에 경험적인 조건들을 들어 맞추고, 이 이념들에 따라 심지어는 아직 일어나지 않았고 어쩌면 일어나지 않을 행위 작용까지도 필연적이라고 천명"(B576)합니다. 이렇게 해서 모든 경험적 계열에서 아쉬웠던 무조건적인 것은 경험적 차원이 아니라 예지적 차원에 자리 잡게 됩니다. 현상들의 원인이지만 무조건적인 원인, 즉 자유원인은 현상들의 계열 바깥에 있고 시간에 의해 지배당하지 않습니다. 하지만 이 동일한 원인이 현상들의 계열 속에서는 자연법칙을 따릅니다.

달리 표현하자면 인간의 행위는 결국 자유로운 행위일 수밖에 없습니다. 왜냐하면 그 어떤 행위든 예지적 차원을 갖기 때문입니다. "모든 행위 작용은 그것이 다른 현상들과 함께하는 시간 관계를 도외시한다면, 순수이성의 예지적 성격의 직접적인 작용 결과"(B581)입니다. 감성적 조건의 지배를 받은 것이라고 주장한다고 해서 틀린 것은 아닙니다. 하지만 그것은 현상의 차원에 불과합니다. 우리는 현상의 차원에서 어떤 조건의 지배를 받아 불가항력적으로 행위하는 것 같아도 바로 그 동일한 시간에 궁극적으로 예지적 차원의 자유를 갖습니다. 그런 현상적 조건으로 하여금 일정한 결과를 낳는 작용을 가능하게 하는 그 결정은 곧 우리의 자유에 기인하는 것이기 때문입니다.

네번째 이율배반의 경우도 역학적 이율배반이므로 동일한 방식으로 해결할 수 있습니다. 여기서는 무조건적인 원인성을 찾는 것(세번째 이율배반)이 아니라 그 실존이 단적으로 필연적인 무조건적인 항이 있느냐 없느냐 하는 문제입니다. 우리의 현존은 조건적입니다. 환경이 바뀌면 목숨까지 위태로울 수 있는 그런 조건 의존적인 존재입니다. 그렇다면 최종적인 실존, 다시 말해 그 어떤 실존에도 의존하지 않는 단적으로 필연적인 실존은 당연히 현상의 차원이 아닌 예지적 차원에 있어야 합니다. 이것의 해결도 현상들이 사물들 자체가 아니라 하나의 표상이라는 초월적 관념론의 논법을 따릅니다. 감성세계의 사물들은 모두 경험적으로 조건적인 실존만을 갖는 우연적인 존재이지만, 예지적인 차원에서 최고의 항은 계열 바깥의 무조건적인 필연적인 존재로 성립합니다.

세번째 이율배반과의 차이는, 자유라는 원인은 원인으로서 조건들의 계열에 속하면서도 그 원인으로 작동한다는 사실만이 예지적인 것이었으나, 여기서 필연적인 존재자는 전적으로 감성세계의 계열 바깥에 있는 존재자여야 합니다. 그래야 현상세계의 우연성 및 의존성의 법칙에 종속되지 않게 되는 것입니다. "그러므로 이로써 지적되는 것은 오로지 모든 자연 사물들 및 그것들의 모든 (경험적인) 조건들의 일관된 우연성은 한낱 예지적이되 필연적인 조건의 임의적인 전제와 아주 충분하게 양립할 수 있으며, 그러므로 이 두 주장들 사이에는 아무런 진정한 모순도 마주칠 수 없고, 그러니까 양쪽이 참일 수 있다는 것뿐"(B590)입니다.

18강 _ 순수이성의 이상

순수한 지성 개념만으로는 아무런 대상도 표상될 수 없습니다. 이 지성 개념이 직관 대상들과 만나면 그것은 경험 개념이 됩니다. 그런데 앞에서 살펴본 이념들은 지성 개념들보다 객관적 실재성으로부터 더 멀리 떨어져 있는 그런 것입니다. 지금부터 살펴볼 '이상'(the ideal)은 이 이념보다 객관적 실재성에서 더 멀리 있는 그런 아주 추상적이고 공허한 개념입니다. 이는 지성 개념에 의해 규정되는 대신 철저히 이념에 의해 규정된 사물입니다. 스토아학파의 예를 들자면 덕과 지혜는 그들에게 인간의 이념이었고, 이 덕과 지혜라는 이념을 완전히 구현한 현자는 이상이었습니다. "이념이 규칙을 주는 것처럼, 이상은 그러한 경우에 모상을 일관되게 규정하는 원형(original image)으로 쓰"(B597)입니다. 이런 이상은 객관적으로 실재하지는 않아도 그저 망상으로 치부할 수도 없는 것입니다. 우리는 이 이상에 비추어 우리의 완벽하지 못한 점들을 개선해 가기 때문입니다.

이런 이상 중에서 모든 존재자들의 근원인 근원적인 존재자, 혹은 최고 존재자로서 신이라는 이상이 만들어집니다. 이 이상은 사물들의 모든 가능성을 바로 이 최고 실재 존재자의 가능성으로부터 파생된 것으로 간주하게 하고, 최고 실재성을 하나의 특수한 근원 존재자 안에 포함되어 있는 것으로 전제합니다. 물론 이 단일한 사물은 경험적인 대상일 수 없습니다. 이는 지성 개념과 이성의 이념이 경험 대상이라는 한계를 벗어날 때 자연스럽게 생성되는 환상입니다. 이상은 전능하다든가 완전하다든가 하는 개체적 규정이 포함되어 있다는 점에서 이념(특히 우주론적 이념에서 네번째 이율배반)과 다르고 상상적으로 그려 보는 모노그램과도 다르다고 합니다(진은영, 『순수이성비판, 이성을 법정에 세우다』, 188쪽). 현상의 전체라는 이념을 생각하고는 이 전체를 자기 안에 포함하는 하나의 단일한 개체가 실재하는 것처럼 여기는 것이지요.

무엇인가가 실존한다면 다른 무엇인가가 필연적으로 실존해야 한다고 이성은 생각합니다. 모든 우연적인 것들을 지배하는 필연적인 현존이라는 하나의 원인을 추리하는 것입니다. 그렇다면 무조건적인 필연성이라는 특권적 실존에 어울리는 존재자는 어떤 것일까요? "무릇 그것의 개념이 자신 안에 모든 '왜'라는 물음에 대한 '그 때문에'라는 답을 함유하고, 이것이 어떤 부분 어떤 관점에서도 결함이 없으며, 언제 어디서나 조건으로서 충분한 것인 그런 것은 바로 그 때문에 절대적 필연성에 어울리는 존재자인 것처럼 보"(B613)입니다. 따라서 무조건적으로 필연적인 존재자라는 개념에 가장 잘 어울리는 것은 최고 실재 존재자라는 개념입니다.

물론 이런 존재자의 실존에 대한 논증은 너무나 불충분합니다. 하지만 그래도 신이라는 이상은 실천적인 측면에서는 대단히 중요한 역할을 합니다. 객관적으로는 충분치 못하다 해도 우리는 이성의 이념상 최고 존재자가 전제되어 있는 어떤 실천적 동기가 있을 때 사변적 망설임을 넘어서는 행위를 보여 주기 때문입니다. 모든 민족들에게서 (심지어 다신교를 갖는 민족일지라도) 일신교의 불빛이 보이는 것은 존재하는 것들의 최고 원인과 최상 원인을 찾는 이성의 자연스러운 행보입니다.

신의 현존에 대한 추리는 모두 세 가지입니다. 우리의 일정한 경험에서 시작해 인과성의 법칙을 따라 세계 바깥에 있는 최고 원인까지 거슬러 올라가는 물리신학적 증명. 불특정한 경험, 즉 어떤 현존을 경험적으로 기초에 두는 우주론적 증명. 모든 경험을 도외시하고 순전히 개념적으로 최고 원인의 현존을 추리하는 존재론적 증명. 물리신학적 증명에서 존재론적 증명으로 나아가는 것은 우리의 이성이 자신을 확장해 가면서 취하는 순서이므로 경험적 증명을 먼저 살펴봐야겠으나, 그래도 모든 증명이 기본적으로는 이성에 의한 초월적 개념의 이용이라는 공통적 기초를 갖는다는 점에서 존재론적 증명부터 검토하겠습니다.

존재론적 증명의 불가능성

'삼각형은 세 각을 갖는다'는 명제는 단적으로 필연적인 판단입니다. 삼각형은 세 각을 갖지 네 각을 갖는 것이 아니죠. 하지만 "판단들의 무조건적인 필연성은 사물들의 절대적 필연성이 아"닙니다. 삼각형이 세 각을 갖는다고 해서 그런 삼각형이 꼭 존재하는 것은 아니라는 뜻입니다. 왜냐하면 "판단의 절대적 필연성은 단지 사물 또는 판단에서의 술어의 조건적인 필연성일 뿐이기 때문"(B621)입니다. 그래서 앞의 명제는 세 각이 삼각형과 상관없이 단적으로 필연적으로 존재한다는 것이 아니라, 하나의 삼각형이 '현존한다면' 세 각도 반드시 현존한다는 사실을 말한 것뿐입니다. 그런데도 사람들은 이런 명제들을 통해 사물들의 현존을 필연적으로 정립하는 것이라고 착각합니다.

그저 논리적 필연성에 불과한 것이 그 환상의 위력으로 거기서 현존에 대한 증명이 성립한다고 생각하게 만든 것입니다. 만약 '삼각형은 세 각을 갖는다'에서 '세 각'을 제거하면(가령 네 각이라고 하면) 삼각형과 모순을 이루게 되므로 우리는 세 각이 언제나 삼각형에 귀속된다고 말합니다. 하지만 우리가 술어(세 각)와 함께 주어(삼각형)도 제거하면 이제 아무런 모순도 생기지 않습니다. 삼각형이 없어졌으니 세 각이 있을 이유도 없습니다. 삼각형을 정립해 놓고도 세 각을 제거하면 당연히 모순적이겠습니다만, 세 각과 삼각형을 함께 제거하는 것은 아무 모순도 아닙니다.

'절대적으로 필연적인 존재자(주어)는 현존한다(술어)'는 명제도 마찬가지입니다. 절대적으로 필연적인 존재자의 실존을 제거해 버리면 그와 함께 모든 술어도 제거됩니다. 그러면 절대적으로 필연적인 존재자가 현존하지 않는다고 해서 모순될 일이 없습니다. 이 명제는 절대적으로 필연적인 존재자가 존재한다면 그는 반드시 현존한다는 조건문에 불과한 것입니다. '신은 전능하다'는 필연적인 판단입니다. 만약 전능함이라는 개념과 함께 하나의 무한 존재자를 정립한다면 전능함은 제거할 수 없습니다. 그러나 '신은 있지 않다'고 말한다면 전능함이 주어질 일이 없습니다. 신이 없기 때문에 전능함은 모순될 항목을 갖지도 못합니다. 신이 존재한다는 전제하에서만 '신은 전능하다'는 명제가 타당할 뿐입니다.

"그러므로 여러분이 본 바는, 만약 내가 한 판단의 술어를 주어와 함께 제거한다면 그 술어가 무엇이 됐건 간에 결코 내적 모순이 생길 수 없다는 사실이다. 이제 여러분에게는 결코 제거될 수 없는, 그러므로 머무를 수밖에 없는 주어들이 있다고 여러분이 말하는 것 외에는 다른 구실이 남아 있지 않다"(B623). 이는 '단적으로 필연적인 주어'가 있다는 말인데, 과연 술어들과 함께 제거되면 모순을 남기는 그런 주어나 사물이 있을까요? 칸트는 그런 것에 대해서는 최소한의 개념도 가질 수 없다고 말합니다. 만약 그런 주어가 있다면, 다시 말해 '비존재가 불가능한 어떤 것'이 필연적으로 존재한다면, 물론 그런 존재는 신일 테지만요.

그런데도 사람들은 '사실에 의한 증명'이라는 것으로 칸트에 대해 반박합니다. 그 대상의 비존재가 자기모순이 되는 그런 '유일한' 개념이 있으니 그것이 바로 최고 실재 존재자라는 개념이라고 말입니다. 왜냐하면 이 최고 존재자는 다른 모든 존재자와 달리 자신 안에 이미 실재성(reality)을 가지고 있기 때문에 비존재는 모순적일 수밖에 없다고 말하는 것이죠. 여기서 관건은 이 명제가 분석명제인가 아니면 종합명제인가 하는 것입니다. 이 명제가 분석명제라고 해봅시다. '최고 실재 존재자는 실존한다.' 여기서 주어 개념 안에는 이미 실재성이 있다고 말했습니다. 따라서 이 명제는 최고 존재자의 실재성을 전제해 놓고는 그것의 실존을 주장하고 있기 때문에 사실 아무것도 새롭게 추가한 내용이 없는 동어반복입니다.

이에 대해 최고 존재자라는 개념 안에 있는 '실재성'과 술어 개념 안에 있는 '실존'은 서로 다르다고 하면서 종합명제인 척하는 것은 아무런 도움도 되지 않습니다. '삼각형은 세 각을 갖는다'는 명제에서처럼 세 각과 함께 삼각형을 동시에 정립하면 세 각이라는 술어는 부정할 수 없습니다. 그러나 삼각형의 현존을 부정하면 세 각이 없는 것도 모순이 되지 않습니다. 마찬가지로 최고 존재자를 그 술어(실존)와 함께 주어 개념 안에 정립해 놓고는 그것이 현실적이라고 말하면 이는 삼각형을 미리 정립한 것과 다를 바 없는 속임수입니다. 주어에 이미 정립된 실존을 술어(실존)에서 반복하고 있는 것입니다. 실존과 관련된 사항은 주어 개념만을 분석하는 분석명제로는 해결할 수 없습니다. 실존은 경험의 원리를 충족시켜야지 모순율을 충족시키는 것으로는 부족합니다.

칸트는 이 문제를 '논리적 술어'와 '실재적(real) 술어'의 구별로도 설명합니다. 'God is omnipotent'(신은 전능하다)에서 'is'는 실재적 술어가 아니고 논리적 술어입니다. '신'이라는 개념에 새로운 것(전능함에 대한 경험)을 보충한 것이 아니라 '전능함'(술어)을 주어(신)와 관련지어 정립하는 "판단의 연결어"일 뿐이기 때문입니다. '삼각형은 세 각을 갖는다'와 같은 구조인 셈입니다. 신은 전능하다는 전제하에 이제 'God is'라고 말한다면 이는 신이라는 개념에 새로운 술어(경험적 있음)를 정립한 것이 아니라 논리적인 술어, 즉 논리적인 '있음'(존재)을 정립한 것에 불과합니다. 이 신이라는 대상은 실존적 대상이 아니라 개념적으로만 존재하는 대상입니다.

'신은 전능하고 존재한다'는 판단은 '삼각형은 세 각을 갖는다'는 판단처럼 그저 개념상으로만 모순이 없는 분석명제에 불과합니다. 달리 말해 개념적으로는 언제나 그 존재가 가능한 판단입니다. 그러나 이렇게 한낱 가능성을 표현하는 개념에 대해 우리가 그 대상이 '있다'고 하면서 실제로 존재하는 것(현실적인 것)으로 생각한다고 해서 거기에 뭔가 새로운 것이 보충된 것은 아닙니다. 현실적인 신이 가능적인 신보다 더 많은 내용을 포함하지도 못했다는 뜻입니다. 즉 종합적이지 않습니다. "그렇기에 현실적인 것은 한낱 가능적인 것 이상은 아무엇도 함유하지 않는다. 현실적인 100탈러(Thaler)는 가능적인 100탈러보다 조금도 더 함유하는 게 없다"(B627). 100탈러라는 개념은 가능합니다. 1억이라는 개념이 가능한 것처럼 말이죠. 하지만 100탈러라는 개념이 '존재한다'고 해서 그렇게 '현실적'이라고 생각한 100탈러("현실적인 100탈러")가 개념적(논리적)으로 '가능한' 100탈러("가능적인 100탈러")보다 뭔가 새로운 것(가령 내 수중에 쥐어진 100탈러)을 함유하는 것은 아닙니다.

"그러므로 내가 한 사물을 내가 원하는 바의 원하는 만큼의 술어에 의해 생각할 때, (일관적으로 규정함에 있어서조차도) 내가 다시 '이 사물이 있다'고 덧붙여 정립함으로써 그 사물에 조금치도 보태는 것은 없다"(B628). '신은 전능하고 전능은 비실존이 아니므로 신은 있다'고 말한다고 해서 '실존'이 정립된 것은 아닙니다. 그저 우리가 신에 대해 전능하고 실존한다고 개념적으로 규정하고 있을 뿐입니다. 실존을 개념적으로 규정한다면 우리는 그 실존을 그저 순전한 가능성으로서만 생각하는 것입니다. 이때의 실존은 가능성과 구별할 징표가 하나도 없습니다. "그러므로 대상에 대한 우리 개념이 무엇을 얼마나 많이 포함하고 있든지 간에 이 개념에 실존을 부여하기 위해서는 우리는 그 개념을 벗어나야만"(B629) 합니다.

물론 최고 존재자라는 개념은 실천적으로 매우 유용한 이념입니다. 하지만 그저 이념에 불과한 것이기 때문에 그 개념을 통해서는 실존에 대한 인식에 이를 수는 없습니다. 실재성은 경험적 종합에 의해서만 판단 가능합니다. 그럼에도 불구하고 라이프니츠는 그 고귀한 이상적 존재자의 (실재) 가능성을 선험적으로 통찰하고자 노력했습니다. 당연히 성취할 수 없는 철학적 시도였던 셈입니다. 마찬가지로 신의 현존을 개념('완전성')을 통해 증명하려 한 데카르트의 존재론적 증명도 헛된 것이었습니다. "한 인간이 순전한 이념들로부터 통찰을 더 늘리고자 해도 할 수 없는 것은, 한 상인이 그의 재산 상태를 개선하기 위해 그의 현금 잔고에 0을 몇 개 덧붙이고자 해도 그의 재산이 늘지 않는 것과 마찬가지"(B630)입니다.

우주론적 증명의 불가능성

존재론적 증명이 최고 실재성이라는 개념을 통해 신의 현존의 필연성을 추론하는 것이었다면, 우주론적 증명은 무조건적 필연성으로부터 그 무제한적 실재성을 추론합니다. 라이프니츠가 '세계의 우연성에 의한 증명'이라고 불렀던 것이 이것입니다. "무엇인가가 실존한다면 하나의 단적으로 필연적인 존재자도 실존해야만 한다. 그런데 최소한 나 자신만은 실존한다. 그러므로 하나의 절대적으로 필연적인 존재자가 실존한 다"(B632). 어떻게 이런 추론이 가능할까요? 그것은 "인과성의 초월적 자연법칙"에 의거해 있습니다. 모든 우연적인 것은 원인을 갖고 있을 텐데, 그 원인이 다시 우연적이라면 그것도 역시 다른 원인을 가져야 합니다. 이런 원인들의 계열이 무한 정 계속될 수는 없을 것이고, 따라서 절대적으로 필연적인 원인에서 종결될 수밖에 없죠. 이런 필연적인 원인이 없으면 그 계열이 완벽성을 갖지 못하기 때문입니다.

이 증명에서 대전제와 소전제가 각각 어떤 경험(무언가의 실존, 나 자신의 실존)을 전제하고 있고 모든 가능한 경험 대상을 세계라고 부르므로 이를 우주론적 증명이라고 합니다. 위의 논의를 풀어서 설명하면 이렇게 됩니다. '최소한 나의 실존은 확실하다. 그러면 나의 실존을 가능케 한 원인이 있어야 하고, 이 계열의 완벽성을 위해 이 원인의 최종적 원인, 즉 절대적으로 필연적인 존재자도 실존해야 한다.' 우주론적 증명은 이 필연적인 존재자에 대해 이렇게 말합니다. "한 사물에 대해서 그것을 선험적으로 일관되게 규정하는 개념으로는 단 하나만이 가능하다. 그것은 곧 최고 실재 존재자(ens realissimum)라는 개념이다. 그러므로 최고 실재 존재자 개념은 그에 의해 필연적 존재자가 생각될 수 있는 유일한 개념이다. 다시 말해 최고 존재자는 반드시 실존한다"(B633).

이 우주론적 논증에는 여러 궤변들이 숨어 있는데 칸트는 그저 사변적 이성의 술책만을 폭로하겠다고 말합니다. 이 논증은 존재론적 증명과 달리 자신이 철저히 경험에 입각해 있다고 가장합니다('최소한 나의 실존은 확실하다'). 그런데 이 필연적 존재자가 무슨 속성을 갖는지 경험에 의해서는 알 수 없게 되자 이성은 여기서 경험이라는 신임장을 버리고 순전한 개념들 뒤로 숨습니다. 모든 가능한 사물들 중에서 절대적 필연성을 위해 필요한 조건을 자기 안에 함유한 것이 무엇인지 탐구합니다. 그것은 바로 최고로 실재하는 존재자입니다. 다시 말해 최고로 실재하는 존재자만이 절대적 필연성을 갖고 있다는 것이죠.

그런데 여기서 우리는 존재론적 증명에서 보았던 '전제'를 다시 확인하게 됩니다. '최고 실재성을 갖는 존재자'라는 개념이 '현존에 있어 절대적 필연성'이라는 개념을 완전히 만족시킨다는 것은 최고의 실재성을 전제한 후에 그 실존은 필연적이라고 주장하는 것과 마찬가지입니다. 삼각형의 실존을 전제하면 당연히 삼각형은 세 각을 가져야겠죠. 그러나 삼각형이 실존하지 않는다면 삼각형은 세 각을 가질 이유도 없습니다. 이미 최고로 실재한다고 해놓으면 그것은 당연히 현존하는 것이 절대적으로 필연적이겠습니다. 하지만 실재하지 않는다면 그것은 필연적으로 현존할 필요도 없습니다.

따라서 우주론적 증명은 개념을 통해 증명하는 존재론적 증명의 아류일 뿐입니다. 원래 경험을 통해서 우리는 어떤 사물의 절대적 필연성을 밝힐 수는 없습니다. 절대적 필연성을 찾는 순간부터 우리는 경험을 떠나서 개념들 사이를 돌아다녀야 합니다. 물론 개념상으로 절대적 필연성의 존재자는 가능합니다. 하지만 그것은 언제나 개념적 가능성일 뿐입니다. 이 우주론적 증명에는 다음과 같은 변증적 월권들도 숨어 있습니다. 우연적인 것에서 원인을 추리하는 원칙은 언제나 감성세계에서만 의미가 있는데 여기서는 그 세계를 초월해서 사용하고 있습니다. 원인의 무한계열은 불가능하므로 제일의 원인이 있어야 한다는 추론은 경험에서 사용할 권한이 없으며 심지어 경험 너머에서까지 사용할 권한도 없습니다. 그리고 원인 계열의 완성이라는 개념은 그저 거짓된 자기만족에 불과합니다. 내적인 모순 하나 없이 모든 것이 통합될 수 있는 존재(최고 실재 존재자)라는 개념은 논리적으로만 가능하지 경험적으로는 확인할 수 없습니다.

물리신학적 증명의 불가능성

우리는 현재의 세계에서 이루 말할 수 없는 다양성과 질서, 합목적성 및 아름다움을 발견합니다. 이런 세계 앞에서 우리의 언어는 그 표현을 잃고 우리의 숫자는 그 측량할 수 있는 힘을 잃으며 우리의 사유는 바닥을 보이고 맙니다. 그러면 그럴수록 우리는 이 세계 앞에서 경탄할 수밖에 없습니다. 분명히 세계 곳곳에서 위대한 지혜에 의해 완성된 정돈의 징후가 보이고, 이는 형용할 수 없는 내용의 풍부함과 외연의 크기에서도 나타납니다. 그러므로 하나의 숭고하고 지혜로운 원인이 실존할 수밖에 없습니다. 이 원인은 맹목적으로 작용하는 전능한 자연으로서의 풍부한 생산능력이 아니라 목적의식을 갖고 있는 예지자로서의 자유입니다.

여기서 추론은 인간이 기술적으로 산출한 것과의 유비를 통해 작동합니다. 시계와 같이 정밀하게 움직이는 사물은 인간이 특정한 목적의식을 갖고 만든 기계입니다. 마찬가지로 이 세계도 특정한 합목적성과 조화를 보여주는데, 이는 세계의 기초에 우리가 모르는 어떤 지성과 의지가 있기 때문입니다. 그러면 그는 세계의 창조주일까요? 그렇지 않습니다. 그는 재료까지 만든 창조주가 아니라 만들어진 재료에 조화를 불어넣은 일종의 세계건축가일 뿐입니다. 그런 점에서 완전 충족적인 근원 존재자를 증명하려는 위대한 의도에는 훨씬 미치지 못하는 것입니다. 그래서 이 추론은 세계의 질서와 합목적성에 비례하는 원인의 현존 정도에 도달하게 됩니다. 그렇다고 이런 원인에 대해 어떤 규정적인 개념이 부여된 것도 아닙니다. 그 원인은 질서와 합목적성의 기초에 있는 것이지만 우리는 이를 통해서는 그 원인의 성격에 대해 아무것도 알지 못합니다. 그런 점에서 물리신학은 신학의 원리로서는 충분한 것이 아닙니다.

세계의 크기와 질서, 합목적성에 대한 경탄은 동시에 세계 창시자의 지혜와 능력과 크기에 대한 경탄을 낳습니다. 물론 이것이 세계창시자에 대한 규정적 개념이 될 수는 없습니다. 절대적 전체성을 위한 길은 경험을 통해서는 불가능합니다. 아무리 세계에서 질서와 합목적성을 경험한다고 해도 저 창시자에 대한 실재적 규정에는 이를 수 없습니다. 그러자 물리신학은 경험적 논증을 버리고는 처음의 출발점인 세계의 우연성으로 향합니다. 이 우연성에서 단적으로 필연적인 것의 현존을 향하고, 최초 원인의 절대적 필연성 개념으로부터 모든 것을 포섭하는 최고 존재자의 실재성이라는 개념에 이릅니다. 이것은 다시 우주론적 증명입니다. 그리고 우주론적 증명의 기초는 원래 존재론적 증명이었습니다.

이념들의 규제적 사용

순수이성의 변증적 시도들에 대한 연구의 결론은 다음과 같은 것들을 가르쳐 줍니다. "인간의 이성은 이 한계를 넘어서려는 자연스런 성벽을 갖는다는 것, 초월적 이념들은 범주들이 지성에게 그러한 것과 똑같이 이성에게 자연적이라는 것, 그럼에도 범주들이 진리로, 곧 우리 개념들의 객관과의 합치로 이끄는 것과는 달리 이념들은 순전한, 그러나 거역할 수 없는 가상을 낳으며, 이 가상의 속임을 사람들은 예리한 비판을 통해서도 거의 막을 수가 없다는 것 말이다"(B670). 하지만 이념은 우리의 자연적인 힘과 본성에 기초하고 있는 것입니다. 따라서 이념 자체가 잘못이라기보다는 이념이 대상에 대해 규정한다고 생각하는 판단력의 결함이 문제인 것이죠.

이성은 직접 대상과 관계하지도 않으며, 대상에 대한 개념들을 만들어 내지도 않습니다. 대상에 대해 개념을 창출하는 것은 지성의 몫입니다. 대신 이성은 지성의 개념들을 통해 계열들의 전체성과 통일성을 확보하는 일을 도모합니다. "지성이 잡다를 객관에서 개념들에 의해 통일하듯이 이성은 그 나름으로 개념들의 잡다를 이념들에 의해 통일"(B672)합니다. 결국 초월적 이념들은 결코 구성적으로 사용되어서는 안 된다는 것입니다. 초월적 이념은 지성으로 하여금 모종의 목표로 향하도록 하는 하나의 가공의 초점과 같은 규제적 용법을 갖습니다. 가공적인 것이지만 그래도 이런 초점 없이 지성적 인식의 체계는 구축될 수 없습니다. 인간은 경험 가능한 영역 안에서만 머무르지 않습니다. 인식에 의해 확보한 것들을 인식의 한계 바깥으로까지 확장하려는 본성이 있는 것입니다.

이념들은 자연에서 길어 내어지는 것이 아닙니다. 우리는 인식의 체계성을 위해 개념들을 일관되게 통일하게 하는 어떤 개념(이념)을 만들어 내고 이에 따라 자연을 심문합니다. 그리고 우리의 인식이 이 이념들에 부합하지 않으면 우리 인식을 결함 있는 것으로 간주합니다. 우리는 순수한 흙, 순수한 물, 순수한 공기가 있을 수 없다는 점을 알고 있습니다. 그러나 이 자연 원인들이 현상에서 차지하는 몫을 적절하게 규정하기 위해 이런 개념들을 필요로 합니다(이런 개념들의 순수성은 오로지 이성 안에 그 근원을 갖습니다). 그리고 기계성의 이념에 의해 물질들 상호간의 화학작용을 설명하기 위해 모든 물질들을 흙, 소금, 연소물, 물, 공기(와 같은 이념들)로 환원합니다.

이성을 보편에서 특수를 도출하는 능력이라고 한다면, 보편이 확실히 주어져 있어 판단력에 의해 특수를 포섭만 하면 되는 이성의 명증적(apodictic) 사용이 있으며, 특수는 있되 보편이 아직 확정되지 않아 보편을 추론해야 하는 이성의 가언적(hypothetical) 사용이 있습니다. 개연적(문제적) 보편성에 의한 이성의 가언적 사용은 원래 구성적일 수 없습니다. 특수들을 일정한 통일성으로 묶을 수 있는 보편을 찾는 것이므로 가언적 사용은 규제적일 수만 있습니다. 그러므로 가언적 이성 사용은 지성 인식들의 체계적 통일성에 관계하되, 이 체계적 통일성이 있는가 없는가가 그 (통일) 규칙들의 진리성의 시금석이 됩니다. 하지만 체계적 통일성은 순전한 이념입니다. 따라서 특수들에 대해 투사된 통일성으로서 보편은 원래 이 세계에 주어진 것이 아니라 세계에 대해 던진 우리의 '문제'로 간주되어야 합니다.

이제 알 수 있는 것은 잡다한 지성 인식의 체계적 이성 통일은 논리적 원리라는 것입니다. 이 논리적 원리는 지성만으로는 규칙들에까지 이르지 못하는 곳에서 이념들을 통해 지성이 고비를 넘도록 해주고 동시에 상이한 지성 규칙들을 하나의 원리 아래 일치시키기 위한 것입니다. 하지만 따져 보아야 하는 것은 이것입니다. 과연 자연 대상들의 성질도, 그리고 대상들을 인식하는 지성의 본성도 이 체계적 통일에 맞도록 원래 그렇게 정해져 있는 것이냐 하는 것입니다. 이 통일의 원리가 자연이나 지성의 원리와 관계없이 이성만의 독단적인 원리라면 우리는 자연에 반하는 특정한 원칙을 갖고 있는 셈이 되니 말입니다.

　힘이라는 실체가 있습니다. 다양한 힘들을 비교하는 지성은 외견상의 상이성을 줄이라는 명령을 받습니다. 서로 다른 힘들이 사실 동일한 힘의 서로 다른 표현이라는 사실(자력은 N극과 S극을 갖는다)을 알게 되면서 지성은 힘들의 근본, 즉 근본력을 찾아내고 이 근본력을 다른 근본력과 비교하면서 절대적 근본력에 다가갑니다. 하지만 이런 이성 통일은 가언적입니다. 모든 힘을 통일하는 근본력은 하나의 원리이고, 그래서 우리의 지성적 인식을 전체적으로 통일하게 해줍니다. 우리 마음에 나타나는 의식, 상상, 기억, 재치, 분별력, 쾌, 욕망 등 다양한 현상을 기억과 재치가 상상과 같은 것이라고 생각하면서 더 근원적인 요소들로 종합해 가는 방법과 비슷한 것입니다.

　그러나 지성의 초월적 사용을 통해 근본력 일반이라는 이 이념이 객관적 실재성을 갖는 것이라고 사칭되는데, 오히려 이로 인해 다양한 힘들의 체계적 통일이 요청되고 명증적인 이성 원리가 세워진다는 것은 재미있는 사실입니다. 우리가 그런 힘들의 일치성을 만난 적이 없어도 그런 일치성과 마주칠 것이라 전제하는 것이죠. 사실 그런 체계적 통일이 선험적으로 필연적인 것으로 받아들여지는 초월적 원리가 전제되지 않는다면 규칙들을 통일하는 이성의 논리적 원리가 어떻게 발생하는지 간파할 수도 없습니다. 만약 이성에게 모든 힘들이 이종적이고 체계적 통일이 자연과 맞지 않는다면 무슨 권한으로 이성이 통일성을 도출할 수 있겠습니까?

자연의 체계적 통일성이라는 이러한 초월적 전제는 철학자들의 원칙들에 은밀히 감추어져 있습니다. '시원(원리)들을 필요 없이 많아지게 해서는 안 된다'는 원리들이 대표적입니다. 학술의 논리적 원리는 체계적 통일성입니다. 개별 사물의 잡다가 종(種)의 동일성을 배제하지 않는다는 것, 다양한 종들은 소수의 유(類)들의 상이한 규정들이고, 이 유들도 더 고차적인 문(門)들의 상이한 규정들이라는 것. 사물의 특수한 속성들이 종속되는 보편적 속성들이 기초에 놓여 있어야 우리는 보편적인 것에서 특수한 것을 추론할 수 있는 것입니다. 사물들의 자연적 본성이 이미 이성 통일을 위한 재료를 제공하고 있으며, 외견상의 무한한 상이성은 그 배후에 기초 속성들의 통일성을 보유하고 있다는 전제가 깔려 있는 것이죠.

이는 물론 순전한 이념이지만, 사람들은 언제나 이런 통일성을 강력하게 추구해 왔습니다. 만약 자연의 현상들 사이에 아무런 유사성도 없다면 어떻게 될까요? 최소한의 유사성도 발견되지 않는다면 우리가 어떤 보편 개념이나 유 개념을 만들 수 있을까요? 유(보편)들의 논리적 원리는 자연에 적용되어야 하는 것이라면 하나의 초월적 원리를 전제합니다. 이 초월적 원리에 의해 가능한 경험의 잡다함 중에서 필연적으로 동종성이 전제됩니다. 왜냐하면 이 동종성이 없이는 어떤 경험적 개념도, 그리고 경험조차도 가능하지 못할 것이기 때문입니다.

물론 동일성을 요청하는 유들의 논리적 원리만 있는 것은 아닙니다. 동일한 유 아래서 사물들의 다양함과 상이성에 주목하는 종들의 원리도 있습니다. 이들은 유의 통일성을 노리는 것에 적대적이어서 자연을 끊임없이 잡다하게 쪼개려고 노력합니다. 하지만 이런 사고방식의 기초에도 모든 인식들의 체계적 완벽성을 의도하는 논리적 원리가 동일하게 놓여 있습니다. 생물을 작게 쪼개 동물과 식물로 나누고, 다시 동물을 갑각류, 양서류, 파충류 등으로 나누는 방식에서도 우리는 분리만이 아니라 하나의 단일성을 확보하고자 하는 노력을 포착할 수 있습니다. 동물에서 나눠진 갑각류도 이미 하나의 유입니다. 갑각류를 분리해서 연갑류와 새각류로 나눈다고 해도 연갑류 또한 하나의 유입니다. 아무리 쪼개더라도 하나의 범위를 갖지 않는 하위 종은 없습니다. 그리고 이성은 그 전체 펼쳐짐에 있어 그 어떤 종도 그 자체 최하위 종으로 보기를 원치 않습니다. 그 분할이 어디까지 나아갈지 알 수 없고, 그래서 하위 종은 또 다른 하위 종을 자신 아래 포함할 수 있다고 이성은 가정합니다. 이 특수화의 법칙은 '존재자의 다양성은 함부로 줄여서는 안 된다'라고 표현할 수 있습니다.

이 초월적인 특수화의 법칙은 우리 지성으로 하여금 각각의 종 아래에 있는 하위 종을 찾도록, 상이성을 찾도록 부과합니다. 하위 개념들이 없다면 상위 개념들도 없습니다. 유들의 논리적 원리는 종들의 특수화의 원리와 마찬가지로 필요합니다. 이 특수화의 법칙이 경험에서 얻어지는 것은 아닙니다. 흡수하는 흙에 여러 가지(석회흙과 염산흙)가 있다는 것은 경험에 의한 것이라기보다는 상이성을 추구하는 선행하는 이성의 규칙(특수화의 법칙)에 의한 발견이라 할 수 있습니다. 경험은 그렇게 멀리까지 우리에게 그 상이성을 열어 주지 않습니다. 이런 규칙이 지성에게 자연은 그런 여러 가지를 추정할 만큼 풍부하다고 전제함으로써 그런 여러 가지를 찾도록 과제를 부과하는 것입니다.

이성이 지성으로 하여금 작업하게 하는 원리는 세 가지입니다. 상위의 유들 아래 있는 잡다한 것의 동종성의 원리, 하위 종들 아래 있는 동종적인 것의 다양성의 원리, 상이성의 단계적 증가에 의한 종의 연속적 이행을 가능케 하는 모든 개념들의 근친성의 원리. 동종성의 원리에서는 모든 것들을 통합하는 최고의 입각점으로 이끌고, 다양성의 원리에서는 최대의 다양성으로 이끕니다. 이 범위 바깥에서는 아무것도 만날 수 없으므로 '형식들의 공허는 없다'는 원칙이 생기고, 고립되어 있는 최고의 유도 없으므로 '형식들의 연속이 있다'는 원칙이 생깁니다. 그러나 이 형식들의 연속성은 순전한 이념으로서 경험에서는 이에 합치되는 대상이 전혀 제시될 수 없습니다.

행성들의 운행을 원운동으로 생각한다면 유성의 운동에 대해서는 원과 근친적인 타원을 부과합니다. 그런데 혜성은 그 궤도에서 원의 형태로 돌아오지 않는 더 큰 상이성을 보입니다. 그래서 우리는 혜성에 대해 포물선의 궤도를 추정하는데, 이것은 타원과 근친적입니다. 만약 타원의 장축이 아주 멀리까지 연장된다면 포물선 궤도는 타원과 구별되기 어려울 것입니다. 이렇게 해서 우리는 궤도들의 형태에 있어 유의 단일성(원)에 이르고 나아가 그 운동 법칙들의 원인의 단일성(인력)에 이르게 됩니다. 이를 통해 우리의 정복들을 연장해 다양한 편차들을 동일한 원리에 의해 설명하고자 하며, 심지어 경험이 확인해 줄 수 있는 것 이상을 덧붙입니다. 즉 친족성의 규칙에 따라 쌍곡선의 혜성 궤도조차 생각합니다. 이 천체들은 태양계를 떠나 항성과 항성 사이를 이동하는 것으로 생각되고, 이렇게 우주의 멀리 떨어져 있는 부분들마저 법칙적 운행 안에 통합하는 것입니다.

그러므로 이 원리들이 이성적 이념이기는 하지만 그래도 선험적 종합명제들로서 가능한 경험의 규칙으로 쓰이고 경험을 가공하는 데 있어 발견적 원칙들로서 유리하게 사용된다는 점을 알 수 있습니다. 그렇다면 지성에게 이성의 이념은 결국 무엇일까요? 현상들의 잡다를 개념과 연결하는 것이 감성의 도식들이었듯이, 지성 개념들의 일관적인 통일을 위해 이성의 이념은 지성에게 분할과 통합의 최대치라는 것을 부여합니다. 그런 점에서 이성의 이념은 감성의 도식과 비슷한 역할을 한다고 생각할 수 있습니다. 이성이라는 도식은 직접 대상을 규정하는 것이 아니라 지성에게 체계적 통일의 원리를 제공합니다. 그래서 이성의 이념을 '오르가논'(organon) 대신 '캐논'(canon)으로 비유하는 경우도 있습니다(김상환, 『왜 칸트인가』, 62쪽). 오르가논이 기관이라면 캐논은 법전입니다. 법전은 행위를 규제하고 지도하는 원리로서 지성의 올바른 사용을 규제하는 지침 같은 것이죠.

대상의 성질을 규정하는 것이 아니라 대상에 대한 인식의 완전성을 추구하는 이성의 관심이 있습니다. 그리고 이런 이성의 관심에 의해 나름의 원리들이 만들어집니다. 동종성의 원리와 다양성의 원리, 그리고 연속성의 원리. 그러나 이 원리들은 대상에 대한 규정이 아니라 이성의 주관적 원칙일 뿐입니다. 따라서 오해를 불식시키기 위해서 그것은 원리보다는 준칙으로 불려야 하겠습니다. 특수화의 준칙을 좇아 잡다성에 관심을 갖는 궤변가도 있고, 동종성의 준칙을 좇아 통일성에 관심을 갖는 궤변가도 있습니다. 둘은 다툴 수 있습니다. 그러나 자신의 입장이 객관적 통찰이라고 간주하는 한 이 싸움은 잘못된 것입니다.

이성의 변증성과 그 궁극적 의도

순수이성의 이념들은 그 자체로 변증적인 것은 아닙니다. 왜냐하면 이념들은 전체성과 통일성을 확보하려는 우리 이성의 자연적인 본성에 의해 우리에게 부과된 것이기 때문입니다. 이념은 그저 공허한 사유물들이 아닙니다. 이제 이념들이 부족하긴 하더라도 객관적 타당성을 갖는다는 점을 연역해 보고자 합니다. 이것이 순수이성에 대한 비판적 작업의 완성이 됩니다.

최고 예지자 개념은 이념입니다. 그러므로 이 개념의 객관적 실재성은 대상과 관계 맺는 데 있는 것이 아니라 최대의 이성 통일의 조건들에 따라 대상을 정돈하는 도식에 있습니다. 이 최고 예지자라는 도식을 통해 우리는 세계의 사물들이 그 현존을 갖게 되는 어떤 바탕을 생각하고, 경험 일반의 대상들의 성질과 연결을 어떻게 찾아야 하는지 알게 됩니다. 이 이념은 발견적 개념일 뿐 명시적 개념이 아닙니다. 이런 이념이 없다면 경험적 인식은 지성의 사용에만 제한되고 말았을 것입니다. 이념은 지성의 원칙들을 그 한계 너머로 확장하면서 동시에 통일성을 제공하고 또한 잘못된 원칙들을 교정하는 역할도 합니다. 이것이 이념의 규제적 원리입니다. 바로 여기서 이념들의 초월적 연역이 성립합니다.

그런데 영혼론적 이념과 우주론적 이념, 그리고 신학적 이념에 따라 우리는 그런 이념적 대상이 객관적으로 존재하는 것처럼 생각합니다. 사실 우주론적 이념을 제외하고 이런 생각을 방해하는 것은 거의 없습니다. 우주론적 이념의 경우 그것을 실체적이고 객관적인 대상으로 받아들이면 이율배반에 빠졌기 때문에 여기서는 그런 대상을 생각할 수 없습니다. 영혼론적 이념과 신학적 이념에 있어서는 이념 안에 모순이 없기 때문에 누구나 그 객관적 실재성을 주장하려 합니다. 그런데 그것을 긍정하는 측이나 부정하는 측이나 그 가능성을 모르는 것은 마찬가지입니다. 그렇다 하더라도 우리는 그것을 실재하는 대상들로 도입해서는 안 됩니다. 그것의 실재성은 규제적 원리라는 도식의 실재성이자 현실적인 사물들의 유비로서만 받아들여야 합니다.

신에 대해 사변적 이성이 우리에게 주는 초월적 개념은 순전히 이념일 뿐 객관적 타당성을 갖지 않습니다. 하지만 이 이념 위에서 모든 경험적 실재성은 최고의 필연적 통일성을 건설할 수 있습니다. 가령 우리가 신적인 존재를 받아들인다고 할 때 우리는 그 신이 내적으로 완전성을 가지는지 현존이 필연적인지에 관해서는 사실 최소한의 개념도 소유하지 못합니다. 하지만 그러면서도 그 신이라는 존재가 우연적인 것에 관한 모든 물음들을 만족시켜 주기도 하며, 이성에게 경험적 사용에서 탐구되어야 할 최대의 통일성과 관련해 가장 완전한 만족을 주는 일이 일어납니다. "이것이 증명하는 것은 이성의 사변적 관심이 ─ 이성의 통찰이 아니라 ─ 이성에게 그의 권역 훨씬 너머에 있는 한 점에서 출발하여 그로부터 그의 대상들을 완벽한 전체에서 고찰할 권리를 부여한다는 것이다"(B704).

실재성, 실체, 인과성, 현존의 필연성이라는 개념은 대상에 대한 경험적 인식에서만 사용될 수 있습니다. 그런데도 우리는 이 개념들을 세계 바깥에 놓아둡니다. 실재하는 실체이자 필연적으로 현존하며 생각할 수 있는 모든 대상들의 원인, 그것을 세계 바깥에 두는 것이죠. 감성세계 안에서만 의미를 가질 수 있는 개념들을 세계 바깥에 두었기 때문에 우리는 이런 개념들을 통해서는 아무런 규정적 의미도 확보할 수 없습니다. 그렇기 때문에 그것은 감성세계 바깥에서 감성세계의 체계적 통일이라는 용도를 가질 수 있습니다.

사실 순수이성은 자기 자신만을 다룹니다. 순수이성에게는 대상들이 주어지는 것이 아니라 지성 인식들이 주어지기 때문에 오로지 자신의 체계적 통일만을 추구합니다. 하지만 이런 이성의 용도는 지성 사용을 촉진하고 지성 사용의 올바름을 보증하기도 합니다. 그리고 지성이 알지 못하는 새로운 길을 개방함으로써 이성의 경험적 사용을 무한하게 촉진하고 확립합니다. 예를 들어 이념의 첫째 대상인 사고하는 영혼은 내감의 체계적 통일을 위해 만들어진 것입니다. 이때 영혼의 단일성과 같은 성질은 규제적 도식이지 영혼의 실제적인 속성이라고 생각해서는 안 됩니다. 하지만 우리가 영혼이라는 도식을 만들지 않으면 우리는 내감에 있어 현상들의 잡다에 휩쓸리고 말게 됩니다.

이제 각 이념의 유용성을 간략히 파악해 보겠습니다. 영혼론적 이념의 경우, 이 영혼이라는 개념에서 순전한 이념 이상의 것(객관적 실재)을 파악하지 않으려고 조심하기만 한다면 여러 이익들이 생겨납니다. 가령 영혼과는 다른 실체로 규정되는 신체적 현상들의 경험 법칙이 내감에만 속하는 영혼을 설명하는 데 섞여들 수 없게 됩니다. 다시 말해 영혼의 제조나 파괴나 부활 같은 허황된 가설들이 허용되지 않게 되는 것이죠. 또한 영혼은 그 자체로 정신적 자연인가 하는 물음들도 질문 순간부터 이미 아무런 의미도 갖지 못한 것으로 기각됩니다. 우리는 영혼을 규제적 도식으로 쓰고 있을 뿐 모든 경험적 술어들을 배제하고 있는 것입니다. 따라서 자연인가 아닌가 하는 규정도 영혼에게는 불필요한 것입니다.

신이라는 이념은 어떤 유용성을 가질까요? 최고로 완전한 존재자라는 이념은 우리로 하여금 세계의 모든 연결이 이 유일한 존재자로부터 생겨난 것처럼 그렇게 고찰하라고 명령합니다. 만약 이런 가공의 초점이 없다면 세계가 체계적 통일성 속에서 포착되지 않을 것입니다. "오로지 이성 개념들에 의거하고 있는 이 최고의 형식적 통일은 사물들의 합목적적 통일이며, 이성의 사변적 관심은 필연적으로 세계 내의 모든 정돈을 마치 그것이 하나의 최고 최상의 이성의 의도로부터 유래된 것처럼 보도록 만"(B714)듭니다. 세계의 사물들을 일정한 목적론적 법칙에 따라 연결하고 사물들의 최대한의 통일에 이르는 전망을 열어 주는 것이죠.

하지만 이념을 구성적으로 사용하는 경우를 칸트는 '게으른 이성'이라고 불러 비판합니다. 게으른 이성은 경험적 자연 연구나 새로운 통찰을 회피하고 특정 개념을 교조적으로 주장합니다. 영혼의 사후를 사고하는 주체의 비물질적인 본성으로 설명한다든지 수시로 바뀌는 인격의 통일성을 자아에서 직접 지각한다고 믿는 사고방식은 모두 게으른 이성의 특징입니다.

이념의 구성적 오용은 '전도된 이성'의 오류에서도 드러납니다. 여기서는 물리적 탐구 대신 자연에 강제적으로 목적 개념을 집어넣습니다. 가령 해일이 일어나면 지진과 같은 원인을 찾는 대신 신의 특정한 목적이 있었다고 해석하는 경우가 그렇습니다. 여기서는 자연 통일을 보편적 법칙에 따라 보완하기 위해 쓰여야 할 목적론이 보편적 법칙을 폐기하는 데 사용되고 맙니다. 우리가 최고의 질서를 부여하는 존재자를 기초에 놓게 되면 자연의 통일성은 사실상 폐기되는데, 왜냐하면 사물들의 본성에 완전히 외래적이고 우연적인 목적들이 부여되기 때문입니다.

이성의 규제적 사용이라는 관점을 잘 유지한다면 우리는 사물들의 자연 본성이 아닌 이성의 자연 본성에 관련된 질문들에 대해서는 분명히 대답할 수 있습니다. '이 세계와 구별되는 어떤 것이 있는가?' 하고 묻는다면 당연하다고 대답해야 합니다. 왜냐하면 세계는 현상들의 집합일 뿐이므로 순수지성에 의해서만 생각될 수 있는 초월적 세계가 있어야 하기 때문입니다. 다음으로 '이 존재자는 실체인가?' 하고 묻는다면 이런 질문은 무의미하다고 대답해야 합니다. 왜냐하면 실체라는 범주는 오직 경험 가능한 것에만 적용되기 때문입니다. 마지막으로 '이 존재자를 경험 대상들과의 유추를 통해 생각해도 되는가?' 하고 묻는다면 물론이라고 답해야 합니다. 대신 그것은 실재적 대상이 아니라 이념적 대상이라는 조건에서겠지만요.

그렇다면 '유일하고 지혜롭고 전능한 세계 창시자를 상정할 수 있는가?' 하고 묻는다면 당연하다고 대답해야 합니다. 그런 존재자는 세계의 체계적 통일의 도식으로 기능할 수 있기 때문입니다. 하지만 '이런 존재자와 더불어 우리의 인식이 가능한 경험의 분야를 넘어서는가?' 하고 묻는다면 그렇지 않다고 대답해야 합니다. 이제 '세계가 신적인 의지로부터 합목적적으로 정돈된 것으로 생각해도 좋은가?' 하고 묻는다면 그렇다고 대답해야 합니다. 우리가 이념의 규제적 용법만 염두에 둔다면 자연의 통일성과 신의 지혜를 동일한 것으로 생각해도 무방한 것입니다.

참고문헌

강기호, 「순수이성비판에서 범주의 선험적 연역과 도식론의 연관」, 『철학논총』 64, 2011.

강영안, 「매개와 의미―칸트의 선험적 도식론의 기능」, 『철학연구』 24, 1988.

_____, 「데카르트의 코기토와 현대성」, 『철학연구』 29, 1991.

김국태, 「라이프니츠의 모나드 형이상학」, 『철학과 현실』 17, 1993.

김상환, 「데카르트, 프로이트, 라캉: 어떤 평행관계」, 『근대철학』 4, 2009.

_____, 『왜 칸트인가』, 21세기북스, 2019.

김완종, 「데카르트 신 존재증명의 의의」, 『철학연구』 141, 2017.

김재인, 「들뢰즈의 칸트 해석에서 시간이라는 문제」, 『철학사상』 53, 2014.

김형주, 「경험적 명제로서의 '나는 생각한다'」, 『칸트연구』 36, 2015.

들뢰즈, 질, 『칸트의 비판철학』, 서동욱 옮김, 민음사, 2006.

_____, 「칸트 철학을 요약해줄 수 있을 네 가지 시적인 경구에 대하여」, 『들뢰즈가 만든 철학사』, 박정태 엮고 옮김, 이학사, 2007.

_____, 『경험주의와 주체성 : 흄에 따른 인간 본성에 관한 시론』, 한정헌·정유경 옮김, 난장, 2012.

리쩌허우, 『비판철학의 비판』, 피경훈 옮김, 문학동네, 2017.

문성학, 「선험적 자아론과 순수이성의 제1오류추리」, 『철학』 46, 1996.

박종식, 「칸트의 순수이성비판과 나가르주나의 비교 연구—칸트의 오류
　　　추리와 이율배반을 중심으로」, 『철학연구』 119, 2011.

박진, 「칸트의 반성 원리들에 관하여(I)」, 『철학』 57, 1998.

_____, 「칸트의 라이프니츠 비판 : 칸트의 반성원리들에 관하여(Ⅱ)」,
　　　『철학』 65, 2000.

배석원, 「순수이성의 이율배반」, 『철학연구』 33, 1982.

백승환, 「칸트의 관념론 반박과 의식의 초월성」, 『철학사상』 32, 2009.

백종현, 「『순수이성비판』 해제」, 『순수이성비판』, 아카넷, 2006.

손홍국, 「데카르트의 존재론적 증명에서 신의 관념」, 『철학탐구』 37,
　　　2015.

송하석, 「라이프니츠의 진리론과 충족이유의 원리」, 『철학적 분석』 15,
　　　2007.

신승원, 「칸트 공간론의 전개」, 『칸트연구』 35, 2015.

유잉, A. C., 『순수이성비판 입문』, 김상봉 옮김, 한겨레, 1985.

이근세, 「데카르트와 코기토 논쟁」, 『철학논총』 85, 2016.

이남원, 「칸트의 선험철학과 경험적 사고 일반의 요청」, 『철학논총』 52,
　　　2008.

_____, 「라이프니츠 변신론의 논증 구조」, 『철학연구』 131, 2014.

이엽, 「이율배반: 칸트 비판 철학의 근본 동기」, 『칸트연구』 26, 2010.

지젝, 슬라보예, 『이데올로기라는 숭고한 대상』, 이수련 옮김, 2002.

_____, 『부정적인 것과 함께 머물기』, 이성민 옮김, 2007.

진은영, 『순수이성비판, 이성을 법정에 세우다』, 그린비, 2004.

최인숙, 「칸트의 오류추리론—순수이성비판의 초판과 재판에서의 영혼
　　론의 오류추리에 대하여」, 『칸트연구』1, 1995.

홍경실, 「데카르트의 이원론적 실체관에 대한 베르그손의 비판과 극복」,
　　『철학』80, 2004.

찾아보기